CHARITÉ BIEN ORDONNÉE

Huguette Lapointe-Roy

CHARITÉ BIEN ORDONNÉE

Le premier réseau de lutte contre la pauvreté à Montréal au 19e siècle

BORÉAL

Données de catalogage avant publication (Canada)

Lapointe-Roy, Huguette

Charité bien ordonnée: le premier réseau de lutte contre la pauvreté à Montréal au 19e siècle

Comprend un index.
Bibliographie
2-89052-169-9

1. OEuvres de bienfaisance — Québec (Province) — Histoire — 19e siècle. 2. Pauvres — Québec (Province) — Histoire — 19e siècle. 3. Asiles d'indigents — Québec (Province) — Histoire — 19e siècle. 4. Monachisme et ordres religieux — Québec (Province) — Histoire — 19e siècle. I. Titre.

HV4049.5.L36 1987   362.5'83'09714   C87-096006-7

Illustration de la couverture:
La pauvreté, tableau de Napoléon Bourassa (Musée du Québec)

Diffusion pour le Québec: Dimédia: 539, boul. Lebeau, Saint-Laurent (Québec), H4N 1S2. Diffusion pour la France: Distique: 17, rue Hoche, 92240 Malakoff.

©Les Éditions du Boréal, 5450, ch. de la Côte-des-Neiges, Bureau 212, Montréal H3T 1Y6.

ISBN: 2-89052-169-9

Dépôt légal: 1er trimestre 1987. Bibliothèque nationale du Québec.

À mes enfants, Stephen
et Marie-Élisabeth

Introduction

Dans la collection Chauveau de brochures historiques canadiennes, conservée à la bibliothèque du Parlement de Québec, il y a un document de 1849 intitulé *Rapport du Comité spécial de l'Assemblée législative, nommé pour s'enquérir des causes et de l'importance de l'émigration qui a lieu tous les ans du Bas-Canada vers les États-Unis.* Ce rapport attire l'attention sur une donnée fondamentale du XIX e siècle québécois: l'accroissement accéléré de la démographie urbaine, particulièrement à Montréal, en un moment où l'infrastructure économique nécessaire pour absorber cette population n'était pas en place. Les recensements témoignent de l'ampleur de l'augmentation de la population qui, étant d'environ 28 000 en 1831, dépasse les 107 000 en 1871 malgré l'émigration vers les États-Unis.

Les causes de cette expansion démographique varient selon les périodes. Outre l'accroissement naturel, l'exode rural y contribua pour beaucoup. Le surpeuplement des seigneuries, joint aux mauvaises récoltes des années 1830, explique en partie le déplacement de population vers la ville. En outre, quelques seigneurs exigèrent des redevances excessives de leurs censitaires, les obligeant ainsi à partir. Les conditions de vie dans les concessions (*townships*) étaient encore plus précaires que dans les seigneuries, entraînant, là aussi, l'émigration vers les villes et vers les États-Unis par la suite.

Outre le déplacement des ruraux, l'immigration en provenance du Royaume-Uni fit également accroître la population montréalaise. Les changements survenus en Grande-Bretagne et les famines successives en Irlande incitèrent les autorités à diriger vers le Canada les surplus de population non intégrés à la vie économique. Cela débarrassait le pays d'une partie de ses indigents, qui constituaient une menace pour la paix sociale.

Ce qui s'avérait une solution pour la Grande-Bretagne causait un profond déséquilibre dans la colonie canadienne. On ne peut s'empêcher de voir dans les conditions de vie de la population montréalaise une conséquence de la politique mercantiliste de la Grande-Bretagne. On comptait en effet sur le marché canadien pour écouler les produits manufacturés en Angleterre et on retardait ainsi l'industrialisation de Montréal. C'est pourquoi la population francophone de la ville était forcée de s'expatrier. En même temps, elle recevait à pleins bateaux une population anglophone catholique, malade et dénudée, qui allait compter sur les forces vives de la population locale pour survivre. Stimulées par les évêques, la bourgeoisie montréalaise et les communautés religieuses ont pris sur elles d'assister les indigents, traduisant en dévouement et générosité les principes de la foi chrétienne et contribuant de la sorte à la survie d'une population qui lui était adressée dans le but d'assimiler les francophones. On n'est pas sans discerner sous cet envahissement une intention punitive des gouvernants anglais à l'égard de ceux qui s'étaient insurgés en 1837-1838.

L'arrivée des immigrants dans la métropole canadienne coïncida avec des épidémies dévastatrices. La maladie emporta des milliers d'Irlandais au cours de la traversée ou à leur arrivée, au moins à cinq reprises entre 1831 et 1871 (1832, 1834, 1847, 1849 et 1854). Ces épidémies meurtrières s'abattirent non seulement sur les immigrants mais aussi sur la population locale.

Résultat de ces mouvements de population, Montréal se trouva aux prises avec un nombre très élevé de pauvres qui passaient de difficultés temporaires à l'indigence chronique. Et on comprend que beaucoup aient décidé d'émigrer aux États-Unis. Mais s'il est vrai que ceux-là échappaient ainsi à leur situation précaire, d'autres, plus nombreux, restaient dans leur milieu et dans leur pauvreté. Qui étaient-ils? quels secours recevaient-ils? de qui? Telles sont les questions auxquelles ce livre tente de répondre.

* * *

Au cours des quarante années sur lesquelles porte cette étude, Montréal jaillit littéralement de terre. Selon la Proclamation de 1792, les limites territoriales de la ville suivaient la ligne des fortifications et comprenaient des quartiers dont les noms correspondaient aux anciens faubourgs. Ces limites subirent des variations pour être fixées à nouveau en 1845. Montréal conserva globalement cette configuration jusqu'à la fin du XIX e siècle.

La municipalité n'était cependant pas en mesure de faire face ni à l'augmentation de la population, ni, surtout, à l'augmentation des pauvres.

Les services municipaux connurent en effet un développement lent. Le premier aqueduc municipal actionné par machine à vapeur remonte à 1832. De capacité réduite, il alimentait uniquement la population située entre le fleuve et la rue Notre-Dame. Les autres citoyens étaient approvisionnés par porteurs d'eau. Ce n'est qu'en 1849 qu'un réservoir d'eau fut installé à la Côte-à-Baron (aujourd'hui square Saint-Louis).

La «Société du feu», établie en 1829 fonctionna avec des volontaires jusqu'en 1833. Après une interruption de service de neuf ans, la ville engagea des pompiers en 1841. Les endroits situés à proximité des réservoirs d'eau étaient naturellement favorisés. La lenteur et l'inefficacité du service d'incendie obligeaient les citoyens à se servir de moyens de fortune pour combattre les sinistres. Le procédé le plus fréquent était la chaîne d'eau. Ce n'est qu'en 1868 qu'on disposa d'un réservoir d'une capacité de quinze millions de gallons d'eau. La première pompe à vapeur fut achetée par la municipalité en 1871.

L'insuffisance du système d'égouts avait toutes sortes de répercussions fâcheuses, notamment l'insalubrité et les mauvaises odeurs, surtout en été. Il fallut attendre 1866 pour que soit formée l'«Association sanitaire».

Ces exemples donnent une idée de la lenteur du progrès des conditions de vie des citoyens, conditions qui aggravaient l'existence déjà précaire des pauvres.

La majorité des indigents étaient locataires et habitaient des maisons de bois. Ces logements se situaient ordinairement à proximité du fleuve; ils étaient donc vulnérables aux inondations, qui avaient souvent lieu deux fois par année (les plus néfastes furent celles de 1838, 1848, 1857 et 1865). Le revêtement de bois de ces logis les rendait perméables au froid, ce qui entraînait l'augmentation des coûts de chauffage, ainsi que le risque d'incendie. De plus, l'exiguïté des pièces rendait la vie des occupants inconfortable et presque toujours insalubre. Les caves et les greniers ont abrité un grand nombre de pauvres. Signalons que l'usage des poêles était un luxe jusqu'en 1830; seuls les gens aisés en possédaient, les autres les louaient ou s'en passaient. L'approvisionnement en bois de chauffage était parfois difficile, en raison de la fluctuation des prix et de la rigueur de l'hiver. Toutes ces déficiences eurent pour conséquence d'augmenter les risques de maladie tant chez les adultes que chez les enfants. Les pauvres, dont les biens matériels se résumaient à des vêtements et à quelques meubles, perdaient évidemment tout lors des sinistres. Tel fut le cas, notamment, lors des deux grands incendies de 1850 et de 1852, qui détruisirent 1450 maisons.

L'alimentation était un autre problème. Comme pour le logement, l'hiver réduisait la possibilité de vivre d'expédients. La majorité des gens des campagnes cultivaient des potagers et élevaient quelques animaux. Les divers procédés de conservation leur assuraient presque l'autosuffisance alimentaire en hiver. Cette autonomie était en revanche inaccessible à la plupart des citadins. (Certains règlements municipaux de Montréal, édictés pour faire cesser l'élevage dans les cours de certains quartiers de la ville attestent pourtant que des citadins y recouraient.) Se nourrir, en hiver, demeurait aléatoire. Peu et mal alimentés, les pauvres étaient exposés à toutes les épidémies.

Le taux de mortalité infantile chez les indigents était, enfin, très élevé, exposés qu'ils étaient aux mauvaises conditions sanitaires. Une enquête menée à la fin des années 1850 révèle que Montréal détenait le triste record du plus haut taux de mortalité au Canada. Les conditions réelles de la vie quotidienne des pauvres étaient donc très difficiles. C'est l'âpreté de cette vie que les intervenants de la bienfaisance devaient soulager.

*   *   *

Les intervenants de la bienfaisance n'étaient pas, au siècle dernier, d'abord et avant tout les autorités publiques. Celles-ci fournissaient certes une aide aux pauvres mais, sans compter qu'elle était indirecte (prenant la forme, par exemple, d'allègement des taxes des institutions qui accueillaient les indigents) et pas toujours assurée, elle n'atteignait jamais une valeur importante. L'aide provenait donc essentiellement de sources privées, du clergé naturellement et des communautés religieuses (Séminaire de Saint-Sulpice, évêché de Montréal, Sœurs Grises, Sœurs de la Providence), mais aussi de bénévoles laïcs regroupés en associations (Dames de la Charité, Société de Saint-Vincent-de-Paul) et de bourgeois généreux (tel Olivier Berthelet) qui, ensemble, et selon un développement parallèle à celui de la croissance démographique, ont pris en charge les différents types d'indigents qui apparaissaient à Montréal.

Car les indigents ont augmenté et ils se sont également diversifiés. Ce n'est plus uniquement aux orphelins, aux enfants trouvés et aux vieillards qu'on a affaire, mais également aux familles qui ont tout perdu dans des cataclysmes naturels, à ceux qui arrivent de la campagne ou de l'étranger et qui se retrouvent démunis, aux ex-détenus, aux chômeurs.

À l'augmentation et à la diversification de la clientèle, répondra donc la diversification et l'augmentation des services et des intervenants qui les assurent. Les Sœurs de la Providence sont fondées en 1843, la Société de Saint-Vincent-de-Paul en 1848. À lui seul, le personnel religieux chargé des œuvres des pauvres s'est multiplié par treize entre 1831 et 1871.

Les services ont suivi un développement identique. Capitale à cet égard a été la réforme du service des pauvres survenue dans les années 1840 et dont l'objectif était justement de mieux équilibrer les besoins d'aide de la population et les services que le personnel de la bienfaisance pouvait rendre. L'objectif était de mieux répondre aux besoins d'une population indigente en allant à la rencontre de ses besoins là où ils se manifestaient plutôt que de retirer cette population de la vie réelle pour l'enfermer en institution. Les secours sont plus variés: ici on visite les démunis, là on donne un peu d'argent, on distribue de la nourriture, des meubles, des outils, des vêtements, là encore on sert d'intermédiaire entre les chômeurs et les employeurs, sans oublier, bien sûr, l'accueil en institution. On met en place l'Œuvre de la soupe, on ouvre des Dépôts des pauvres dont, par exemple, la clientèle s'est multipliée par quatorze entre 1845 et 1871.

C'est tout ce processus de réponse à la misère que le présent ouvrage entend décrire. Car si on excepte le livre de Gonzalve Poulin, o.f.m., sur *L'assistance sociale dans la province de Québec, 1608-1951*, qui ne fait qu'effleurer le sujet, et les thèses de Lise

Mathieu et de Christiane Voyer sur la législation sociale au Bas-
Canada de 1760 à 1867, le problème de la pauvreté au XIXe siècle demeure peu étudié. Cela est sans doute dû au fait que ce
sujet, sur lequel bien sûr les protagonistes eux-mêmes, illettrés
pour la plupart, n'ont pas laissé de témoignage, n'a pas inspiré
les écrivains d'ici, contrairement aux œuvres que le même phénomène faisait naître en France ou en Angleterre. En outre,
l'État ayant joué un bien petit rôle dans le processus, cela a peut-
être atténué l'intérêt que les historiens auraient dû porter à cette
réalité capitale de notre XIXe siècle qu'est la pauvreté. Ce sujet
mérite en tout cas une plus grande attention. Le traiter c'est
mettre en évidence tout un réseau d'aide aux indigents et constater que l'Église, qui en est le centre, ne s'est pas désintéressée,
comme on l'a parfois soutenu, de la vie des pauvres gens. En
effet, entre 1831 et 1871, elle est au centre de la mise sur pied
d'un réseau de plus en plus complet et ramifié d'œuvres de bienfaisance reliées entre elles, interdépendantes, complémentaires
et efficaces, vues comme moyens de freiner l'émigration. C'est
la description de ce réseau qui fait l'objet des pages qui suivent.

*   *   *

Les pauvres assistés par les organisations de charité, au siècle dernier, peuvent être répartis en deux catégories. D'un côté,
il y avait ceux qui étaient inaptes au travail à cause de l'âge
(enfants, vieillards) ou de l'infirmité passagère ou permanente;
de l'autre, ceux qui étaient aptes au travail mais qui s'y refusaient (mésadaptés) ou qui en manquaient (chômeurs). Chacun
de ces deux groupes peut ensuite être divisé entre ceux qui
étaient assistés à domicile (Œuvre de la soupe, Dépôt des pauvres...) et ceux qui étaient assistés en institution (Hôpital Général, Asile de la Providence...). C'est selon cette double réparti-
tion qu'est organisé ce livre. Ainsi, après avoir présenté les intervenants de la bienfaisance, on verra l'aide qu'ils apportaient aux
pauvres en institution et à domicile et, dans chaque cas, l'aide
qui s'adressait aux pauvres aptes au travail et celle qui était dirigée vers les pauvres inaptes au travail.

*   *   *

La présente étude, qui est le texte remanié d'une thèse de
doctorat (Université Laval), repose essentiellement sur des sour-

ces primaires. La majeure partie du matériel utilisé provient d'archives privées, plus précisément d'archives d'institutions religieuses. Cela m'a conduite, par exemple, jusqu'aux Archives du Conseil général international de la Société de Saint-Vincent-de-Paul à Paris et aux Archives du Séminaire de Saint-Sulpice de Paris. Je remercie donc tous les archivistes et les bibliothécaires qui m'ont aimablement prêté leur concours.

Je voudrais remercier également M. Jean Hamelin (Université Laval) pour avoir dirigé ma thèse doctorale. Mes remerciements vont ensuite a MM. Nive Voisine (Université Laval), Arthur Weinroth (Université McGill), Maurice Aghulon et Jean-Baptiste Duroselle (Université de Paris I), et à Mmes Catherine Duprat (Université de Paris I) et Michèle Perrot (Université de Paris IV), pour leurs conseils et leurs suggestions. La fondation Ignace-Bourget m'a aidée financièrement grâce à l'appui de Mgr Jean-Marie Lafontaine et de Mgr Jean-Claude Turcotte.

LES INTERVENANTS

La première partie de cette étude présente les différents intervenants de l'aide aux pauvres de 1831 à 1871; on y précise la provenance de leurs ressources, leur contribution à l'établissement d'un réseau d'assistance aux pauvres et leurs liens réciproques. L'ordre de présentation correspond globalement à l'importance respective de leurs interventions. On notera, à cet égard, que, contrairement à la situation actuelle, l'assistance publique était presque inexistante au siècle dernier.

1

Le clergé

Le clergé de Montréal joua un rôle essentiel dans l'organisation et la coordination d'un réseau d'assistance aux pauvres de la ville. Il participait au financement des institutions de charité, laissant cependant aux communautés religieuses féminines le soin de travailler directement auprès des pauvres assistés en institution et à domicile.

Le Séminaire de Saint-Sulpice conçut le premier projet d'organisation charitable en faveur des indigents de la ville. Disposant d'un pouvoir très étendu, les Sulpiciens menèrent une action considérable.

L'évêché de Montréal, créé en 1836, arrivait bien après le Séminaire. Mgr Jean-Jacques Lartigue, premier évêque du diocèse, prépara pourtant la voie à une œuvre sociale importante que Mgr Ignace Bourget, son successeur, mènera à bien.

LE SÉMINAIRE DE SAINT-SULPICE DE MONTRÉAL

Les origines de la Seigneurie de Montréal remontent à l'époque où le cardinal de Richelieu, en qualité de grand-maître de la navigation et du commerce de France, favorisa la fondation de compagnies de commerce dans certaines parties de l'empire colonial français [1]. Moyennant le monopole du commerce et de larges concessions domaniales, ces compagnies devaient assurer le peuplement des terres nouvelles. C'est ainsi que l'île de Montréal et sa région passèrent successivement de la Compagnie de la Nouvelle-France à monsieur Jean de Lauzon et, après des fortunes diverses, à la Société de Notre-Dame de Montréal. Cette société comptait au nombre de ses membres monsieur Jean-Jacques Olier, futur fondateur de la Compagnie de Saint-Sulpice laquelle, le 9 mars 1663, succédait à la Société de Notre-Dame comme seigneur de l'île de Montréal[2]. Le roi de France ratifia les titres de propriété en mai 1677.

Les Sulpiciens exerçaient sur l'île de Montréal un double pouvoir, civil et religieux, à titre de seigneurs et de curés de la paroisse. Ils se préoccupèrent de la moralité publique aussi bien que de la sécurité matérielle des colons; ils firent venir de France des artisans capables d'exercer les métiers les plus utiles pour répondre aux besoins des habitants; dès les débuts, ils assumèrent des responsabilités auprès des indigents. Comme le rapportera l'un d'eux, ils «nourrirent le peuple dans les temps de famine, l'assistèrent après divers incendies, prirent le soin des pauvres, se chargèrent de l'éducation de la jeunesse, établirent diverses missions pour la conversion des sauvages, accompagnèrent les troupes à la guerre dans une multitude de combats, firent rendre justice, instituèrent des magistrats pour la police et le bon ordre, enfin ils furent les fondateurs ou les généreux bienfaiteurs d'établissements d'utilité publique[3]». Parmi les œuvres importantes qui reçurent leur sanction, rappelons l'Hôtel-Dieu pour les malades et l'Hôpital Général destiné aux vieillards, aux invalides et aux orphelins.

Le Séminaire de Saint-Sulpice de Montréal doit à la communauté mère de Paris la conservation de ses biens au moment de la cession du Canada à l'Angleterre. De fait, les Sulpiciens de France étaient propriétaires de l'île de Montréal à cette époque, le supérieur de Montréal n'en étant que l'administrateur délégué. Après la Conquête, le supérieur français et ses consulteurs résolurent de transférer cette propriété aux ecclésiastiques de Montréal qui consentaient à devenir sujets britanniques. Cette donation leur permettait de poursuivre le travail amorcé au pays et d'assurer le maintien de l'Église de Montréal. Car, même si le nouveau gouvernement songeait à laisser s'éteindre les communautés religieuses masculines régulières au pays, les Sulpiciens, qui étaient des prêtres séculiers, n'étaient pas concernés. De plus, leur loyauté au moment de l'insurrection des colonies du sud, en 1775, leur valut un traitement de faveur. Ils purent recruter des prêtres canadiens, mais on leur interdit de faire venir des confrères français. La survie de la compagnie montréalaise était en danger lorsque la Révolution française obligea les Sulpiciens de France à se réfugier en Angleterre. En 1794, un évêque français exilé négocia avec le gouvernement britannique l'envoi de dix-sept Sulpiciens à Montréal, pour y résider en permanence [4]. Il fallut attendre longtemps après ce premier renfort pour que d'autres recrues puissent entrer au pays. Enfin M. Claude Fay fut autorisé à se joindre aux Sulpiciens de Montréal; il fut nommé curé d'office en 1830. Une dizaine d'années plus tard, MM. Léon-Vincent Villeneuve et Pierre-Louis Billaudèle, qui allaient laisser leur marque dans le service aux pauvres, furent autorisés à émigrer au Canada. Une ordonnance de 1840 permit enfin de lever les restrictions concernant le recrutement de prêtres français.

L'importance du Séminaire au plan religieux, social et économique (et surtout son pouvoir de disposer des terres de l'Isle) ne tarda pas à irriter les marchands anglophones de Montréal, guère préparés à comprendre et à accepter ces privilèges hérités du régime seigneurial français. À partir de 1832 surtout, les journaux firent écho à leurs récriminations. Les pressions de la bourgeoisie commerçante, qui auraient pu conduire le Séminaire à la perte complète de sa situation économique avantageuse, eurent pour effet de donner satisfaction aux marchands, tout en protégeant les Sulpiciens. Les terrains convoités situés le long du canal de Lachine devinrent accessibles par l'ordonnance du 8 juin 1840 [5].

De longs débats entre le gouvernement de Londres, le Saint-Siège et les autorités ecclésiastiques du Bas-Canada relatifs aux biens du Séminaire se soldèrent par une forme de statu quo [6]. La nouvelle Charte maintenait les privilèges des Sulpiciens moyennant l'acceptation de certaines charges; ils demeuraient notamment responsables de l'unique paroisse de Montréal, de l'éducation, du soutien des orphelins et des invalides pauvres [7]. Notre étude ne se rapporte qu'à cette dernière obligation, mais il ne faudrait pas perdre de vue l'immensité de leur tâche et les coûts élevés encourus pour la construction et l'entretien de dessertes et d'écoles. Bien sûr, le Séminaire n'était pas le seul pourvoyeur des indigents, mais il endossa une large part de cette responsabilité. Les Sulpiciens ne se contentaient pas de distribuer eux-mêmes les aumônes, ils accordaient des subventions aux communautés religieuses féminines engagées dans le domaine de l'assistance. Le Séminaire ne pouvait privilégier le secteur social de son engagement au détriment du service du culte et de l'éducation, sans risquer de voir ses droits révoqués. Et comme les besoins étaient considérables à cette époque, il fut quelquefois incapable de prendre en charge de nouvelles œuvres voulues par Mgr Bourget. Un passage de l'ordonnance, selon lequel les Sulpiciens devaient soutenir «telles autres institutions religieuses, de bienfaisance et d'éducation, qui pourront être de temps à autres approuvées par le Gouverneur[8]», sera invoqué à quelques reprises par l'évêque de Montréal afin d'inciter le Séminaire à subventionner certaines œuvres.

Notons d'ailleurs qu'entre les autorités du Séminaire et celles de l'évêché, les relations étaient souvent tendues. La difficulté de faire venir des confrères de France fut probablement la cause d'un certain repli des Sulpiciens sur eux-mêmes et la crainte de perdre leurs biens temporels les rendait méfiants de toute autorité tant civile que religieuse. Selon Mgr Bourget, ils n'étaient pas très accueillants pour les sujets canadiens. Ils auraient même refusé d'accepter des candidats que lui-même jugeait très valables. L'historien Gilles Chaussé, s.j., mentionne leur crainte de voir l'esprit français disparaître chez les Sulpiciens de Montréal, ce qui explique sans doute chez eux un certain chauvinisme s'apparentant à du colonialisme intellectuel à l'endroit du clergé local: ils restreignaient l'admission de sujets canadiens et réservaient les charges importantes du Séminaire, tel le poste de supérieur, à des Français d'origine[9]. Une plus grande participation des Canadiens à la direction du Séminaire aurait probablement atténué la tension avec l'évêché. Certes, Mgr Bourget voyait que les Sulpiciens français étaient des intellectuels et des théologiens bien formés, mais il leur reprochait d'être éloignés de la vie réelle de la population montréalaise[10]. Leur prudence excessive se traduisait par un manque de dynamisme devant les défis à relever, surtout au cours des années 1840. L'immensité de la tâche à accomplir dans les divers secteurs d'activité était disproportionnée en regard du petit nombre de Sulpiciens. Plus de sujets Canadiens aurait permis d'améliorer les services à la population. La querelle entre l'évêché et le Séminaire au sujet de la division de la paroisse dura une trentaine d'années et n'entre pas dans notre propos. Toutefois, elle est un indice de la résistance du Séminaire à la décentralisation

L'église Notre-Dame, bénite le 7 juin 1829 par M. Roux, p.s.s., constitua le centre de la Paroisse de Montréal administrée par les Sulpiciens. (*L'Opinion publique*, 12 mai 1870)

de ses services. Un extrait des notes de M. Narcisse-Amable Troie, résume la situation:

> Il semble que la division de Notre-Dame s'imposait, la ville s'étendait de plus en plus, les fidèles des extrémités n'ayant pas de voiture ne venaient pas aux offices. Les malades étaient négligés. Comment cette paroisse, qui comporte aujourd'hui plus de soixante-dix paroisses dans son territoire d'autrefois, aurait-elle pu continuer à pourvoir à tous les besoins? Aujourd'hui, on ne comprend pas cette opposition. D'un autre côté l'Évêque était rigide à l'égard du Séminaire, il n'aimait pas les Sulpiciens. Ceux-ci n'aimaient pas l'Évêque. Le vieil esprit français d'opposition jouait sa dernière carte. En un mot, l'esprit

français voulait faire échec à l'influence canadienne qui devait finir par l'emporter dans une ville comme Montréal [11].

La conception du service aux pauvres, qui nous intéresse plus particulièrement ici, fut également objet d'un litige, dont les termes varièrent selon la personnalité des supérieurs du Séminaire.

Les supérieurs du Séminaire de 1831 à 1871

L'administration du Séminaire de Saint-Sulpice était confiée à un supérieur, élu par ses confrères pour un mandat renouvelable de cinq ans. Le supérieur était assisté dans ses fonctions par le Conseil des Quatre qui se réunissait au besoin et constituait une sorte d'exécutif. Il y avait aussi le Conseil des Douze chargé d'établir les priorités chaque année et de fixer un budget correspondant. Le supérieur ne possédait donc pas un pouvoir absolu. Son opinion était certes déterminante, mais il devait tenir compte de l'avis des consulteurs élus pour le seconder dans ses fonctions. Malgré cette réserve, la personnalité des supérieurs nous semble avoir été importante dans l'évolution du Séminaire en général et même dans le service aux pauvres.

Le supérieur du Séminaire était responsable de la communauté au point de vue spirituel et temporel. En même temps, il était curé de l'unique paroisse de Notre-Dame et grand-vicaire du diocèse de Québec et ensuite de Montréal. M. Joseph-Vincent Quiblier, supérieur de 1831 à 1846, joua un rôle important lors de l'établissement du diocèse de Montréal en 1836. Son poste lui permit d'appuyer la candidature de Mgr Bourget comme évêque coadjuteur. Le mémoire rédigé pendant son supériorat nous indique qu'il a fait des interventions majeures au moment de la Rébellion de 1837-1838. On peut résumer son action en disant qu'il eut une influence pacificatrice auprès des Patriotes et des autorités civiles. Il réussit à sauver la vie de plusieurs prisonniers politiques. Son attitude de loyauté à l'égard du gouvernement fut grandement appréciée. Elle explique sans doute les effets bénéfiques de l'ordonnance de 1840. En plus d'entretenir de bons rapports avec les autorités civiles, M. Quiblier était bien vu des autorités romaines.

Le supériorat de M. Quiblier fut marqué par de nombreuses réalisations. À la demande de Mgr Bourget, il ouvrit en 1840 un séminaire de théologie dans une aile du Collège de Montréal.

Fier de la nouvelle église paroissiale, il prit des dispositions pour faire construire les deux tours qui ornent la façade, inaugurées en 1841 et en 1843. Il s'occupa aussi de procurer des vêtements liturgiques et de riches objets de culte afin de rendre les célébrations religieuses plus fastueuses.

Son influence fut prépondérante dans le domaine de l'éducation à Montréal. Il contribua largement à la venue de la congrégation des Frères des écoles chrétiennes et se montra favorable au retour des Jésuites au pays. Il fit construire des écoles dans les principaux quartiers de la ville et y engagea les Sœurs de la Congrégation de Notre-Dame, dont il était le supérieur ecclésiastique. Mais il ne se contenta pas de faire bâtir des écoles, il fonda l'OEuvre des bons livres en 1844. Le fonds de cette première bibliothèque est à l'origine de la Bibliothèque de Saint-Sulpice qui deviendra la Bibliothèque nationale du Québec. Sensible aux besoins des immigrants irlandais, il commença la construction de l'église Saint-Patrice en 1843. C'était à l'époque un monument religieux très apprécié de la population irlandaise qui profita de services religieux dispensés en anglais.

Malgré ses qualités personnelles et ses réalisations, il prêta flanc à la critique. On lui reprochait de se comporter comme un grand seigneur, de déplaire à Mgr Bourget dans sa manière de diriger les communautés religieuses et de concevoir le service aux pauvres. Les divergences d'opinion entre l'évêque de Montréal et le supérieur du Séminaire devinrent si aiguës que M. Quiblier fut contraint de démissionner après quinze ans.

C'est Pierre-Louis Billaudèle qui lui succéda. Les deux termes de son mandat (1846-1856) furent peut-être moins remplis que ceux de son prédécesseur mais plus sereins. Il céda aux pressions de Mgr Bourget et accepta de réformer l'administration de la paroisse et de décentraliser le service des pauvres. Un autre Sulpicien, M. Louis Mussart, joua un rôle important dans ce renouveau, surtout en organisant, avec les Sœurs Grises, la visite des pauvres à domicile. M. Billaudèle prêcha aussi une retraite aux Dames de la Charité affiliées aux Sœurs Grises. Son attitude apporta une détente considérable dans les relations du Séminaire avec Mgr Bourget.

Outre la réforme du service aux pauvres, M. Billaudèle fit terminer l'église Saint-Patrice. C'est sous sa direction que la chapelle de Notre-Dame-de-Bon-Secours fut restaurée, selon le vœu de l'évêque de Montréal. Il procéda, en 1849, à la bénédiction de l'emplacement sur lequel devait être construite l'église de Notre-Dame-de-Grâce. L'année suivante il fit bâtir l'église Sainte-Anne. C'est sous son supériorat que fut posée la première pierre du Séminaire de la Montagne, en 1854.

Après dix ans de service à la direction de la communauté, M. Billaudèle fut déchargé de son poste. Ses contemporains affirment qu'il en éprouva un grand soulagement. On lui reprocha de s'être trop laissé conseiller par M. Léon-Vincent Villeneuve. Toutefois, cette influence fut bénéfique quant au service des pauvres.

Au départ de M. Billaudèle, en 1856, c'est M. Dominique Granet qui fut élu supérieur. On dit qu'il prit ses distances par rapport à M. Villeneuve, qui avait joué un rôle d'éminence grise sous l'administration de son prédécesseur. Il était reconnu comme un homme de devoir. Il accomplit ses fonctions avec une grande régularité, malgré les obstacles auxquels il dut faire face.

Le supériorat de M. Granet (1856-1866) fut marqué par de nombreuses réalisations pour l'amélioration du service religieux, l'augmentation des maisons d'enseignement et le service des pauvres. Tout d'abord, le Conseil des Douze décida d'accroître le nombre des lieux de culte. Il subventionna donc la construction, la reconstruction ou l'agrandissement de plusieurs églises et chapelles.

Le Séminaire joua, ensuite, un rôle important dans le domaine de l'éducation. Peu de temps après le début du mandat de M. Granet, les travaux intérieurs du Grand Séminaire furent achevés; l'établissement ouvrit ses portes en 1857. Huit classes furent ouvertes aux enfants de Griffintown à l'école Sainte-Anne (1857) et une salle d'asile aux jeunes enfants du faubourg Québec (1860). Les religieuses responsables de l'école du faubourg Saint-Laurent reçurent une subvention pour effectuer un agrandissement. La salle d'asile de la rue Sainte-Catherine reçut une subvention pour modifier l'édifice afin d'y ajouter une chapelle pour l'enseignement du catéchisme (1860). Après bien des pourparlers, l'école Saint-Joseph fut inaugurée en 1862. Une subvention importante fut accordée aux Frères des écoles chrétiennes pour la construction d'un noviciat (1863). Une nouvelle école fut érigée en 1864, près de l'église Saint-Jacques. En 1863, le Séminaire fit l'acquisition de terrains dans le faubourg Sainte-Anne et au Côteau Saint-Louis, en vue de favoriser les écoles attenantes. À différentes reprises, le Séminaire encouragea

M. Joseph-Vincent Quiblier, p.s.s. (1796-1852). Supérieur du Séminaire du Saint-Sulpice de 1831 à 1846, il eut une influence pacificatrice auprès des Patriotes et des autorités civiles. (A.S.G.M.)

M. Pierre-Louis Billaudèle, p.s.s. (1796-1896). Supérieur du Séminaire de 1846 à 1856, il entreprit la décentralisation des services aux pauvres. (A.S.G.M.)

M. Joseph-Alexandre Baile, p.s.s. (1801-1888), supérieur du Séminaire de 1866 à 1881, après avoir été directeur du Collège de Montréal. (A.S.G.M.)

financièrement le Cabinet de lecture paroissial, afin de favoriser la culture, surtout chez les jeunes. Enfin, les Sulpiciens approuvèrent en 1856 le transfert d'un orphelinat dirigé par madame Saint-Louis aux Sœurs Hospitalières de Saint-Joseph. Les orphelins étaient à la charge des aumôniers des pauvres qui défrayaient une partie de leur pension.

En ce qui a trait au service des pauvres, les Sulpiciens demandèrent aux Sœurs Grises de s'occuper des servantes irlandaises en chômage. Ils se soucièrent de la réhabilitation des jeunes filles irlandaises détenues à la prison. L'Asile de Sainte-Thaïs, mis sur pied à leur demande, fut transféré par la suite chez les Sœurs du Bon-Pasteur. Le Séminaire s'engagea à payer l'entretien d'une vingtaine de jeunes filles à partir de 1860 [12].

M. Granet était en poste au moment des débats entre le Saint-Siège et Mgr Bourget, au sujet de la division de la paroisse de Notre-Dame. Le supérieur eut probablement beaucoup à souffrir de pressions exercées sur lui par ses confrères et par l'évêque de Montréal. Il associa le supérieur du Séminaire de Paris à cette décision lourde de conséquences. M. Baile fut délégué à Paris et à Rome en 1864 pour faire le point sur la situation. Selon le témoignage de M. Narcisse-Amable Troie, ce sont les conseillers de M. Baile qui alimentaient la querelle; le supérieur aurait été favorable à une entente à l'amiable avec Mgr Bourget [13]. Déjà affaibli par une longue maladie, M. Granet mourut en 1866, peu de temps après le décret de Rome obligeant le Séminaire à diviser la paroisse.

À M. Granet, succéda M. Joseph-Alexandre Baile, qui sera supérieur jusqu'à 1881. Les cinq années de son supériorat concernées par notre étude furent marquées par la division de la paroisse. M. Baile est considéré comme le porte-étendard du Séminaire dans ses luttes contre les projets de Mgr Bourget et l'influence de ses confrères canadiens. M. Troie prétend que M. Baile fut choisi comme délégué du Séminaire pour plaider la cause des Sulpiciens à Rome (en 1845, en 1863-1864, puis de 1866 à 1868) à cause de sa grande détermination. Toutefois, il ne faudrait pas oublier que M. Baile éprouvait un vif attachement pour le Séminaire, ce qui en faisait un défenseur ardent. La division de la paroisse Notre-Dame signifiait la diminution de l'influence du Séminaire et la montée de celle de l'évêque de Montréal.

Lorsque M. Baile accéda à la direction de la Société, Montréal était déjà dotée de nombreuses églises, écoles et institutions de charité. Toutefois, sous son supériorat, des mesures furent prises pour construire de nouvelles églises ou compléter l'aménagement d'anciennes; l'église de Notre-Dame-des-Neiges, par exemple, put être terminée en 1867. Au cours des vingt-cinq ans qui précédèrent surtout, le Séminaire avait encouragé l'édification d'un réseau d'institutions d'enseignement. Quelques établissements furent ajoutés sous le supériorat de M. Baile: le Collège de Montréal attenant au Grand Séminaire de la Montagne, un externat à l'école Saint-Jacques, une école, près de l'église Saint-Patrice, dirigée par les Sœurs de la Congrégation de Notre-Dame à l'intention des filles.

Outre ces additions, le Séminaire accorda des subventions aux diverses communautés chargées de l'éducation. Ainsi, les Sœurs de la Congrégation, les Frères des écoles chrétiennes et les Sœurs Grises établies à la Côte-des-Neiges et aux Tanneries des Rolland bénéficièrent de subsides de 1868 à 1871. Les Sœurs de la Congrégation reçurent la plus importante augmentation de traitement; cependant, on leur recommanda d'avoir le moins possible «d'écoles payantes» et surtout de ne faire aucune différence entre les élèves reçues gratuitement et les autres. La politique du Séminaire au sujet de l'éducation fut clairement énoncée le 23 novembre 1867: c'était le procureur du Séminaire qui payait les frais du personnel et de l'entretien des écoles. Les écoles existantes étant insuffisantes pour loger tous les enfants, le Séminaire s'engageait à rétribuer tout laïque enseignant recevant des enfants qui n'avaient pas de place dans les institutions. Afin d'améliorer la qualité de la vie des enfants fréquentant l'école Sainte-Anne, le Séminaire acheta, en 1866, trois lots attenants en vue d'agrandir la cour de récréation. Enfin, le Cabinet de lecture paroissial reçut sa part d'améliorations. Le Séminaire encourageait cette œuvre destinée à «conserver sur la jeunesse et les classes élevées de la société l'influence que notre Maison a toujours exercée sur la population de cette ville», comme on l'exprimait lors de l'assemblée des douze consulteurs le 10 septembre 1869 [14].

Le supériorat de M. Baile fut aussi marqué par des initiatives au plan social. Le Séminaire encouragea le Refuge de Sainte-Brigitte par une subvention de 4000 $ [15]. La raison principale qui justifiait cette aide était le désir d'empêcher les catholiques de recourir à la Protestant House of Industry and Refuge.

Par la suite, en 1870 et en 1871, les Sulpiciens versèrent des subventions annuelles moins importantes. Le Séminaire se préoccupait également du sort des femmes sorties de prison, désignées sous le nom de «pénitentes», secourues chez les Sœurs du Bon Pasteur. Le Séminaire, communément appelé la Maison, qui défrayait le coût d'entretien de vingt-quatre «pénitentes» anglaises reçut une contribution permettant d'en assister vingt-quatre autres d'origine canadienne (c'est-à-dire francophones) [16]. L'Asile Saint-Joseph dédié aux orphelins, aux enfants trouvés et à d'autres services aux miséreux reçut un don de 800 $ en 1869, pour aider la communauté des Sœurs Grises qui en assumait la direction [17]. Les Frères de la Charité récemment établis à Montréal eurent leur part de la générosité des Sulpiciens à compter de 1870. La subvention était conditionnelle à la réception de douze pauvres, avec promesse de l'augmenter si un nombre plus grand d'indigents leur étaient confiés [18]. L'année suivante, on accepta le principe de leur fournir une aide substantielle pour leur permettre de s'occuper de l'enseignement dans le faubourg Saint-Laurent et de construire un noviciat [19].

L'aide aux pauvres à domicile

Depuis leur arrivée à Montréal en 1657, et plus particulièrement depuis 1663, les Sulpiciens avaient soutenu les pauvres de la ville. La communauté procédait selon les principes en usage à la paroisse Saint-Sulpice de Paris. Un document de 1773 contient des renseignements intéressants sur l'administration du service aux pauvres [20], et la réédition de l'*Ordre établi dans la Paroisse Saint-Sulpice pour le soulagement des pauvres honteux* contient quarante et un articles expliquant le mode d'assistance des diverses catégories de pauvres. Nous n'entrerons pas dans le détail de cette publication, notre objectif étant simplement d'indiquer les principes à partir desquels les Sulpiciens sélectionnaient les pauvres auxquels ils verseraient de l'assistance. Les Sulpiciens de Montréal puisèrent leur inspiration dans ces ouvrages pour assurer le service des pauvres depuis le Régime français jusqu'à ce que soient mis au point des règlements adaptés au Canada [21].

L'expression «pauvres honteux» désignait les familles éprouvées par un revers de fortune et trop fières pour mendier. Les Sulpiciens commencèrent à s'intéresser à cette catégorie de personnes dès le XVIIe siècle. La règle d'or de l'assistance aux «pauvres honteux» était la discrétion. Ces indigents bénéficiaient de secours prompts et discrets à condition, notamment, d'habiter dans la paroisse depuis au moins trois ans, de ne pas mendier (car alors on n'était plus «honteux») et d'avoir une conduite irréprochable et conforme aux «advis de ceux qui seront establis pour les conseiller [22]».

Ces règles étaient encore en usage chez les Sulpiciens de Montréal au XIX e siècle. Les «pauvres honteux» recevaient des secours en priorité, selon le «Plan proposé par M. Armand de Charbonnel pour un Bureau pour les Pauvres». La discrétion entourant l'assistance aux «pauvres honteux» en rend l'étude difficile. Toutefois, le *Livre de compte du Procureur du Séminaire de Montréal, 1833-1900* comprend, sous la rubrique «Aumônes secrètes du Supérieur», un budget spécial accordé au supérieur du Séminaire pour assister cette catégorie de personnes [23].

La somme des aumônes du supérieur s'élève à 16 732 $ pour les trente et une années écoulées entre 1840 et 1871. À partir de 1869, il faut y ajouter un budget spécial de 3300 $, voté par le Séminaire aux curés de six paroisses à l'intention des «pauvres honteux» [24].

Soulignons cependant que le procureur et les consulteurs disposaient aussi d'un budget indéterminé à leur intention. Cela signifie que ces données sont forcément partielles. Pour résumer, un total de 20 032 $ au moins fut versé par le Séminaire pour les «pauvres honteux» de 1840 à 1871.

Il y avait une différence fondamentale entre le traitement des «pauvres honteux» et celui des «pauvres notoires»: les premiers recevaient des secours en argent, tandis que les seconds touchaient une aide en biens de consommation. Cette distinction permet de mesurer la confiance qui régnait à l'égard de la première catégorie de nécessiteux. Occasionnellement, ils obtenaient des secours en nature, sans avoir à se présenter au Dépôt des pauvres.

Les «pauvres honteux» étaient en quelque sorte marginaux au XIX e siècle, la majorité des pauvres de Montréal étant des «pauvres notoires». Sur présentation de «bons» distribués par les visiteurs des pauvres, indiquant la quantité de produits à fournir, les indigents s'approvisionnaient soit à un Dépôt des pauvres, soit chez un fournisseur attitré. Le curé de la paroisse distribuait les denrées alimentaires, les vêtements et le bois, de 1831 à 1841. La tâche devenant trop lourde, le Séminaire

accepta le projet soumis par M. Armand de Charbonnel d'ouvrir un Bureau pour les pauvres. Cette formule de distribution
exista de 1841 à 1847. L'organisation du service des pauvres prit
de plus en plus d'importance au milieu des années 1840. Mais
même le nouveau Bureau des pauvres ne parvenait pas à répondre aux besoins exprimés, c'est pourquoi une réforme du service
des pauvres fut entreprise par M. Billaudèle, dès 1846. La
décentralisation des services tant souhaitée par Mgr Bourget
obligea le Séminaire à nommer des aumôniers des pauvres qui
coordonnaient les aumônes fournies par les Sulpiciens aux
Sœurs de la Providence et aux Sœurs Grises [25].

Les Sulpiciens de Montréal, des Français pour la plupart,
étaient tout désignés pour desservir la population francophone
catholique. Comme on le sait, Montréal accueillit des immigrants irlandais majoritairement catholiques dès les années
1830. Selon M. Villeneuve, p.s.s., ils formèrent alors près du
tiers de la population catholique [26]. Cette partie de la population, entre douze et treize mille personnes en 1848, fut largement
secourue par le Séminaire. En 1847, quatre Sulpiciens moururent au service des Irlandais atteints par le choléra. Il fallut donc
s'adresser au Séminaire d'Irlande afin de «remplir les vides [27]» et
d'assurer un recrutement constant de Sulpiciens anglophones.
M. Quiblier, supérieur sortant, fut chargé de trouver des volontaires en Irlande. Par ailleurs, M. Billaudèle engagea un maître
d'anglais qui dispensait des cours quotidiennement à plusieurs
Sulpiciens.

Pour connaître l'aspect financier de l'assistance aux «pauvres notoires» secourus à domicile par le Séminaire, nous devons
nous contenter de données partielles. Il faut garder en mémoire,
en effet, que les subventions du Séminaire n'étaient pas la seule
source de revenu dont disposaient les intervenants de la charité
(curé, distributeurs d'aumônes et aumôniers des pauvres). Ces
personnes touchaient les recettes provenant de troncs placés
dans les églises, de quêtes faites à la paroisse et dans les dessertes, notamment chez les Récollets et à Notre-Dame-de-Bon-
Secours, et, occasionnellement, de legs testamentaires ou de
dons particuliers destinés aux indigents. Nous avons cherché en
vain un registre comprenant toute la comptabilité relative au
service des pauvres pour la période étudiée. Faute d'un tel document, il faut nous en tenir à ce qui figure au livre du procureur. Il
est vrai qu'un registre inachevé intitulé «Aumônerie des pauvres

de Notre-Dame de Montréal» précise un peu la provenance des fonds attribués au Bureau des pauvres pour deux années consécutives (1846 et 1847). Mais le tout est sommaire et les documents sont en outre contradictoires [28].

Pendant les quarante années que nous avons surtout étudiées, les subsides offerts par les Sulpiciens ont été successivement confiés aux curés (jusqu'en 1842), aux distributeurs d'aumônes (de 1843 à 1848) et aux aumôniers des pauvres (à partir de 1849). Remarquons aussi que, à partir de 1851, le Séminaire séparait les subventions selon l'origine ethnique des indigents, Canadiens ou Irlandais. Le budget des pauvres canadiens était, en outre, réparti entre les Sœurs Grises (responsables pour l'ouest de la ville) et les Sœurs de la Providence (responsables pour l'est de la ville). Les sommes octroyées selon cette division ne sont cependant distinguées dans le livre de la procure du Séminaire que de 1863 à 1866. Des données dont nous disposons, il résulte que, de 1831 à 1871, l'assistance financière du Séminaire aux «pauvres notoires» secourus à domicile est de l'ordre de 220 000 $ [29]. On note aussi que les sommes offertes sont onze fois plus importantes en 1871 (15 797 $) qu'en 1831 (1352 $). Cette augmentation reflète celle de la population en général, qui s'était multipliée par cinq, et des indigents en particulier qui avaient traversé plusieurs crises et cataclysmes.

Parmi les œuvres sociales accomplies par le Séminaire, la sépulture des indigents revêt un caractère particulier. Ce geste de respect ne s'imposait pas avec évidence au siècle dernier. Il fallut des pressions publiques pour assurer ce service ultime aux pauvres. Ceux qui vivaient hors des institutions étaient inhumés aux frais de la paroisse. Mais, une première démarche, effectuée par les Sœurs Grises en 1830, demandant un emplacement gratuit pour enterrer les pauvres décédés à l'Hôpital Général, se solda par un refus de la part de la paroisse.

Au cours de l'épidémie de choléra de 1831, cinquante personnes furent enterrées d'urgence aux frais de la Fabrique sans passer par l'église paroissiale. *La Minerve* du 24 octobre 1831 publia un règlement supplémentaire de police, émis par la Cour de session générale de quartier de la paix pour le district de Montréal, défendant l'inhumation d'aucun corps humain dans aucune partie de la ville excepté dans les églises et dans le cimetière paroissial, sous peine d'amende. Une telle directive laisse supposer que l'on enterrait des corps sans trop de précaution un peu n'importe où dans la ville. L'épidémie de 1832 fut plus meurtrière que la précédente, surtout parmi les indigents [30]; des messes collectives furent chantées le 9 juillet 1832 pour toutes les personnes décédées du choléra. Le 14 novembre suivant, une autre messe fut célébrée pour tous les ouvriers de la ville [31].

En dehors des périodes d'épidémies, les pauvres n'avaient pas droit à un service collectif, et encore moins particulier. Au début des années 1840, à la veille d'entreprendre une collecte publique pour achever les tours de l'église Notre-Dame, certains paroissiens jugèrent déplorable qu'on trouve le moyen de financer les dépenses de l'église alors qu'on inhumait très sommairement les indigents. Ils firent circuler une pétition en vue de corriger la situation [32]. Les requérants demandaient aux autorités de permettre que les corps des pauvres soient transportés de la chapelle mortuaire attenante à l'église paroissiale et qu'un minimum de décorum soit observé, à savoir qu'on allume des cierges autour du cercueil et qu'on lise, à tout le moins, un Libera pour le défunt. Cette initiative ne semble pas avoir reçu une réponse favorable, puisqu'on retrouve aux archives un document datant approximativement de 1850, intitulé «Rapport du Comité nommé par les Marguilliers qui est d'avis qu'on accorde les prières d'un libera à l'Église paroissiale pour tous les pauvres qui n'ont de service». Le comité précisait que la proportion de mortalité chez les indigents était de deux enfants pour un adulte. On réclamait un Libera seulement pour les pauvres adultes. Leur nombre se situait généralement entre 200 et 250 par année.

Alors que M. Claude Fay était curé de la paroisse Notre-Dame, l'inhumation gratuite des pauvres de l'Hôpital Général des Sœurs Grises fut acquise en 1849. Cette responsabilité ne reposait pas sur des règles fixes puisqu'on retrouve une directive différente provenant de l'Assemblée des consulteurs, datée du 30 mai 1855, qui propose au comité du nouveau cimetière de s'entendre avec la Corporation pour l'inhumation des pauvres [33]. Cette requête fut refusée, mais la question fut débattue à nouveau en 1865. Le Séminaire donna alors au curé d'office les moyens de faire enterrer les plus pauvres [34]. Le débat autour du service des pauvres fut relancé en novembre 1871 lorsqu'il fallut déterminer le tarif des services funèbres à la paroisse Notre-Dame. Le tarif de la dernière catégorie fut réduit pour les pauvres, et leurs services étaient chantés à l'église Notre-Dame-de-Bon-Secours [35].

L'aide aux pauvres en institution

La collaboration entre les Sulpiciens et les Sœurs Grises remonte à la fondation de cette dernière communauté, c'est-à-dire au Régime français, et elle était toujours aussi fidèle au XIX e siècle. L'appui du Séminaire était de deux ordres: spirituel (le supérieur du Séminaire était le supérieur ecclésiastique de la communauté) et matériel (aide aux pauvres assistés à l'Hôpital Général). La contribution du Séminaire fut comptabilisée par les Sœurs Grises sous quatre rubriques: d'abord, une somme de base de 300 livres tournois à laquelle s'ajoutait un montant pour défrayer le coût d'entretien d'environ six personnes indigentes; de plus, une importante somme était versée pour l'entretien des jeunes Irlandaises et, enfin, une quantité variable de blé était fournie pour nourrir les personnes à charge de l'Hôpital.

Une certaine complémentarité unissait les Sœurs Grises aux Sulpiciens. Ces derniers possédaient des ressources financières importantes, sans disposer de personnel qualifié pour assurer le soin des orphelins et des personnes âgées et infirmes. Les Sœurs Grises disposaient de capitaux limités, mais pouvaient compter sur un personnel qualifié pour prendre soin des pauvres de toutes catégories. «Nous avons la meilleure volonté du monde pour faire le bien mais nous ne pouvons pas faire grand chose sans l'assistance des Messieurs du Séminaire», écrivait mère Elizabeth McMullen à Mgr Bourget[36]. Et on comprend par là que, même d'accord avec Mgr Bourget sur la question de la réforme du service des pauvres, Mère McMullen ne pouvait déplaire au Séminaire, dont le soutien financier était indispensable aux Sœurs Grises. La contribution totale du Séminaire pour l'entretien des pauvres reçus à l'Hôpital Général, au cours des quarante et une années recensées atteint en effet 67 548 $, soit une moyenne annuelle de 1647 $[37]. Les fonds versés pour l'entretien des pauvres hébergés étaient séparés des subventions destinées aux pauvres secourus à domicile au moyen des Dépôts des pauvres.

Si la communauté des Sœurs Grises fut l'objet d'une sollicitude particulière de la part des Sulpiciens, ceux-ci reconnurent également très tôt le mérite de madame veuve Gamelin, dix ans avant la fondation officielle de sa communauté des Sœurs de la Providence. Cette charitable dame accueillit des femmes âgées et infirmes dès 1830. Pour diverses raisons, l'Asile pour les femmes âgées et infirmes, désigné dans le langage courant sous le nom d'Asile de la Providence, ne fut incorporé qu'en 1841. L'ordonnance de 1840 en faveur des Sulpiciens confirmait les avantages dont les Sœurs Grises profitaient depuis longtemps, mais il n'y était pas question des Sœurs de la Providence, fondées en 1843 [38]. Toutefois, un passage de l'ordonnance laisse entrevoir une interprétation du document à l'avantage des Sœurs de la Providence, puisque les œuvres de cette communauté coïncident avec celles qui y sont mentionnées.

La situation financière du Séminaire n'était pas très florissante au début des années 1840 d'une part, et la communauté des Sœurs de la Providence étant une fondation de Mgr Bourget, d'autre part, les Sulpiciens n'étaient pas portés à s'y engager beaucoup. Ils ne comprenaient peut-être pas tout à fait la raison d'être de cette nouvelle communauté à caractère caritatif. Ils n'avaient pas saisi que les Sœurs de la Providence étaient surtout orientées vers le service des pauvres à domicile, tout en ne négligeant pas le soin des pauvres en institution. Mgr Bourget comprenait mal les réticences du Séminaire à l'égard des Sœurs de la Providence. L'évêque de Montréal était le cofondateur de la communauté et se sentait en partie responsable de sa survie matérielle. Or, on sait que Mgr Bourget était pauvre. Au moment de construire l'Asile de la Providence, il entreprit une collecte personnelle dans la ville à cette fin et essuya une amère déception devant le peu de collaboration du Séminaire qui ne voyait pas que les Sœurs de la Providence, en prenant charge des pauvres, le soulageaient. Sans que cela signifie un refus d'aider les Sœurs de la Providence, il reste que, de 1834 à 1871, les subsides que le Séminaire leur accorda, soit une somme totale de 3465 $, sont presque vingt fois moins importants que ceux qu'il accordait aux Sœurs Grises [39]. Ce montant ne comprend pas les biens de consommation offerts par le Séminaire et distribués au Dépôt des pauvres des Sœurs de la Providence.

Quand on regroupe l'ensemble des données sur les fonds versés par le Séminaire pour l'assistance des pauvres à domicile («pauvres honteux» et «pauvres notoires») et en institution (à l'Hôpital Général et à l'Asile de la Providence), on remarque, d'une part, que, jusqu'en 1843, les montants sont à la fois relativement stables et à peu près équivalents dans les deux types d'assistance (1352 $ dans le premier cas et 1440 $ dans le second en 1831, et, respectivement, 1664 $ et 1812 $ en 1843); mais que, d'autre part, à partir de 1846, la participation du Séminaire aux services à domicile est de plus en plus grande, alors que les subventions aux pauvres en institution ne varient pratiquement pas (en 1871, par exemple, les montants sont, respectivement, de 16 597 $ et de 1780 $) [40].

La situation économique

La contribution de la Compagnie de Saint-Sulpice à l'entretien des pauvres présuppose des ressources financières importantes. Elle était propriétaire de trois seigneuries, celles de l'île de Montréal, du lac des Deux-Montagnes et de Saint-Sulpice. Elle touchait les lods et ventes et les cens et rentes sur ces terres. La seigneurie de Montréal rapportait près du double de revenus des deux autres, tout au moins pour la période de 1840 à 1852. M. Quiblier, dans un mémoire daté de 1846, évaluait les redevances seigneuriales de la façon suivante:

> Le cens et rente est d'un demi sol et d'une pinte de blé, par arpent quarré. La pinte de blé est la quarantième partie d'un minot, ou mesure pesant environ 60 ou 62 lbs. Ainsi une terre de 100 arpens quarrés (superficie ordinaire de chaque terre) paye ou doit payer au Séminaire deux minots et demi de blé et 50 sols en argent chaque année. Les premières terres concédées aux environs de Montréal, ne sont chargées annuellement que de fournir, pour cens et rente, deux chapons; quelques unes un chapon et demi. Ces chapons sont remplacés aujourd'hui par de vieux coqs maigres [41].

Les Sulpiciens possédaient aussi des moulins à farine, à carder, à fouler et à scier, dont le nombre varia. En 1859, ils étaient propriétaires de deux moulins dans la Seigneurie du lac des Deux-Montagnes et d'un moulin au Sault-au-Récollet pour lequel il percevait une rente annuelle de quatre cents minots de blé; les autres moulins avaient été vendus à cette époque [42]. Ils avaient également quatre fermes sur l'île de Montréal et ils exploitaient dix-neuf fermes dans la Seigneurie du lac des Deux-Montagnes. La Compagnie possédait plusieurs propriétés ne rapportant rien, étant utilisées pour loger le personnel du Séminaire et offrir des services à la population (tels que le service paroissial et les écoles gratuites). Elle assumait les frais de construction et d'entretien de ces bâtisses. Enfin, la dîme rapportait «la 26ᵉ mesure de tout grain ou récolte [43]».

Sans faire une analyse de toute la comptabilité du Séminaire, nous pouvons évaluer sa contribution à l'assistance aux pauvres à partir des recettes et des dépenses de la procure. Les données sur les institutions administrées par les Sulpiciens, tels le Grand Séminaire (pour la formation des prêtres), le Collège de Montréal, etc., n'y figurent pas. Signalons, à titre indicatif, que les directeurs particuliers des institutions équilibraient généralement leur budget. Le Séminaire comblait les déficits au besoin.

L'ordonnance de 1840 obligeait le Séminaire à vendre les terrains réclamés par les censitaires. Les gains supplémentaires occasionnés par les commutations ne figurent pas dans les revenus de la procure. L'aliénation de leurs propriétés assurait momentanément aux Sulpiciens un revenu supplémentaire mais diminuait leur revenu à long terme. Ces revenus servaient à combler les déficits des diverses œuvres, à financer la construction d'écoles, d'églises, etc. Le Séminaire prêta de l'argent à la fabrique, à la municipalité, au port de Montréal, selon les demandes exprimées par l'une ou l'autre de ces institutions; il investit aussi dans la construction de chemins de fer.

Notons encore que les dettes actives et les dettes passives ne sont pas considérées, que recettes et dépenses présentent la comptabilité des trois seigneuries appartenant à la Compagnie (il est donc impossible d'isoler uniquement les données de la Seigneurie de l'île de Montréal), et, enfin, que l'état des archives ne nous permet pas de remonter jusqu'à 1831, mais seulement jusqu'à 1841.

Durant les trente et une années qui nous occupent, nous remarquons une alternance des années excédentaires et des années déficitaires[44]. La décennie 1840, par exemple, commence avec un déficit de 28 504 $, mais celui-ci n'était déjà plus que de 4552 $ en 1843. De 1844 à 1851, l'équilibre se rétablit et, au cours de ces huit années, on accumule même un excédent de 48 646 $. Mais, compte tenu de toutes les obligations du Séminaire, ce montant n'est pas si important qu'il peut le paraître. Et les réserves des Sulpiciens à l'égard des projets de Mgr Bourget s'expliquent sans doute en bonne partie par leurs difficultés financières[45].

Jean-Jacques Lartigue, premier évêque de Montréal
(1836-1840), conçut en partie l'organisation d'un réseau
d'assistance aux pauvres qui sera mis sur pied par son successeur. (A.C.A.M.)

L'ÉVÊCHÉ DE MONTRÉAL

Parler de la participation de l'évêché de Montréal à l'édification
d'un réseau d'assistance aux pauvres au XIXe siècle, c'est
essentiellement parler de l'œuvre de Mgr Ignace Bourget qui
dirigea le diocèse pendant trente et un ans. Il avait été auparavant secrétaire et confident, collaborateur et conseiller respecté
de son prédécesseur, Mgr Jean-Jacques Lartigue, à qui on attri-
bue parfois le tout début de l'Asile de la Providence et l'établissement de l'association des Dames de la Charité. Et c'est dans le
prolongement des idées de Mgr Lartigue que le nouvel évêque
situera son action: «toutes les œuvres que nous allons entreprendre pour notre salut éternel, ont été, depuis de longues années,
projetées par notre illustre prédécesseur[46].» Formé par Mgr
Lartigue, Mgr Bourget souscrivait à ses projets. Mais pour les
réaliser, il fallait surmonter un obstacle majeur, celui de trouver
les moyens financiers indispensables à leur matérialisation; ce
que fit le nouveau prélat.

C'était d'ailleurs un homme dynamique, comme en témoigne le premier voyage qu'il effectua en Europe, du 3 mai 1841 au

Jean-Jacques Lartigue
1777-1840

Montréalais, fils du chirurgien Jacques Larthigue et de Marie-Charlotte Cherrier, Jean-Jacques Lartigue décida d'entrer dans les ordres en 1797 après avoir fait quatre années de cléricature chez les avocats L.-C. Foucher puis Joseph Bédard. Il avait également eu l'occasion de s'intéresser de près à la politique puisque ses oncles Denis Viger et Joseph Papineau avaient brigué les suffrages en 1797.

Avant même son ordination en 1800, Mgr Pierre Denaut, évêque de Québec, le prit comme secrétaire et le garda à son service jusqu'à sa mort en 1806. Bien qu'il eut manifesté le désir de s'agréger à Saint-Sulpice, ce n'est que sous Mgr Plessis qu'il fut autorisé à demander son admission, qui fut accueillie avec enthousiasme. Attaché au ministère paroissial, il se fit remarquer par son talent de prédicateur et son zèle pour les pauvres. Son projet de former une association de Dames de la Charité datant de 1819 fut interrompu par sa nomination, en 1820, au poste d'évêque de Telmesse, en Lycie, et d'auxiliaire suffragant et vicaire de l'évêque de Québec.

Mgr Plessis n'arrivant pas à obtenir du gouvernement anglais la permission de diviser son vaste diocèse, il fut autorisé par Rome à nommer quatre évêques auxiliaires pour les districts de Montréal, Kingston, Halifax et du Nord-Ouest. Au moment de recevoir sa consécration épiscopale (le 21 janvier 1821), J.-J. Lartigue était bien préparé à affronter les tracasseries administratives et à surmonter les inconvénients du manque de ressources financières. Contraint à quitter le Séminaire et l'église paroissiale par les Sulpiciens qui prenaient ombrage de la présence à Montréal d'une autre autorité ecclésiastique, il se réfugia à l'Hôtel-Dieu où il fut accueilli par les Hospitalières de Saint-Joseph. Il y vécut jusqu'à l'automne 1825, moment où sa résidence et l'église Saint-Jacques furent terminées, grâce à l'appui de parents et d'amis.

Au cours de ses nombreux démêlés, l'évêque auxiliaire à Montréal fut assisté par son fidèle et patient secrétaire l'abbé Ignace Bourget. La mort de Mgr Plessis lui ravit cependant un solide soutien.

Après de nombreuses démarches et de multiples épreuves de force, il devint finalement évêque du diocèse autonome de Montréal le 13 mai 1836 et entra en fonction le 8 septembre suivant. À peine sorti des luttes pour la conquête de l'autonomie du diocèse, Mgr Lartigue fut farouchement combattu par les Patriotes et un grand nombre de Canadiens lors de la rébellion de 1837-1838. Il avait en effet pris ouvertement position contre l'insurrection, s'opposant à ses propres cousins Denis-Benjamin Viger et Louis-Joseph Papineau. Il soutenait les positions officielles de l'Église selon lesquelles la souveraineté du peuple ne pouvait être au-dessus du gouvernement, quel fût-il.

Ultramontain et premier disciple canadien de Lammenais, il avait de l'Église une conception fortement hiérarchisée. Il prit courageusement le parti de l'indépendance absolue vis-à-vis de l'État et parvint à déjouer les tentatives d'intimidation des autorités anglaises. Dans le domaine de l'aide aux pauvres, il encouragea la jeune Émilie Tavernier dans son engagement social.

Au moment où Mgr Bourget prit en main le diocèse, il lui resta à mettre en chantier un réseau d'assistance qui avait été prévu en partie par son prédécesseur, et qui comportait surtout des services aux pauvres à domicile.

23 septembre 1842. Il résumait les raisons de son voyage et les avantages qu'il en avait retirés en ces termes:

Afin de profiter de l'expérience des autres, et de suppléer en cela à ce qui nous manquait, nous avons visité soigneusement tous les établissements de charité, qu'il nous a été possible de voir, afin de nous rendre capable de diriger avec quelques succès les œuvres de miséricorde que nous nous croyons obligé de recommander à nos Diocésains. Car, Nos Très-Chers Frères, nous savions très bien, que nous avions le bonheur de posséder dans notre Diocèse, et en particulier en cette ville, un grand nombre d'âmes, qui ont reçu en partage les dons parfaits de la charité; et qu'il suffisait de les mettre en mouvement et de les bien diriger pour leur faire produire ces œuvres de miséricorde, qui découlent de la compassion chrétienne. Nous avons surtout porté notre attention sur les divers établissements que dirigent en France les admirables filles de l'immortel saint Vincent de Paul, les Sœurs de la Charité [47].

Il effectua un deuxième voyage en France et en Italie de septembre 1846 à mai 1847. À cette occasion, il poursuivit le travail d'inventaire et d'évaluation des institutions sociales françaises d'une manière encore plus poussée. Il inclut les œuvres destinées aux aliénés, aux mendiants et aux enfants trouvés, les pénitenciers, les salles de refuge, les établissements en faveur des sourds-muets et des aveugles, les hospices pour les orphelins. Il visita aussi le Conseil général de la Société de Saint-Vincent-de-Paul et les institutions de maternité. Son voyage avait été planifié soigneusement, il fut reçu partout avec beaucoup de cordialité. Il visita sans relâche tout établissement susceptible de lui être utile. Ce voyage de ressourcement fut déterminant pour le recrutement du personnel religieux dédié à l'enseignement et à la restauration religieuse et sociale. Par ailleurs, les informations recueillies lui permirent d'avoir un point de référence dans la réforme des institutions déjà établies au pays et dans l'implantation de nouvelles œuvres utiles au diocèse. Son intention était en effet de construire un réseau complet d'institutions répondant aux besoins de toutes les catégories de personnes démunies.

Le trait dominant de l'évêque Bourget est peut-être sa grande force morale. Il eut à établir une fois pour toutes les prérogatives épiscopales dans un diocèse neuf, à faire preuve d'une autorité qui ne s'était jamais exercée auparavant dans le domaine social. Les Sulpiciens avaient une responsabilité civile et religieuse. Leur situation économique et la qualité de leur personnel en faisaient des chefs naturels avec lesquels il n'était pas facile de rivaliser. De plus, la Compagnie de Saint-Sulpice disposait de solides appuis à Paris et à Rome. L'évêché de Montréal était moins favorisé à tous points de vue. Sa situation risquait de faire de Mgr Bourget le détenteur d'un poste uniquement honorifique. Il ne recula pourtant devant aucun obstacle pour exercer pleinement son autorité. Il affichait une attitude déterminée en tout temps, tout en ne sachant pas toujours comment il résoudrait les problèmes qui se posaient.

Cette détermination était servie par une grande capacité de travail. En dépit du soutien de collaborateurs efficaces, il devait accomplir un travail énorme pour administrer le diocèse qui, avant 1847, comprenait Bytown (maintenant Ottawa) et Saint-Hyacinthe, devenu autonome en 1852. Sa correspondance témoigne de l'ampleur de son administration. La diversité de ses correspondants et le soin avec lequel il répondait à chacun d'eux exigeaient une connaissance profonde de ses interlocuteurs. De plus, il entretenait des relations épistolaires avec des ecclésiastiques américains et européens et, plus tard, avec les évêques d'autres provinces ecclésiastiques du pays. Pendant de nombreuses années, il assista aux réunions du Conseil particulier de la Société de Saint-Vincent-de-Paul et de la Banque d'Épargne, qu'il avait fondée. Il parcourait son diocèse afin d'être en mesure de se faire une opinion éclairée lorsqu'un curé lui demandait conseil. En rapport constant avec le Séminaire, il tenait ses dossiers à jour. Ses nombreuses initiatives dans les différents secteurs d'activité l'obligeaient à faire de multiples démarches. La précarité de sa situation financière l'incitait à rencontrer personnellement les bienfaiteurs éventuels. L'autorité qu'il détenait sur les communautés religieuses lui imposait une certaine disponibilité lorsque des questions importantes ou urgentes se présentaient. Son épiscopat fut marqué par des épreuves tragiques pour la collectivité; sensible aux malheurs de la population montréalaise, il tâchait d'intervenir, mais son action dans de multiples domaines ne lui laissait guère de répit, sans compter que son vaste diocèse était au stade de l'organisation et que sa ville épiscopale croissait à un rythme fulgurant.

L'engagement social de Mgr Bourget

À défaut de rendre compte de toutes les initiatives de Mgr Bourget, nous nous concentrerons sur quatre aspects de son engagement: la fondation de l'Association de Charité diocésaine, la fondation de la communauté des Sœurs de la Providence, son rôle dans la réforme du service des pauvres et sa contribution à l'implantation et au maintien de la Société de Saint-Vincent-de-Paul à Montréal.

À la suite de la formation, en 1832, de l'Association anonyme des Dames de la Charité pour venir en aide à madame Gamelin dans le soin des femmes âgées et infirmes, Mgr Bourget décida de fonder une Association de charité diocésaine. À cette occasion, il publia un mandement daté du 25 janvier 1842. Il lança en même temps une Association de Tempérance afin de promouvoir la sobriété dans le diocèse. Les règlements de l'Association de Charité précisent les buts poursuivis par son fondateur:

> 1. De visiter les pauvres et surtout les malades; 2. de porter aux uns et aux autres les alimens et les habits nécessaires; 3. de veiller les malades et de prier auprès des corps des défunts jusqu'à ce qu'ils soient inhumés; 4. d'enseigner les prières et le catéchisme aux enfans et aux ignorans; 5. d'établir de bonnes écoles et d'y envoyer les enfans qui sont négligés par leurs parents; 6. de travailler à convertir les pécheurs, en avertissant avec prudence et charité ceux qui négligent de fréquenter les sacrements et d'aller aux offices, de s'acquitter de leurs devoirs religieux; 7. de réconcilier les ménages qui seront brouillés. [...] Mais surtout le but de l'association est de travailler à rendre les pauvres bons et vertueux, en leur apprenant à travailler et en les empêchant d'aller traîner dans les paroisses étrangères une vie oiseuse et si souvent scandaleuse [48].

Parmi les services rendus par l'Association, mentionnons que ses membres prenaient des dispositions pour protéger la vertu des jeunes filles des campagnes venues chercher du travail à Montréal. Pour ce faire, les Dames de la Charité communiquaient entre elles afin de servir d'intermédiaires entre les jeunes filles en quête de travail et les employeurs éventuels. Le même service était également offert aux jeunes gens. L'Association de Charité fut établie dans tout le diocèse de Montréal. Mgr Bourget demanda aux Sulpiciens de se charger de son implantation à Montréal. Ils refusèrent de promouvoir cette œuvre, préférant fonder l'Association de la Sainte-Enfance, qui poursuivait des objectifs semblables. Les réunions de l'Association de Charité diocésaine avaient lieu à l'Asile de la Providence. Mgr Bourget prit l'Association sous sa protection, jouant le rôle d'animateur auprès de cette section des Dames de la Charité, tout comme il le faisait déjà pour celles qui œuvraient auprès des Sœurs de la Providence.

Pour ce qui est de la communauté des Sœurs de la Providence, on se souviendra que l'objectif premier du voyage de Mgr

Ignace Bourget, évêque de Montréal de 1840 à 1876, contribua à la fondation des Sœurs de la Providence et de la Société de Saint-Vincent-de-Paul à Montréal. (A.C.A.M.)

Bourget en France était de recruter des Filles de la Charité, dites Sœurs de Saint-Vincent-de-Paul. Il rencontra la supérieure générale de la communauté et lui demanda, pour Montréal, des religieuses que les Pères Lazaristes promettaient de diriger. Pour diverses raisons elle refusa cette fondation. La ténacité de Mgr Bourget eut raison de cet échec apparent. Il persévéra dans son désir de fonder une communauté de Filles de la Charité. En mars 1843, sept candidates désireuses de se mettre au service des pauvres firent leur entrée au noviciat. Ces aspirantes à la vie religieuse résidaient à la Maison de la Providence fondée par madame Émilie Gamelin. Elles s'occupaient des femmes âgées et infirmes tout en s'initiant à la vie religieuse. Madame Gamelin, encore laïque, dirigeait l'institution. Après bien des hésitations, elle songea à entrer en communauté. Mais, avant qu'elle n'intégrât les rangs des novices, Mgr Bourget lui demanda de se rendre à Emmingsburg (É.-U.) et de vivre quelque temps avec les Filles de la Charité. Elle avait pour mandat d'observer le mode de vie des Sœurs afin d'être en état de façonner la nouvelle communauté à son retour. Elle rapporta une copie des constitutions des Filles de la Charité, refusées à Mgr Bourget par les religieuses françaises. Madame Gamelin revint avec une conception beaucoup plus précise du mode de vie qui allait être celui des Sœurs de la Providence.

Le prélat se souciait beaucoup de l'observance des règlements de «ses» Filles de la Charité, de leur formation spirituelle et de la qualité de leurs relations avec les pauvres. Il ne restait jamais indifférent non plus aux besoins matériels de la jeune communauté qui connut souvent la pénurie. Il utilisait tous les moyens dont il disposait pour lui venir en aide. C'est ainsi qu'il autorisa les Sœurs à mendier dans les rues et à la cathédrale, qu'il suggéra à ses amis fortunés d'encourager la communauté et qu'il incita les Sœurs à développer des «industries» qui leur assureraient des revenus (il chercha des fournisseurs de soie à Lyon en vue d'amener la communauté à confectionner des ornements d'église; le diocèse étant en pleine expansion, il voyait là une clientèle toute trouvée). Après le décès subit de Mère Gamelin, le 22 septembre 1851, Mgr Bourget, supérieur de la communauté depuis un mois, décida d'en assumer lui-même la direction spirituelle immédiate.

Mais la situation financière des Sœurs de la Providence demeurait précaire. Mgr Bourget trouva une nouvelle formule pour inciter la population à les soutenir. Le 11 octobre 1860, il invita les Dames de la Corporation et les Dames de la Charité à suivre une retraite qu'il prêcha lui-même à l'Asile de la Providence. D'après la chronique du temps, la chapelle fut remplie de personnes qui se laissèrent toucher par les exhortations de Mgr Bourget. À la fin de la récollection, il invita les participantes et les protégées de l'Asile à se rendre à la salle de la communauté afin de discuter de nouveaux moyens à prendre pour soulager les indigents. À cette occasion les dames des diverses sociétés de bienfaisance de la ville rencontrèrent des orphelines, des muettes et des femmes âgées et infirmes qui leur exprimèrent leur reconnaissance pour le soutien accordé aux œuvres de l'Asile.

Encore une fois, l'intervention de Mgr Bourget porta ses fruits, comme elle devait encore le faire régulièrement. Car le secours que les Sœurs portaient aux victimes d'épidémies, d'incendies et d'accidents vidait rapidement la caisse. En 1864 et en 1865, l'évêque dut de nouveau solliciter la générosité du public, dans les églises et dans les rues. Il ne craignait donc pas de lancer des appels répétés à la charité. C'est d'ailleurs dans ce sens qu'il voyait le rôle des Sœurs de la Providence: communauté née des préoccupations d'une dame issue du milieu bourgeois, elle devait être l'intermédiaire entre les riches et les pauvres.

Il est difficile de saisir toute l'ampleur de l'influence de Mgr Bourget en matière sociale. Toutefois, on peut affirmer qu'il joua un rôle déterminant dans la réforme du service aux pauvres à domicile. Son influence se fit sentir surtout entre 1843 et 1846; cette période correspond à l'intervalle qui s'étend de la fondation de la communauté des Sœurs de la Providence à la fondation de la Société de Saint-Vincent-de-Paul. Ces deux organismes eurent un rôle important à jouer au plan de l'assistance aux pauvres à domicile.

L'évêque de Montréal reprochait aux Sulpiciens la centralisation excessive de leurs services, surtout depuis la formation du Bureau de Charité qui avait ramené au Séminaire des services auparavant dispensés à la paroisse. En vertu du nouvel arrangement, l'assistance était offerte à partir d'un dépôt unique auquel les indigents avaient accès une fois par semaine. Cette pratique présentait des inconvénients pour les personnes éloignées du point de distribution. Pour ces raisons, le 1er mai 1843, Mgr Bourget demanda à M. Quiblier d'autoriser les Sœurs Grises à visiter les pauvres à domicile et d'ouvrir un Dépôt des pauvres à leur intention [49]. N'obtenant pas la réponse attendue, il s'adressa de nouveau à M. Quiblier quelques semaines plus tard pour assurer les Sulpiciens que la communauté des Sœurs de la Providence en voie de formation acceptait volontiers l'engagement des Sœurs Grises dans ce genre de service: «Dans mon humble opinion, je pense que les Religieuses ne seront jamais jalouses d'en voir d'autres qui rendent quelques services à ceux des pauvres qu'elles ne peuvent secourir elles-mêmes. Cette unité d'administration dont vous parlez est très belle, mais n'est pas praticable dans une grande ville [50].» Dans la même lettre, Mgr Bourget expose la situation des pauvres de Griffintown (faubourg Sainte-Anne) qui étaient défavorisés par le système du Bureau de Charité:

Je suis, je vous l'avoue, très affligé de leurs souffrances qui viennent en partie de ce que nous ne nous sommes pas entendus; et il en sera toujours ainsi, tant que les choses et les dispositions ne changeront pas. Quoi qu'il en soit, je ne ferai rien chez les Sœurs Grises qui puisse contrarier vos vues actuelles et celles du Séminaire. Mais j'espère que Dieu ne voudra pas m'imputer la misère des pauvres de Griffintown.

La partie est de la ville étant desservie par les futures Sœurs de la Providence, Mgr Bourget voulait que les indigents de l'ouest de la ville profitent des mêmes avantages.

Il semble que l'intervention de Mgr Bourget produisit des résultats inattendus si l'on en juge par la lettre de l'évêque de Montréal adressée à M. de Charbonnel le 25 septembre 1846[51]. Mgr Bourget y revient sur un événement qui s'est produit trois ans auparavant: le retrait de l'aide financière des Sulpiciens à l'Asile de la Providence pour le Dépôt des pauvres. Le ton de la lettre exprime le mécontentement de son auteur. Jusqu'alors, la jeune congrégation avait eu la possibilité de nourrir ses pensionnaires à même le Dépôt des pauvres alimenté par le Séminaire. Inutile de dire que «l'affront» fait aux Sœurs de la Providence par M. Quiblier comptait pour beaucoup dans les objections exprimées par Mgr Bourget lorsque vint le renouvellement du mandat du supérieur du Séminaire.

M. Quiblier s'étant retiré, l'évêque de Montréal profita des bonnes dispositions de M. Billaudèle pour lui rappeler les réformes urgentes à effectuer dans l'administration de la paroisse. Une lettre datée du 14 mai 1846 expose en vingt points les changements préconisés par l'évêque. Deux recommandations portent sur le service des pauvres. Il demandait au Séminaire de faire la liste des pauvres et aussi de modifier le système de dépôt unique. Pour atteindre ces objectifs, une augmentation des effectifs des visiteurs des pauvres était nécessaire. M. Billaudèle y consentit. L'étude de la réforme du service des pauvres assistés à domicile sera abordée plus loin. Pour le moment, voyons brièvement l'apport de Mgr Bourget à la fondation de la Société de Saint-Vincent-de-Paul.

Lors de son voyage en Europe, en 1846, Mgr Bourget eut l'occasion d'observer les services rendus par les Conférences de la Société de Saint-Vincent-de-Paul. Il demanda au Conseil général de Paris la permission d'implanter un Conseil particulier à Montréal. Il entrevoyait le rôle de la Société comme un complément des services rendus par les communautés religieuses de la ville. Compte tenu du mode d'action des disciples de Frédéric Ozanam, leur présence augmenterait les effectifs des services aux assistés à domicile. Disposant de peu de moyens financiers, Mgr Bourget offrit son concours à la Société sous d'autres formes. Il mit des locaux à sa disposition pour la tenue des réunions, dont la première se déroula le 19 mars 1848. Il offrit un carrosse à mettre en loterie au profit de la Société, qu'il encouragea par sa présence aux assemblées générales. Sa participation consistait à dire une prière d'usage, à exhorter les membres à conserver l'esprit du fondateur dans leur manière de venir en aide aux pauvres. Parfois, le supérieur du Séminaire de Saint-Sulpice assistait aussi aux assemblées. Ces rencontres eurent d'heureux effets sur les relations entre les deux autorités qui partageaient au moins une préoccupation commune.

Le financement des œuvres

Homme d'action, l'évêque de Montréal n'allait pas se contenter d'être une «autorité morale». La caution morale n'étant pas suffisante pour assurer la survie des institutions dont il avait encouragé la fondation, et qui risquaient d'être compromises par la précarité financière de l'évêque, celui-ci travailla à leur soutien matériel. Mgr Bourget disposait de quatre sources de revenu: les contributions du Séminaire de Saint-Sulpice, les dons de la bourgeoisie et de la Banque d'Épargne et les aumônes des jubilés.

L'un des sujets de litige entre Mgr Bourget et le Séminaire tenait à une question financière. Les difficultés avaient commencé sous l'administration de Mgr Lartigue. Son successeur (qui était alors son secrétaire) fut témoin de conversations où M. Quiblier aurait dit à plusieurs reprises devant des ecclésiastiques que, s'il y avait eu un évêque de Montréal, les Sulpiciens auraient volontiers donné «quelques mille Louis tous les ans pour l'Évêque et [afin de] rendre l'Évêque indépendant[52]». Pourtant, lorsqu'il y eut un évêque, le Séminaire ne donna pas suite à cette promesse, indisposant ainsi le titulaire de l'évêché. Un passage de la correspondance de Mgr Bourget révèle sa déception: «J'ai cru m'apercevoir que l'on croyait que je m'embarquerois dans des entreprises extravagantes, et que je ne réussirais à rien, parce que j'étois pauvre, qu'on leur rendrait gloire du succès de ces œuvres[53].»

Cette confidence faite à M. de Charbonnel laisse entendre que le Séminaire n'était pas disposé à accepter les initiatives de l'évêque de Montréal. Des prêtres feront du reste la même constatation: «Tout le monde voit que Monseigneur marche seul, qu'il n'est point appuyé par le Séminaire, où il ne rencontre même que des obstacles, qu'il est obligé de renverser. Est-ce là l'esprit de M. Olier? N'est-ce pas aller contre Dieu que d'aller contre l'Évêque, et doit-on s'attendre à des bénédictions, ou à de terribles châtiments [54]?»

L'attitude du Séminaire n'était pas conforme à l'esprit du fondateur d'après un certain nombre d'ecclésiastiques de Montréal. Le porte-parole de l'«Opinion du clergé», l'abbé Joseph Marcoux affirmait aussi: «Il y avait au Séminaire quelques membres dévoués à l'Évêque; les uns sont morts de chagrin et les autres ou ont été forcés de quitter la Maison, ou ont été éloignés de la ville. Il en reste encore quelques-uns, mais qui étant séquestrés de conseils, ne peuvent que gémir, en voyant la Maison courir à sa ruine [55].»

Le mémoire provenant du clergé de Montréal et adressé à M. Michel Faillon en 1850 pose certaines questions sur l'attitude du Séminaire à l'égard de Mgr Bourget. Selon l'avis des auteurs de ce document, le Séminaire disposait de fonds considérables provenant de la vente d'une partie de la ferme Saint-Gabriel; de plus, il possédait un terrain immense, à leurs yeux inutile, dont la vente aurait pu procurer des bénéfices, permettant d'aider les œuvres de Mgr Bourget: «Les laïcs sont surpris que le Séminaire ayant entre les mains tant de biens, tous affectés à la religion, ne fasse pas une part annuelle à l'Évêque, qui fait tant pour la paroisse et qui nourrit un grand nombre de pauvres, qui sans cela seraient à la charge du Séminaire [56].» Le procureur du Séminaire se défendait en alléguant les contraintes imposées par le gouvernement:

Nous sommes très gênés par l'arrangement avec le Gouvernement, qui nous fixe l'emploi de nos revenus [et] nous défend de les employer à d'autres œuvres [...] Nous ne pouvons donc contribuer aux entreprises de Monseigneur qu'indirectement, par aumône, souscriptions ordinaires et non autant qu'il serait à désirer [57].

Le Séminaire procédait donc par aumônes et souscriptions. Les données à ce sujet permettent de constater la continuité de l'aide du Séminaire de 1836 à 1840 [58]. Ce qui signifie que les relations avec Mgr Lartigue étaient peut-être meilleures qu'avec Mgr Bourget. La première subvention accordée à ce dernier était de 640 $ pour l'aider à payer le coût de son premier voyage en Europe projeté pour 1841. Par la suite, les subventions furent octroyées d'une façon intermittente à l'occasion de besoins spéciaux. Les subsides accordés en 1845 (400 $) avaient pour but de payer une partie des frais encourus pour un évêque coadjuteur, soit Mgr Prince. La somme la plus importante, 812 $, fut souscrite en 1853 à l'occasion de la reconstructon du palais épiscopal, incendié en 1852. Les subventions se sont interrompues en 1862. La célèbre querelle au sujet de la division de la paroisse n'est probablement pas étrangère à la fin de la contribution du Séminaire aux œuvres de l'évêque de Montréal.

Au nombre des initiatives de Mgr Bourget pour soutenir matériellement ses œuvres de charité, il faut mentionner la fondation de la Banque d'Épargne pour la Cité et le District de Montréal. Cette formule d'épargne avait déjà fait l'objet de commentaires de la part du pape. Dans un texte publié dans *La Minerve*, «Le Pape et les Banques d'Épargne», il exposait, d'après les enseignements de Grégoire XVI, les raisons qui justifiaient son appui à ce genre d'entreprise:

> Le jour du Seigneur sera mieux sanctifié, parce qu'on y épargnera l'argent dépensé à jouer et à boire. Les pères et mères donneront de bons exemples à leurs enfants et les élèveront avec plus d'attention. Le vagabondage leur sera défendu, l'honnête artisan ne sera plus obligé de tendre la main dans les temps de besoin. Les délits diminueront car la misère et la faim conduisent au mal. Dieu qui est la charité même, bénira donc cette institution; lui qui est la source de tout bien, en fera naître un bien nouveau [59].

Le système des banques d'épargne était perçu comme moyen de prévenir la pauvreté et de favoriser, chez les sociétaires, la religion et les bonnes mœurs. Mgr Bourget était d'autant plus enclin à opter pour une formule originale tendant à créer un nouvel esprit autour des banques que son prédécesseur avait eu à se plaindre du système bancaire tel qu'il existait en 1837. Son mécontentement alla jusqu'à déconseiller aux communautés religieuses de placer leurs fonds à la banque [60].

Il fallait fonder une nouvelle banque sur des principes différents de ceux des banques déjà établies à Montréal. Mgr Bourget avait des alliés parmi la bourgeoisie influente et fortunée.

Une fois de plus, il lui suffit d'exposer son projet à ses amis et de les convaincre d'entamer la procédure conduisant à la fondation d'une telle institution. La Banque d'Épargne prit forme en 1846. Elle était patronnée par l'Évêque et ne mettait cependant pas de conditions d'appartenance religieuse aux membres du bureau de directeurs-gérants, ni aux membres honoraires. Des anglo-protestants en firent partie. Le premier président fut William Workman et le premier vice-président Alfred La Rocque. Dans la liste des membres dirigeants de la banque se trouvent les noms des amis du prélat, entre autres celui d'Olivier Berthelet (beau-père du vice-président), dont nous parlerons bientôt. Plusieurs autres noms sont reliés de près aux philanthropes bienfaiteurs des institutions fondées par Mgr Bourget. Quelquefois, ce sont les maris des Dames de la Charité qui figuraient parmi les membres de la Banque d'Épargne (c'était le cas d'Augustin Perrault, Joseph Bourret, Francis Trudeau, P.-J. Lacroix, Édouard-Raymond Fabre, Alexis Laframboise et P. Beaubien).

La Banque d'Épargne avait ceci de particulier qu'elle était fondée avec le souci de favoriser les sociétés religieuses charitables ainsi que les fabriques des différentes paroisses. Ces institutions n'étaient pas soumises aux mêmes règlements que les autres actionnaires.

La Banque d'Épargne était à son début une institution mutuelle et philanthropique. Son but était de recevoir les épargnes du peuple, quelque menues qu'elles fussent, et de les placer de la façon la plus prudente. Le souci des administrateurs a toujours été la sauvegarde absolue des épargnes populaires; le rendement, tout en étant important, était de considération secondaire. Aussi, quand on avait versé l'intérêt sur leur avoir aux déposants et mis de côté une réserve pour les contingences, les hôpitaux, les refuges et autres œuvres de bienfaisance se partageaient le résidu [61].

La nouvelle banque inspirait confiance à cause de son fondateur. Elle reçut même l'appui du Séminaire de Saint-Sulpice parce qu'elle se refusait à toute forme d'usure [62]. Les présidents et vice-présidents furent alternativement des Canadiens français et des Canadiens anglais. En 1863, sous la présidence d'Alfred La Rocque, 3813 personnes lui avaient confié leurs épargnes totalisant 981 562 $. La banque distribua aux institutions de charité de la ville la somme de 8760 $ au cours de l'année et un montant de 24 260 $ fut versé en dons de charité au cours des dix-sept premières années de son existence [63]. Les subventions étaient attribuées aux institutions protestantes aussi bien que catholiques.

À quelques reprises, au cours de l'épiscopat de Mgr Bourget, le pape promulgua des périodes intenses de prières spéciales à travers le monde. Le Jubilé de 1852, pour la proclamation du dogme de l'Immaculée-Conception et pour la conversion des chrétiens «victimes de la perversion de l'esprit et de la corruption des mœurs», fournit l'occasion de lancer un appel en faveur des communautés religieuses:

> Pendant le Jubilé, faites faire dans l'Église et dans la Paroisse, des quêtes pour l'aumône des pauvres et l'offrande de la Propagation de la Foi, prescrites pour l'indulgence. Des Syndics pourraient être nommés pour faire ces collectes d'argent et de provisions. Des dames se chargeraient sans doute de faire des réunions de couture, afin d'habiller les pauvres, et surtout les enfants, pour les mettre en état de fréquenter l'école, hiver comme été [64].

À Montréal, les membres de la Société de Saint-Vincent-de-Paul jouèrent le rôle de syndics pour effectuer les collectes d'argent et de provisions. Les montants des aumônes sont inscrits aux procès-verbaux du Conseil particulier; ils sont d'environ 1412 $ [65]. Après ce temps privilégié du Jubilé, Mgr Bourget songea à maintenir un système de collectes permanentes pour continuer à soutenir les œuvres qu'il patronnait. Cette formule fut appelée «l'Aumône du Sol par semaine»: les catholiques du diocèse devaient déposer cette modeste somme dans les troncs de la Société de Saint-Vincent-de-Paul répartis dans les églises. Ces aumônes servaient à

> ... soutenir des œuvres telles qu'une pour recueillir les enfants pauvres oisifs ou vagabonds, afin de leur procurer l'avantage d'apprendre quelque métier ou autre occupation, et par là prévenir et arrêter le mal chez eux, en les rendant utiles tant pour eux-mêmes que pour la Société. Une autre œuvre pour y recevoir et y garder hors de danger les filles sans place, en attendant qu'elles trouvent du service. Une autre encore pour les hommes sortant de prison afin de les occuper utilement, en leur fournissant le logement et la nourriture jusqu'à leur placement dans une occupation utile et par ces moyens prévenir la rechute

dans le mal et enfin telles autres œuvres que les besoins moraux ou matériels de nos frères exigeront [66].

Parmi les réalisations qui profitèrent de cette source de revenus, mentionnons l'œuvre de la Maternité Sainte-Pélagie et l'Hospice de mademoiselle Bissonnette pour la réhabilitation des filles-mères. La Société aida également l'Asile de Sainte-Thaïs pour les femmes sorties de prison. La tradition de recueillir ces modestes aumônes se poursuivit au moins jusqu'en 1871.

L'évêque de Montréal avait une vision précise des rapports qui devaient exister entre les citoyens de différentes conditions socio-économiques. Il avait le don de persuader la bourgeoisie du bien-fondé des œuvres d'assistance sociale. Pour pallier le manque de ferveur religieuse et les abus auxquels les gens fortunés étaient exposés, il tâchait sinon de convaincre les hommes d'affaires eux-mêmes de la nécessité de donner aux pauvres, du moins d'en convaincre leurs épouses. Le Séminaire de Saint-Sulpice l'encourageait dans cet effort:

> Pour l'administration des pauvres, nous sentons mieux que jamais que malgré tout le zèle que nos confrères ont déployé pour cette œuvre, et les immenses sacrifices que la Maison a faits et qu'elle est prête à faire encore il est nécessaire de prendre des mesures pour que la classe aisée et charitable de cette ville concoure au soulagement de ceux qui sont dans l'indigence. Il nous semble que quelque communauté religieuse nous serait d'un grand secours pour applanir les difficultés de cette partie si chère et si importante de notre ministère, mais nous avons besoin pour cela de nous entendre avec Votre Grandeur [67].

Mgr Bourget connaissait aussi l'importance d'encourager ses bienfaiteurs. Dès 1844 il inaugura un système de récompenses. Profitant du passage de son vicaire général à Rome, il lui demanda d'obtenir du pape une marque tangible de reconnaissance à leur égard. Deux hommes publics influents qui avaient rendu service à Mgr Bourget reçurent ainsi des décorations en gage de reconnaissance. Louis Hippolyte LaFontaine, ex-premier ministre, fut nommé commandeur de l'Ordre de Saint-Sylvestre, et Jacques Viger, ancien maire de Montréal, fut nommé chevalier commandeur de Saint-Grégoire-le-Grand. Au cours de l'année 1869, trois autres bienfaiteurs montréalais méritèrent la reconnaissance de Mgr Bourget. De ceux-là, on retient madame Montmarquette, donatrice d'une somme considérable qui permit la fondation de l'Asile du Sacré-Cœur dirigé par les Sœurs de la Providence [68]. Par suite de la recommandation de Mgr Bourget, Côme-Séraphin Cherrier fut fait chevalier de l'Ordre de Saint-Grégoire-le-Grand [69]. Enfin, Olivier Berthelet reçut la décoration de commandeur de l'Ordre de Pie IX [70].

2

Les congrégations religieuses féminines

Des deux communautés religieuses féminines dont il sera question ici, la plus ancienne, celle des Sœurs Grises, est associée au Séminaire de Saint-Sulpice, l'autre, née en 1843 du travail bénévole de madame Émilie Tavernier-Gamelin, est associée à l'évêché de Montréal. C'est dire, du même coup, les différences (d'expérience, de revenus, etc.) qui existaient entre les Sœurs Grises et les Sœurs de la Providence.

Dans les deux cas, nous suivrons d'abord leur histoire à travers un bref portrait de leurs supérieures, pour examiner ensuite la provenance des fonds sur lesquels les communautés pouvaient compter pour mener à bien leurs œuvres.

LES SŒURS GRISES

Les Sulpiciens étaient déjà implantés à Ville-Marie depuis trente-sept ans lorsque François de La Barre Charon érigea l'Hôpital Général de Montréal. L'édifice fut construit sur un terrain donné par M. François Dollier de Casson, supérieur du Séminaire. Terminé au printemps 1694, l'hôpital commença à recevoir des miséreux dès l'été suivant. La communauté des Frères hospitaliers de la Croix et de Saint-Joseph (appelés familièrement Frères Charon), qui devait s'occuper de l'hôpital, éprouva des difficultés considérables et finit par s'éteindre complètement en 1745.

Pendant que la communauté des Frères hospitaliers périclitait, un long cheminement préparait Marguerite de Lajemmerais d'Youville, petite fille du seigneur Pierre Boucher de Boucherville, à prendre la relève. À la mort de son mari, en 1730, elle se consacra de plus en plus à l'assistance aux pauvres recueillis par l'Hôpital Général. Puis, sous les conseils du Sulpicien G.-M. du Lescoat, elle commença à accueillir des pauvres chez elle et à les soigner. En 1738, secondée par trois compagnes, elle aménagea un refuge dans une maison appartenant à madame Le Verrier [1].

Marguerite d'Youville et ses compagnes connurent trois autres locaux temporaires avant de se voir confier la direction provisoire de l'Hôpital Général par l'intendant Hocquart. Lorsqu'elles y entrèrent le 7 octobre 1747 [2], elles trouvèrent les lieux dans un état de délabrement extrême et elles eurent à surmonter de nombreuses difficultés avant que Louis XV ne confirme officiellement madame d'Youville dans son poste, le 3 juin 1753 [3]. La communauté elle-même ne fut approuvée par Mgr Pontbriant que le 15 juin 1755. Dès l'année suivante, l'intendant Bigot confia une nouvelle tâche à Mère d'Youville: celle de soigner les soldats français et les prisonniers anglais, en plus des pauvres habituellement reçus à l'Hôpital. (Pendant la guerre de la Conquête, on raconte que l'établissement fut sauvé de la destruction par un soldat britannique qui avait été soigné par les religieuses.)

L'Hôpital Général fut la proie des flammes le 18 mai 1765. Il fallut donc trouver un gîte pour les 119 personnes qui y étaient hébergées [4]. Mais la communauté ne manqua pas d'appuis. Une liste de souscriptions fut même ouverte en Angleterre. Les Sulpiciens offrirent une somme de quinze mille francs pour parer aux dépenses les plus urgentes [5]. Quatre mois après le sinistre, on procédait à la réouverture de l'hôpital.

La fondatrice des Sœurs Grises consacra les dernières années de sa vie à relever la communauté au plan matériel. Elle fit l'acquisition de la seigneurie de Châteauguay avec les îles dépendantes. Elle raffermit également l'esprit de ses compagnes. À sa mort, en 1771, elle laissait une congrégation bien établie et qui allait se développer considérablement selon l'esprit des «engagements primitifs».

Marguerite de Lajemmerais d'Youville (1701-1771), fondatrice des Sœurs Grises de Montréal en 1737. (A.S.G.M.)

La direction et l'expansion de la communauté

Les filles spirituelles de Mère d'Youville responsables de la communauté marchèrent sur ses traces. Elles veillèrent au maintien de l'esprit de la fondatrice tout en répondant aux impératifs de leur époque. Cependant, leur recrutement s'effectua lentement sous l'effet de la contrainte imposée par l'arrêt du Conseil souverain du 12 mai 1752 enjoignant la communauté à ne pas dépasser le nombre de douze «administratrices».

Mère Marguerite Saint-Germain Lemaire fut supérieure de la communauté de 1821 à 1833. Issue d'une famille de marchands, elle apprit la pratique des affaires avant son entrée en religion. Son nom est relié à l'aboutissement des démarches en vue de récupérer les sommes dues à l'Hôpital Général par le gouvernement français avant la Conquête. Elle investit une partie de ces fonds pour agrandir la maison devenue trop exiguë. Elle prit, entre autres, l'initiative de faire construire des moulins

à scie et à carder sur l'île Saint-Bernard pour augmenter les revenus de la seigneurie et dressa elle-même le terrier de la seigneurie
de Châteauguay. Profondément attachée à la direction spirituelle des Sulpiciens chargés de la conduite de la communauté,
elle n'hésitait pas à s'adresser à eux pour la direction temporelle
de leurs affaires. Son passage à la direction de l'Hôpital Général
avait amélioré la situation financière et le confort matériel de la
maison. Elle recruta des sujets tant anglophones que francophones, ce qui facilita par la suite l'ouverture et le maintien de missions dans l'ouest du pays.

C'est à une parente de la fondatrice que devait être confiée
la direction de la communauté de 1833 à 1843. Mère Marguerite
Trottier de Beaubien, âgée de trente-cinq ans, connaissait bien
le travail auprès des pauvres. Lors de la famine de 1834 qui
semait la désolation dans la région de Montréal, elle compatit au
malheur des familles réduites à la mendicité et demanda à la cui-
sinière de l'hôpital de répondre favorablement à toutes les personnes qui se présentaient pour avoir de la nourriture et, à la responsable de la seigneurie de Châteauguay, de donner du blé aux
censitaires qui en auraient besoin. Deux ans plus tard, elle fit
reconstruire le manoir seigneurial qui menaçait de tomber en
ruines.

En 1840, Mgr Bourget pria la communauté de répondre à
une première demande de fondation à l'extérieur de Montréal.
L'évêque et M. Sauveur-Romain Larré modifièrent les constitutions originales de M. Étienne Montgolfier pour les adapter à
la situation. Mère Beaubien accepta d'envoyer à Saint-
Hyacinthe quatre sœurs pour l'ouverture d'un Hôtel-Dieu. Ce
détachement de la communauté devait être complètement autonome aux points de vue spirituel et matériel. Le mandat de Mère
Trottier de Beaubien se termina par ce geste.

D'ascendance écossaise, Mère Elizabeth Forbes McMullen fut élue pour succéder à Mère Trottier de Beaubien de 1843 à
1848. C'était une personne attachante par sa générosité, sa vita-
lité, son jugement sûr et son sens des affaires. Avant sa nomination comme supérieure, elle s'était fait valoir aux postes d'économe et de dépositaire. Douée pour l'histoire, elle rédigea de
courts mémoires précieux encore aujourd'hui. Convaincue des
services que pouvaient rendre les sœurs de sa communauté, elle
n'hésita pas à envoyer des religieuses à Saint-Boniface en 1844 et
à Bytown (Ottawa) en 1845 comme le lui demandèrent les évê-

Elizabeth Forbes McMullen
(1806-1875)

D'origine écossaise, Elizabeth McMullen naquit à Cornwall dans une famille de treize enfants, dont trois filles furent religieuses. Entrée chez les Sœurs Grises à l'âge de 17 ans, elle occupa d'abord les postes d'économe et de dépositaire. Pendant vingt-sept ans, elle seconda cinq supérieures, ce qui contribua à renforcer son sens de l'autorité et sa préoccupation de la discipline religieuse. Généreuse et douée pour les affaires, Mère McMullen fit preuve d'une compassion remarquable pour les malheureux lors de la famine de 1832 et de l'insurrection de 1837-1838. Supérieure de 1843 à 1848, elle engagea sa communauté à répondre à l'invitation de Mgr Bourget d'entreprendre la visite des pauvres à domicile. Elle insistait régulièrement sur l'importance de ces services que la régularité religieuse ne devait pas empêcher. Son attention se porta particulièrement vers les pauvres irlandais pour lesquels elle fit construire une aile à l'Hôpital Général. Animée d'une forte conscience sociale, elle prônait l'engagement de sa communauté dans les divers domaines où elle pouvait rendre service. C'est d'ailleurs sous son supériorat qu'un premier groupe de quatre sœurs fonda une mission à Rivière-Rouge.

ques Provencher et Bourget. Mère McMullen fut la grande avocate du service des pauvres et des malades assistés à domicile. Elle accepta d'entreprendre cette nouvelle forme d'engagement en 1846, et intervint d'autorité par la suite à chaque fois que ce service était remis en question [6]. C'est sous son administration que l'Hôpital Général fut agrandi afin d'améliorer le service des pauvres assistés à domicile, notamment pour reloger le dépôt de biens de consommation organisé à leur intention.

Son mandat de supérieure générale fut marqué par l'épidémie de typhus de 1847 qui coûta la vie à sept sœurs. Une vingtaine d'autres sur les trente-quatre qui restaient à la maison mère furent aussi atteintes par la maladie. Cette épreuve fut suivie par un recrutement supérieur à celui des années précédentes. À la fin de son mandat, Mère McMullen demeura assistante des supérieures pendant trente ans. Elle conserva toute la confiance de Mgr Bourget, auquel elle s'adressait périodiquement lorsque le service des pauvres lui semblait dévier de ses objectifs.

Mère Rose Coutlée fut élue supérieure générale en 1849, à l'âge de trente-quatre ans. Elle n'eut pas de projets ambitieux pour l'Hôpital Général et consacra plutôt ses énergies à conserver l'esprit religieux dans le service auprès des pauvres. Elle laissa d'intéressants écrits sur sa conception de l'attitude de respect et d'amour qu'il convenait d'avoir envers les miséreux.

Elle accepta l'invitation de l'archevêque de Québec de fonder un couvent dans cette ville. La nouvelle mission devint complètement indépendante de la communauté mère en 1854. Mère Coutlée institua les *chapitres généraux*, initiative qui se transforma en tradition. Ces moments de réflexion étaient destinés à faire le point sur l'observance des règles et des constitutions de la communauté, à prévoir les œuvres qui pourraient s'ajouter et à resserrer les liens entre les religieuses des différentes missions et la maison mère. Ce dernier point fut remis en question plus tard, la plupart des évêques réclamant une autonomie complète pour les sœurs établies dans leur diocèse sous l'autorité de l'évêque du lieu.

La communauté fut mise à contribution une fois de plus en 1849 lors d'une épidémie de choléra qui fit de nouveaux ravages dans la ville. Cette année fut en outre marquée par une crise économique qui accrut la demande de secours. L'important incendie de 1852 sollicita encore une fois la générosité des Sœurs Grises qui acceptèrent de loger deux cents familles dans les abris ordinairement mis à la disposition des victimes des épidémies. Les sœurs prirent les mesures qui s'imposaient pour assurer le minimun vital aux familles éprouvées. Les soucis occasionnés à la communauté par ces malheurs collectifs n'empêchèrent pas Mère Coutlée d'effectuer des transformations à l'Hôpital Général. À la fin de son mandat, une inondation particulièrement pénible toucha les familles réfugiées dans les abris de la Pointe-Saint-Charles. Mère Coutlée avait été mise à rude épreuve au cours de son supériorat; son mandat terminé, elle continua à servir la communauté comme fondatrice de missions.

Sœur Julie Hainault Deschamps fut supérieure générale de 1853 à 1863. Son expérience comme hospitalière des orphelines, assistante à la procure et dépositaire de la communauté l'avait bien préparée à remplir ses fonctions. Durant son mandat la communauté évolua à plus d'un égard. En 1854, l'Hospice Saint-Joseph devint une sorte d'annexe de l'Hôpital Général, ce qui permit d'augmenter le nombre de personnes secourues [7]. (Cette même année, le choléra asiatique mobilisa les sœurs, qui firent leur large part dans le secours aux victimes.)

La réputation de dévouement et de compétence des Sœurs Grises faisait que d'un peu partout on réclamait leur présence. Mère Deschamps répondit favorablement à plusieurs de ces demandes, si bien que son supériorat fut marqué par un nombre impressionnant de fondations, tant au Québec qu'ailleurs au Canada et même aux États-Unis. Parmi ces fondations, on peut retenir l'Asile Nazareth pour les aveugles et le pensionnat Notre-Dame-des-Neiges (Montréal), un orphelinat et un hôpital à Toledo (Ohio) et des maisons d'enseignement à Amherst et Windsor (Ontario).

Le supériorat de Mère Deschamps fut aussi caractérisé par un recrutement élevé de religieuses, grâce à l'ouverture d'un noviciat en 1858; la communauté passa de 87 à 175 novices en dix ans. De cette «école de prétendantes», qui avait pour but de familiariser les jeunes filles avec la vie religieuse, plusieurs s'engagèrent définitivement dans la communauté. À cause de la crue annuelle des eaux qui inondait régulièrement l'Hôpital Général, Mère Deschamps acheta un terrain dit de la «Croix Rouge», sur une partie plus élevée de la ville (à l'angle de la rue Guy et du boulevard Dorchester), en vue d'y installer une nouvelle maison mère.

Première supérieure anglophone, Mère Jane Slocombe était née en Angleterre, d'une famille protestante très stricte. Très jeune orpheline, elle se convertit au catholicisme et émigra au Canada où elle occupa d'abord un emploi de dame de compagnie dans une famille bourgeoise de Montréal.

Mère Slocombe inaugurera l'œuvre des dispensaires. L'Hôpital Général devint un centre de consultations médicales où les indigents pouvaient se procurer des médicaments gratuitement grâce au Séminaire qui en assumait le coût. Sur les traces de Mère Deschamps devenue son assistante, elle contribua à l'augmentation des effectifs qui s'accrurent de 60 personnes [8a]. Elle poursuivit également l'œuvre des missions éloignées, tout en répondant aux demandes provenant de la région de Montréal. Elle accepta notamment la fondation de l'Asile Bethléem en 1868, et entreprit la construction et l'aménagement de la nouvelle maison mère. Commencée en 1869, la maison fut occupée à l'automne 1871. Les nouveaux locaux permirent de loger convenablement le personnel religieux et les pauvres de tout âge et de toute condition dont le nombre avait augmenté au fil des années. À sa mort, au printemps 1872, le Sulpicien F.-P. Martineau disait d'elle:

«La Mère Slocombe est sans contredit la supérieure des supérieures! Je n'ai jamais rencontré, ni en France ni ailleurs, une religieuse aussi qualifiée [8b]...»

La situation financière

Notre propos n'est pas de faire une étude approfondie des revenus des Sœurs Grises entre 1831 et 1871. La comptabilité de l'Hôpital Général présente d'ailleurs plusieurs difficultés: elle n'est pas régulière, la méthode comptable manque d'uniformité et les données sont manifestement partielles [9]. Nous nous en tiendrons donc à donner une idée de l'ordre de grandeur des revenus des Sœurs Grises et à en expliquer brièvement les sources.

L'inventaire des biens des Frères hospitaliers transmis à Marguerite d'Youville est une précieuse source de renseignements sur les revenus de la communauté des Sœurs Grises. Il convient d'abord d'évoquer le contexte de la prise en charge de l'Hôpital Général par Mme d'Youville: l'établissement était alors dans un état de délabrement avancé, facilement mesurable par les réparations qui s'imposèrent avant la prise de possession de la maison. Mais la donation comportait aussi des biens-fonds, qui constituaient des valeurs sûres à long terme. Voyons donc l'inventaire sommaire des terrains et bâtiments dont il est question dans la rubrique rentes, loyers et intérêts.

L'Hôpital Général était construit sur un terrain de quinze arpents situé à la Pointe-à-Callières comprenant deux petites maisons, une brasserie en pierre, un moulin à vent et une petite maison de bois pour loger le meunier. Une terre de 135 arpents était située à la Pointe-Saint-Charles. Les administratrices des biens des pauvres héritaient de 100 arpents de terre aux Tanneries, future paroisse de Saint-Henri, de 211 arpents de terre loca-

L'Hôpital Général de Montréal, tel qu'il apparaissait en 1844. Situé à l'angle des rues Place d'Youville et Saint-Pierre, l'immeuble loge aujourd'hui le Conseil général de la communauté. (Tableau de J. Duncan, Archives du Séminaire de Québec)

lisés à la «Baronnie», connue plus tard sous le nom de Côte à Baron, et d'un terrain de 63 arpents à Notre-Dame-des-Neiges. La donation comprenait en outre des terrains à l'extérieur de l'île de Montréal. Ainsi, sur la rive du fleuve, les Frères hospitaliers léguaient une terre boisée de 672 arpents située à Boucherville. Le baron Charles Le Moyne de Longueuil avait de son côté donné un terrain de six arpents de front sur une lieue de profondeur [10]. Cet héritage explique la provenance des rentes, loyers et intérêts qui figurent dans la comptabilité au XIXe siècle. Ces propriétés rapportent des revenus annuels moyens de 6047 $.

Quelques semaines après l'incendie de l'Hôpital Général, en mai 1765, Mère d'Youville fit l'acquisition de la seigneurie de Châteauguay. Pour ce faire, elle vendit une partie des terres de la communauté (situées à Chambly), certains de ses biens patrimoniaux personnels ainsi qu'une partie de ceux qui appartenaient à sœur Thérèse Le Moyne Despins. Mère d'Youville s'appliqua à mettre la seigneurie en valeur, faisant construire un nouveau moulin à farine, achetant animaux et instruments aratoires et réorganisant l'exploitation. En plus de fournir la majeure partie des aliments consommés à l'Hôpital Général, sans compter le bois de chauffage, la seigneurie demeurait une source de revenus appréciables, surtout de 1830 à 1857. Les produits de la ferme et du jardin de l'île Saint-Bernard, propriété attenante au manoir seigneurial, constituaient cependant une faible source de revenus en espèces, les produits maraîchers étant consommés dans les institutions des sœurs. (Les recettes d'exploitation de la ferme sont inscrites dans la comptabilité à la rubrique «fermes et jardins».) Dans la comptabilité, les revenus inscrits à la rubrique de la seigneurie provenaient surtout de l'exploitation des trois moulins: à moudre, à carder et à scier; au total, il s'élèvent à près de 6000 $ par année.

L'abolition du régime seigneurial en 1854 ne fut pas une catastrophe pour la communauté, qui refusa de se joindre aux seigneurs contestataires. Un passage de la chronique de l'Hôpital Général explique son attitude:

> Il est vrai que pour les moulins, nous y perdons; mais nous gagnons pour les lods et ventes, et nous sommes toujours payées par le Gouvernement au jour fixé, et pour ainsi dire, cela ne prend que le temps de se rendre à l'Office. Quelle différence avec autrefois! Il fallait presque se tuer au travail pour retirer un cent Livres, et encore avec tous les frais que nous étions obligées de faire pour se procurer les extraits des titres, et souvent, des titres assez chers [11].

La communauté avait aussi hérité des Frères hospitaliers d'une ferme située à la Pointe-Saint-Charles dont la superficie était évaluée à 130 arpents, selon l'inventaire de 1747 [12]. Sur ce terrain se trouvaient une vieille maison de pierre, un four, des étables, une grange, une bergerie, une écurie et une laiterie, en assez mauvais état lors de la prise de possession par la fondatrice; mais il y avait déjà des animaux sur la ferme. Mère d'Youville y fit bâtir une maison en pierre brute à deux étages en 1751 et dota la ferme de vingt et un engagés [13]. La maison fut incendiée en 1842, mais l'exploitation de la ferme se poursuivit. La maison fut reconstruite en 1844 et fut de nouveau utilisée jusqu'en 1853, année où le gouvernement expropria une partie du terrain pour la construction du pont Victoria. (Rappelons que c'est sur cet emplacement des Sœurs Grises que se trouvaient les célèbres «sheds» destinés à accueillir les immigrants malades à leur arrivée.) C'est donc de ces deux propriétés que proviennent les revenus des fermes et jardins, soit 1485 $ en moyenne annuellement.

Dès les débuts de son administration à l'Hôpital Général, Mère d'Youville accueillit des dames pensionnaires, fortunées pour la plupart, qui cherchaient la solitude, la tranquillité et le recueillement. Leurs pensions arrondissaient le budget de l'Hôpital Général. On mit fin à cette pratique en 1825 et la dernière pensionnaire mourut en 1833. Mais une fois agrandi, l'Hôpital Général accueillera de nouveau des dames pensionnaires, qui contribuaient pour environ 2500 $ de revenus par année.

Les dames pensionnaires reçues à la maison mère des Sœurs Grises n'hésitaient pas à mettre leurs talents au service de la fondatrice. Les premiers ouvrages réalisés dans la maison sont des travaux d'aiguille. Dès 1748, on confectionnait des uniformes, des tentes et des pavillons pour l'armée française. La Compagnie du Nord-Ouest encouragea la communauté à fabriquer des vêtements, des ornements et divers objets de fantaisie que les traiteurs échangeaient aux indigènes contre des fourrures [14]. Au début de la communauté, on travaillait la laine et le lin, et on fabriquait même des ornements d'église. Les pauvres en état de contribuer à ces travaux se voyaient confier des tâches correspondant à leurs aptitudes, mais leur apport était négligeable.

La Fabrique de Notre-Dame et les messieurs du Séminaire étaient la clientèle fixe de l'hôpital. Les sœurs blanchissaient et raccommodaient les vêtements liturgiques. Ce travail fut grandement facilité par l'entrée de l'eau courante dans la maison à partir de 1833. Le personnel de l'hôpital entretenait les vêtements des Sulpiciens et cousait des vêtements sacerdotaux. La fabrication des hosties, de cierges, de bougies et de lampes de sanctuaire rapportait des bénéfices appréciables. À une époque où il y avait de fréquentes cérémonies religieuses à grand déploiement, on décorait les autels de fleurs artificielles confectionnées chez les Sœurs Grises. Pendant l'été, on vendait aussi des fleurs naturelles. Les sœurs les plus douées pour les ouvrages délicats confectionnaient des bannières finement brodées utilisées lors des fêtes et processions.

La statuaire était une autre bonne source de revenu à une époque où l'importation européenne était coûteuse, sans compter les délais inévitables de livraison. La clientèle commandait aux Sœurs Grises surtout des statues de la Vierge, et aussi la dorure des tabernacles. Les ouvrières les plus habiles de la communauté détenaient le secret de la fabrication des Enfants-Jésus de cire. Ceux-ci faisaient la joie des petits et des grands dans les églises paroissiales où l'on se faisait un devoir d'exposer aux yeux des fidèles la crèche la plus complète et la plus artistique dans le temps de Noël.

Les «industries» des Sœurs Grises s'étendaient à bien d'autres activités: la cuisson des hosties, la couture des scapulaires, la fabrication des chapelets et des reliquaires et même l'importation d'images pieuses et de médailles. L'imprimerie et la reliure figurent aussi parmi les ouvrages effectués à l'Hôpital Général.

À côté des objets reliés au culte, on exécutait également des «ouvrages de goût» et des travaux plus humbles, telle la préparation de la «pénille» (pour la confection de matelas). On confectionnait des objets de cuir, vendus au public et on tressait des ceintures fléchées très recherchées à l'époque.

Parmi les occupations réservées aux pauvres se trouvait la préparation de la chicorée vendue comme substitut du café, et dont le prix modique était accessible aux personnes peu fortunées.

Les revenus provenant des «industries» connaissent une importance croissante, de 1328$ en 1831 à 11 841$ en 1871. Cette croissance correspond à une augmentation du personnel religieux et des pauvres assistés en institution. Mais le Coutumier de la communauté ne manque pas de mettre le personnel en garde contre l'ambition excessive dans le travail lucratif[15].

Tous ces revenus ne comblaient cependant pas les besoins de l'Hôpital Général. Les Sœurs Grises avaient heureusement d'autres sources de revenus: outre l'aide des Sulpiciens, le produit de quêtes et de «troncs» placés dans les églises, elles recevaient régulièrement des legs. Les subventions gouvernementales ne comptaient que pour environ 10% de leurs revenus: de 1831 à 1871, ces subventions s'élevèrent à 167 099 $[16].

LES SŒURS DE LA PROVIDENCE

La fondatrice de la communauté des Sœurs de la Providence est née avec le XIX e siècle. Fille d'un voiturier montréalais, Émilie Tavernier vit le jour dans une partie de la ville nommée fief Providence; elle était la cadette d'une famille de quinze enfants. Sa mère étant décédée alors qu'elle avait quatre ans, son père la confia à sa tante, madame Joseph Perrault, qui procura à sa nièce une éducation fondée sur des principes de vie chrétienne,

Émilie Gamelin, née Tavernier (1800-1851), fondatrice des Sœurs de la Providence. Au moment où ce portrait fut réalisé, elle avait donné tous ses biens à l'Asile de la Providence et s'en trouvait écartée n'ayant pas décidé de se faire religieuse. (A.P.S.P.)

de savoir-vivre, de savoir-faire domestique et de culture générale. La jeune fille fut confiée aux Sœurs de la Congrégation de Notre-Dame pour parfaire ses études. À quatorze ans, elle perdit son père.

Elle avait vingt-trois ans lorsqu'elle épousa Jean-Baptiste Gamelin, son aîné de vingt-sept ans. Ils s'établirent dans le faubourg Saint-Antoine. Après avoir exercé le métier de cordonnier, J.-B. Gamelin amassa une petite fortune comme pomiculteur. Il était connu pour sa générosité à l'égard des pauvres. De ce mariage heureux naquirent trois enfants dont un seul survivait au moment du décès du père, en 1827. Il laissait sa femme dans une aisance relative: son héritage consistait surtout en deux immeubles, un verger et quelque argent liquide.

Le premier hiver de veuvage de Madame Gamelin coïncida avec la fondation de l'Association des Dames de la Charité à laquelle elle se joignit. Elle partagea son temps entre le service des pauvres et le soin de son enfant qu'elle eut la douleur de perdre moins d'un an plus tard.

C'est un Sulpicien, M. Jean-Baptiste Bréguier, dit Saint-Pierre, qui aida madame Gamelin à surmonter cette dernière épreuve. Elle décida de s'engager davantage dans l'Association des Dames de la Charité. Elle reçut d'abord de vieilles indigentes chez elle, puis elle ouvrit des locaux de plus en plus grands pour accommoder le nombre croissant des dames qui réclamaient son soutien. Elle s'associa aux œuvres de la Confrérie du bien public et se chargea de procurer du travail aux femmes pauvres et désœuvrées portées à sa connaissance. Dès 1828, elle joignit les rangs de la Confrérie de la Sainte-Famille. L'appartenance à ces trois associations pieuses constituait une préparation lointaine à son engagement social comme fondatrice d'une communauté orientée vers le soin des pauvres.

L'œuvre principale de madame Gamelin reçut une reconnaissance officielle par son incorporation civile le 18 septembre 1841 sous le nom d'Asile de Montréal pour les femmes âgées et infirmes. En novembre de la même année, l'évêque de Montréal érigea l'Association des Dames de la Charité de l'Asile de la Providence. Cette association formée pour soutenir l'Asile de la Providence, selon l'appellation familière, était composée de douze personnes qui devaient réunir des fonds suffisants pour sa construction et son entretien.

De retour d'Europe à l'automne 1841, Mgr Bourget adressa une lettre pastorale à ses diocésains dans laquelle il invitait la population à être généreuse à l'endroit des personnes qui tendraient la main pour la construction de l'Asile de la Providence. Il profita de l'occasion pour leur annoncer la venue probable des Filles de la Charité de France. Madame Gamelin et les dames charitables, protectrices de l'Asile de la Providence, quêtèrent dans les maisons de la ville afin de recueillir des fonds pour l'asile projeté. Dès le mois de décembre, un Dépôt des pauvres fut ouvert dans la «maison jaune», il était approvisionné par les aumônes du Séminaire de Saint-Sulpice. Sans tarder, la visite des pauvres et des malades à domicile fut organisée.

Au début de l'année 1842, Madame Gamelin, toujours laïque, fit le vœu de servir les pauvres toute sa vie. L'érection canonique des Filles de la Charité, servantes des pauvres, fut promulguée par un mandement épiscopal du 29 mars 1844, qui précisait les objectifs de la communauté: visiter et soigner les pauvres

À gauche, le premier refuge de la Providence ouvert en 1828; à droite, le
second, ouvert en 1831. (A.P.S.P.)

à domicile, assister les mourants, soigner, dans la maison, les
femmes infirmes, accueillir les orphelins, éduquer les enfants
pauvres [17].

Mère Gamelin assuma la direction de la communauté pendant sept années au cours desquelles elle lui donna les grandes
orientations qui la caractériseront dans l'histoire. Mgr Bourget
amena la fondatrice à structurer la communauté assez rapidement.

À la demande de l'évêque de Montréal la communauté
ouvrit l'Hospice Saint-Joseph en 1845. L'œuvre soutenait les
prêtres âgés ou infirmes du diocèse à la retraite [18]. Le nouvel établissement situé près de l'Asile de la Providence facilitait le travail des officières. La même année, le conseil accepta de prendre
en charge trois aliénés.

C'est de Laprairie que vint la première demande d'établissement hors de Montréal. Le Père Rémi-Joseph Tellier, s.j.,
curé de la paroisse, reçut une réponse favorable de la part des
administratrices de la communauté. Les sœurs eurent à prendre
la relève d'œuvres entreprises par des dames charitables de la
paroisse qui se voyaient dans l'obligation de les abandonner.
Elles se dévouèrent auprès des pauvres, des orphelines, des
dames pensionnaires et assurèrent la visite des pauvres et des
malades assistés.

La fondation de la communauté était encore récente lorsque survint l'épidémie de typhus en 1847. Répondant à un vœu
de Mgr Bourget, les sœurs acceptèrent d'ouvrir un orphelinat

pour les enfants qui avaient perdu leurs parents au cours de l'épidémie. Il fut dédié à saint Jérôme-Émilien. À la veille de la rentrée scolaire de 1847, la communauté accepta de fournir des sœurs enseignantes pour l'École Saint-Jacques, vouée à l'instruction des enfants pauvres.

L'année 1849 fut désastreuse pour les Montréalais, touchés par une grave crise économique et une nouvelle épidémie de choléra. La communauté accepta de soigner les cholériques à l'Hôpital Saint-Camille. Les dérangements occasionnés à la jeune communauté par ce service particulièrement exigeant n'empêchèrent pas le Conseil des Sœurs de la Providence de donner une réponse favorable à la demande du curé de la paroisse Sainte-Élisabeth (comté de Joliette), ni à celle du curé de Sorel où les sœurs s'établirent le 2 mai 1850 [19], offrant l'instruction élémentaire aux jeunes filles, assistant les pauvres et les malades à domicile.

Mère Gamelin avait le souci non seulement d'ouvrir de nouveaux établissements, mais aussi d'offrir les meilleurs services possibles à la population. Le 16 mai 1850, elle entreprit un voyage aux États-Unis afin de visiter de nouveau les institutions de bienfaisance dirigées par les Filles de la Charité. Elle s'arrêta à New York, chez les Dames du Sacré-Cœur, et à Baltimore, s'intéressant particulièrement aux hôpitaux pour les aliénés car elle voulait donner de l'expansion à cette œuvre à Montréal.

La dernière œuvre entreprise par Mère Gamelin est celle des sourdes-muettes; désignée plus tard sous le nom de Providence Notre-Dame du Bon-Conseil, elle fut inaugurée le 19 février 1851 [20], à la Longue-Pointe. L'œuvre se poursuivit dans des locaux différents, notamment à l'Hospice Saint-Joseph en 1858 et enfin rue Saint-Denis à partir de 1864.

À sa mort, le 23 septembre 1851, mère Gamelin laissait une communauté en pleine expansion.

La direction et l'expansion de la communauté

De 1851 à 1858, le destin des Sœurs de la Providence fut pris en main par Mère Emmélie Caron, une remarquable femme d'action qui avait été institutrice avant de se joindre à la communauté. C'est elle qu'on choisit pour fonder un couvent dans la paroisse de Sainte-Élisabeth en 1849. Quelques mois après la prise en charge de sa nouvelle responsabilité, Mère Caron dut

Emmélie Caron
(1808-1888)

Fille de cultivateurs peu fortunés, Emmélie Caron naquit à Saint-Antoine-de-la-Rivière-du-Loup dans le diocèse de Trois-Rivières. À vingt ans, désireuse de venir en aide aux siens, elle quitta sa famille pour devenir institutrice dans la paroisse de Saint-Esprit où son oncle, Thomas Caron, était curé. L'instruction des enfants, tout autant que leur éducation, lui tenait à cœur, et les plus pauvres recevaient d'elle des soins et une attention toute maternelle. Ludger Duvernay, qui deviendra directeur du journal *La Minerve*, comptait parmi ses élèves. Lorsque Emmélie Caron décida de se joindre à la communauté naissante des Sœurs de la Providence en 1843, elle avait derrière elle une expérience de travail auprès des jeunes et des démunis qui fut précieuse pour sa communauté.

Dépositaire de l'Asile de la Providence en 1844 et 1849, Sœur Caron se montra particulièrement respectueuse des règlements propres à cet emploi. Intelligente en affaires, ses fournisseurs n'eurent pas à se plaindre: ses dettes étaient payées à temps.

Supérieure de la communauté de 1851 à 1858, elle compta avec la collaboration de Mgr Bourget, du chanoine Jean-Charles Prince et des Sulpiciens. Sous son administration, la communauté entreprit chaque année de nouvelles fondations.

Certains lui reprochaient d'être trop généreuse. Pourtant, elle réduisit considérablement la dette de la communauté.

Après ce mandat, elle fut nommée supérieure à la mission de Saint-Vincent-de-Paul (1858-1866), retrouvant ainsi un travail de pionnière.

Vingt-trois ans après la fondation des Sœurs de la Providence, l'œuvre comptait 20 maisons et 150 professes. Sœur Caron fut alors élue première assistante générale, poste qu'elle occupa de 1866 à 1872. Après quoi, elle fut nommée supérieure générale de 1872 à 1878.

trouver les ressources nécessaires pour faire face à l'incendie de 1852 qui dévasta une bonne partie de la ville. L'Asile de la Providence fut l'un des seuls bâtiments du quartier épargné par les flammes. L'église Saint-Jacques, l'évêché et ses dépendances avaient été consumés. La Maison devint donc une sorte de réfectoire public qui nourrit des milliers d'affamés. Ils y restauraient leurs forces ou venaient y chercher des provisions qu'ils emportaient à leurs campements improvisés. Les services de la communauté furent retenus pour la distribution des vivres fournis par la municipalité lorsque les autorités prirent les sinistrés en charge.

L'année 1853 donna lieu à de nouvelles fondations. Le curé de Saint-Paul (comté de Joliette) obtint l'accord de la communauté pour ouvrir un établissement consacré au soin des vieillards des deux sexes et des orphelines, pour visiter les pauvres et les malades à domicile et pour créer un externat pour jeunes filles. Par suite de l'incendie de 1852, la communauté profita de la reconstruction et de l'agrandissement de l'école Saint-Jacques pour transférer les orphelins de la maison mère dans les nouveaux locaux que l'on nomma Orphelinat Saint-Alexis, en l'honneur du chanoine Alexis Truteau, bienfaiteur de l'institution. La fondation d'une mission chilienne, à la même époque, fut un effet du hasard. Des sœurs parties fonder une maison dans l'État de Washington furent emportées par une tempête jusqu'à Valparaiso où, le 7 juin 1853, elles acceptèrent de fonder un orphelinat. À différents intervalles, des sœurs furent envoyées pour leur prêter main-forte et ouvrir d'autres maisons [21].

Au cours de l'année 1854, la communauté ouvrit deux nouvelles maisons: l'une dans le Faubourg Québec (Montréal) et l'autre à Burlington (Vermont). Au printemps de cette même année, Montréal connut une autre épidémie de choléra qui réclama l'intervention de la communauté. En signe de reconnaissance, les Sulpiciens offrirent à la communauté l'usage (qui dura trois ans) d'une maison de campagne située à la Côte-des-Neiges afin de permettre aux sœurs convalescentes de se rétablir plus rapidement [22].

Chaque année était marquée par de nouvelles fondations. Trois maisons de la Providence furent ouvertes en 1855: Saint-Henri (Mascouche, comté de l'Assomption), Saint-Charles (Joliette) et Saint-Jacques (Montréal). Cette dernière veillait à l'entretien du personnel et des locaux de l'évêché et de la cathédrale. Au total, l'administration de Mère Caron fut marquée par neuf nouvelles fondations et la consolidation des missions du Chili et de Vancouver (Washington).

De 1858 à 1872, la direction fut confiée à Mère Philomène (née Victoire Bourbonnière). Cette personnalité surprenante convenait parfaitement aux besoins de l'heure. De santé fragile, elle s'était fait remarquer des autorités par sa modestie et par la sûreté de son jugement. Elle fut initiée à la vie religieuse à l'époque de l'épidémie de typhus, et travailla ensuite auprès des orphelins et des dames pensionnaires. Après deux années passées dans ces fonctions, elle fut nommée maîtresse des novices, poste qu'elle occupa jusqu'à 1858 en même temps que celui d'assistante de la supérieure à partir de 1856. On disait qu'elle avait l'art d'aplanir les difficultés. Son penchant pour la vie obscure ne l'empêcha pas d'être intensément active. Les quatre premières années de son administration furent employées à consolider les œuvres existantes. À partir de 1860, elle accepta d'engager la communauté dans un nouveau champ d'activités, celui des salles d'asiles. C'est au mois de juin 1861 que la communauté accepta d'assurer le service domestique de l'Hospice Saint-Antoine, fondé par Olivier Berthelet et voué à la réadaptation des jeunes délinquants et des ex-détenus. Les Sœurs de la Providence y travaillèrent pendant deux ans.

En 1861, l'évêque de Kingston, Mgr Édouard-John Horan, obtint la fondation d'une institution autonome, qui ouvrit un noviciat afin de former son propre personnel religieux. Les sœurs venues de Montréal regagnèrent la maison mère après cinq ans.

Deux nouveaux établissements furent fondés en 1863: à Coteau-du-Lac et à Steillacom (Oregon); l'année suivante, la communauté accepta encore deux deux missions éloignées: Walla Walla (Washington), Saint-Ignace (Montana) ainsi que la Providence Saint-Joseph, fondée à la demande du premier évêque de Trois-Rivières, Mgr Thomas Cooke.

Après vingt-trois ans d'existence, la communauté s'était considérablement transformée. Mgr Bourget, aidé des conseillères, élabora le plan de formation d'un généralat pour adapter l'organisation administrative de la communauté à sa nouvelle réalité. Le projet de réforme fut discuté lors du chapitre du mois d'août 1866. Désormais, la supérieure élue aurait le titre de supérieure générale, et ses attributions accrues seraient plus précises. Elle serait aidée d'un conseil d'assistantes choisies par mode d'élection en même temps que la supérieure générale. Mère Philomène, qui arrivait à la fin de son mandat, fut réélue dans ses fonctions ainsi redéfinies.

Ces changements administratifs ne firent que marquer un temps d'arrêt. Les fondations reprirent dès 1868. Tout en consentant à s'occuper des missions éloignées, la communauté ne négligea pas les demandes d'établissements dans la région montréalaise. Lorsque son supériorat se termina en 1872, Mère Philomène laissait derrière elle un bilan impressionnant: 148 religieuses professes, 17 nouveaux établissements, l'inauguration de l'œuvre des dispensaires et de celle des enfants trouvés; l'enseignement primaire s'était répandu dans plusieurs localités, enfin des ateliers de reliure et d'imprimerie avaient été installés à la maison mère [23].

* * *

La fondation des Sœurs de la Providence se situe au début du renouveau de la ferveur religieuse animé par Mgr Bourget. La communauté fut la première de quatre communautés religieuses féminines instituées pour répondre aux besoins croissants du diocèse de Montréal. Le charisme de la fondatrice, Mère Gamelin, joint à la volonté de Mgr Bourget de donner un essor rapide à la congrégation créèrent des conditions favorables à son recrutement.

Le dévouement des Sœurs de la Providence à l'occasion des épidémies de 1847 et de 1849 créa un mouvement de sympathie dans la population, et éveilla chez plusieurs jeunes filles le désir de se joindre à la communauté. Le réseau de solidarité des dames charitables entourant l'Asile de la Providence avait inspiré une sorte de ferveur primitive favorable aux vocations religieuses. Mère Caron et Mère Philomène surent maintenir le zèle de la fondatrice.

L'évolution numérique du personnel religieux qui, de 1843 à 1871, passa de 11 à 240 démontre aisément que la communauté était en pleine expansion [24]. Deux facteurs expliquent en partie la rapidité du recrutement. D'une part, la jeune congrégation n'eût pas à lutter contre les restrictions numériques imposées aux Sœurs Grises au début de leur existence. D'autre part, l'attachement que portait Mgr Bourget aux Sœurs de la

Providence eut des effets bénéfiques auprès de la population en général et sur les candidates à la vie religieuse.

Outre le personnel religieux, les Sœurs de la Providence profitèrent de collaboratrices laïques. Madame Gamelin avait formé une Association anonyme de dames qui l'aidaient à soutenir l'œuvre des femmes âgées et infirmes. Plus tard, ces personnes dévouées signèrent l'incorporation de l'Asile, on les nomma alors «Dames de la Providence» ou «Dames de la Corporation». Ces bénévoles profitaient d'un ressourcement spirituel régulier. Outre ces dames, madame Gamelin s'était associé quelques personnes pour l'aider dans le soin matériel de ses protégées. La première connue est Madeleine Durand, qui offrit ses services dès 1836.

Même après la fondation officielle de la communauté, la coutume d'accepter la collaboration des laïques se poursuivit. Dès 1845, Mgr Bourget fonda «l'Association de Sainte-Blandine», regroupant des servantes qui rendaient des services à l'Asile de la Providence [25]. Toujours soucieux de préserver les jeunes filles désemparées, Mgr Bourget forma en 1849 une confrérie de «filles vouées» au service des pauvres de la communauté. Ces personnes étaient au nombre de sept et faisaient vœu d'obéissance à la supérieure. Elles portaient un costume distinctif, et se consacraient au service des pauvres de l'Asile de la Providence. Une certaine formation spirituelle leur était dispensée. Vers 1858, on les nomma les Associées de Notre-Dame de la Providence, et plus familièrement «filles consacrées». Un règlement sommaire régissait leur vie. Ces personnes laïques aidaient les sœurs dans leurs offices. Certaines partirent même en mission pour seconder les sœurs.

En 1863, les «Associées de Notre-Dame de la Providence» changèrent de statut et devinrent membres du «Tiers Ordre des Servites de Marie». Mgr Bourget rédigea un règlement assez détaillé à leur intention. On les nommaient «Tertiaires servites de Marie». Elles avaient un costume et prononçaient des vœux qu'elles renouvelaient à la clôture de leur retraite annuelle. Quatre-vingt-trois Tertiaires Servites de Marie avaient offert leurs services en 1871.

La situation financière

L'analyse de la comptabilité [26] des Sœurs de la Providence révèle une situation fort différente de celle des Sœurs Grises. Leurs ressources ne proviennent pas de biens-fonds ou de location d'immeubles, rapportant des revenus réguliers. Le fait d'être une jeune institution comportait certes des avantages, mais aussi des inconvénients, dont l'insécurité du revenu n'était pas le moindre.

Selon les données de la comptabilité, les «industries» constituaient leur principale source de revenus. Connaissant le peu de ressources financières de l'évêque de Montréal, principal protecteur de la communauté, les sœurs comprirent qu'elle devaient s'autosuffire dans une large mesure. Le gouvernement tarda à leur accorder un appui financier. La communauté se procura des revenus en rendant des services ou en produisant et vendant des biens de consommation. Dans une ville encore au stade préindustriel, il y avait place pour un artisanat de cet ordre. Au cours de la période écoulée entre 1845 et 1866, les «industries diverses» (travaux de buanderie, de cordonnerie, de tissage et vente de produits pharmaceutiques) rapportèrent le plus. La vente ou la location d'effets aux postulantes et la location de bancs à la chapelle étaient parmi les plus rentables. Même les protégées de l'Asile de la Providence exécutaient des travaux lucratifs.

Parmi les industries, la fabrication de cierges et d'hosties viennent en deuxième lieu. Ces produits étaient vendus aux fabriques des paroisses du diocèse. Par ordre d'importance, suivent immédiatement les ornements d'église et d'autres effets de couture. Cette industrie débuta à la suite de démarches effectuées en France par Mgr Bourget auprès de fabricants de soieries et de draps d'or. Une lettre du 18 février 1852 provenant de M. C. Cénas, marchand de Lyon, adressée à Mère Caron rappelle l'intervention de l'évêque de Montréal [27]. Son appui fut de première importance dans l'établissement d'une clientèle stable. Il incita les curés du diocèse à s'approvisionner chez les Sœurs de la Providence, les assurant de la qualité des produits vendus.

La communauté ouvrit également une boulangerie pour l'usage de la maison et la vente au public. La dernière industrie en importance était celle des produits maraîchers. Le surplus des légumes produits à la ferme Saint-Isidore était vendu au public. Dans leur ensemble, les industries rapportèrent des revenus de 157 036 $ au cours des vingt-huit années concernées, soit une moyenne annuelle de 5608 $.

Loyers, dots des sœurs, dons, bazars, pensions viagères et

dons de la Banque d'Épargne figurent au deuxième rang des revenus de la communauté, comptant au total pour 118 820 $ au cours de la période 1844-1871. Les novices étaient invitées à verser leur héritage personnel à la communauté, mais pour la plupart, cela ne représentait pas des sommes importantes. Les Sœurs de la Providence, pouvaient cependant compter sur de nombreux amis qui leurs versaient des dons périodiquement ou même des pensions viagères, ou encore qui leur léguaient par testament terrains et maisons qu'elles louaient par la suite. Les bazars de charité, qui faisaient appel à la participation des laïcs, constituaient une autre source importante de revenus. De 1857 à 1864, la Banque d'Épargne octroya une somme de 2676 $.

Les pensions figurent au troisième rang des revenus de la communauté. Elles provenaient soit des dames pensionnaires ou des prêtres malades ou retraités logés à l'Hospice Saint-Joseph, ou encore de laïcs charitables qui assumaient la pension de femmes âgées, d'orphelines ou d'aliénés sans ressources. Les dames pensionnaires rapportèrent la plus grande part des revenus, soit 77 388 $, représentant une moyenne annuelle de 2763 $. Mère Gamelin établit une forme de marrainage entre les bienfaiteurs et leurs protégés, ce qui avait le double avantage d'assurer la rentrée de fonds et de créer des liens d'amitié entre les uns et les autres.

Au quatrième rang, figurent des revenus occasionnels provenant de sources variées; pour l'ensemble de la période, ces revenus se sont élevés à 60 557 $. Les subventions gouvernementales ne viennent qu'au cinquième rang, juste avant les revenus que la communauté retirait de l'enseignement qu'elle dispensait à l'école Saint-Jacques et de l'entretien de l'église voisine (21 500 $ et 14 000 $ respectivement). On peut y voir un indice assez révélateur du peu de cas que les gouvernements de l'époque faisaient des problèmes sociaux.

La contribution gouvernementale se situe au cinquième rang des revenus de la communauté des Sœurs de la Providence. Celle-ci reçut une somme isolée de 220 $ en 1848; les subventions régulières de 1400 $ commencèrent en 1855 puis baissèrent à 1200 $ à partir de 1863. Ces chiffres sont éloquents; ils situent avec précision l'encouragement de l'État aux œuvres sociales. Ils indiquent que l'entretien des pauvres était laissé à l'initiative privée de l'Église et plus particulièrement à celles des communautés religieuses féminines. L'ensemble des subventions gouvernementales reçues par la communauté au cours de la période 1831-1871 est de 21 500 $, soit une moyenne annuelle de 796 $.

La dernière catégorie de revenus des Sœurs de la Providence comprend l'enseignement à l'école Saint-Jacques et le revenu provenant de l'entretien de l'église du même nom. La communauté accepta de s'occuper des enfants pauvres fréquentant cette école le 28 août 1847. La communauté dispensait ses services aux enfants pauvres et aussi à ceux qui avaient les moyens d'acquitter leurs frais de scolarité. Le nombre des sœurs professes et des novices enseignantes à cette école varia considérablement au cours des années. Les recettes provenant de l'entretien de l'église Saint-Jacques ne s'étalent que sur cinq ans, de 1854 à 1858. Signalons que ce genre de revenu procurait aux Sœurs Grises des sommes beaucoup plus considérables, ce qui s'explique par l'appui constant qu'elles recevaient des Sulpiciens chargés de la paroisse de Montréal. Les recettes provenant des écoles et des églises s'élèvent à 14 006 $, soit une moyenne annuelle de 519 $.

3

Les laïcs

En plus du clergé et des communautés religieuses féminines, des laïcs participèrent à la mise en place du réseau d'assistance aux pauvres à Montréal au XIXᵉ siècle. Les Dames de la Charité s'engagèrent les premières, dès 1827. Plusieurs associations de ce nom ont existé en même temps à Montréal.

Presque vingt ans après la fondation des Dames de la Charité, la Société de Saint-Vincent-de-Paul (fondée à Paris depuis une quinzaine d'années) s'établit à Montréal. Nous étudions ici l'origine de son implantation à Montréal et son rayonnement dans la métropole, ses effectifs, son engagement social et son financement à l'époque qui nous intéresse particulièrement.

En plus de leur participation aux associations de bienfaisance, plusieurs individus posèrent des gestes généreux à l'égard des pauvres. Malheureusement, il ne nous est pas possible de faire justice à toutes les personnes actives dans l'assistance aux pauvres. Aussi nous contenterons nous de l'exemple d'Olivier Berthelet.

LES DAMES DE LA CHARITÉ

En France, les premières associations de Dames de la Charité furent l'œuvre de saint Vincent de Paul (1617) et, influencé par lui, de monsieur Jean-Jacques Olier (1643). On trouve la première trace d'un regroupement similaire à Montréal dans les papiers du sulpicien canadien, Jean-Jacques Lartigue, futur

Saint Vincent de Paul et les Dames de la Charité à l'Hôtel-Dieu, tableau du XVIIIᵉ siècle. Le réseau d'assistance aux pauvres de Montréal témoigne largement de
l'influence de saint Vincent de Paul, qu'il s'agisse de l'Hôpital Général, des
œuvres des Dames de la Charité, de l'œuvre des enfants trouvés ou de la visite
des pauvres à domicile. (C.M.T. Assistance publique)

évêque de Montréal. Le document, daté de 1819 et intitulé «Plan
d'une association de Charité des Dames de Montréal pour le
soulagement des pauvres malades de cette paroisse», donnait à
l'association l'objectif de procurer aux pauvres, et surtout aux
malades, les secours spirituels et corporels réclamés par leur
état. Le projet ne se réalisa pas. Il faut attendre 1827 pour
qu'une première association de ce type voie le jour.

LES ASSOCIATIONS NOMMÉES DAMES DE LA CHARITÉ

Fondateur ou fondatrice	Année	Œuvres	Évolution
Mme Gabriel Cotté	1827	— Visite des pauvres à domiciles — Dépôt des pauvres — Œuvre de la soupe — Soin des personnes âgées — Soin des orphelins — Placement des servantes sans emploi	En 1832, les Dames de la Charité devinrent les «Dames de l'Asile des orphelins catholiques romains». Le Comité de la Soupe subsista, il était remis en activité lorsque la situation l'exigeait.
Mgr Jean-Jacques Lartigue	1828	— Éducation des filles appartenant à l'école Saint-Jacques	L'«Association de Charité pour l'instruction des filles appartenant à l'école Saint-Jacques» eut pour première présidente Mme Jacques Viger. Le 28 août 1847, l'établissement fut confié aux Sœurs de la Providence.
Mme Émilie Gamelin	1832	— Soin des femmes âgées et infirmes — Dépôt des pauvres — Visite des pauvres à domicile	Nommée d'abord «Association anonyme». Douze dames deviendront membres de la «Corporation de l'Asile de Montréal pour les femmes âgées et infirmes» en 1841, d'autres furent nommées «Dames de la Providence».
	1841	Ajout des services suivants: — La visite des malades à domicile — L'accueil et le placement des servantes sans emploi — Le soin des orphelins	En 1860, les diverses associations de Dames de la Charité fusionnèrent en une seule.

Fondateur ou fondatrice	Année	Œuvres	Évolution
Mgr Ignace Bourget	1842	— Association établie à partir de l'expérience des Dames de la Charité associées aux Sœurs de la Providence.	Association nommée: «Association de la Charité diocésaine». Fut réunie aux autres associations en 1860.
M. Pierre-Louis Billaudèle	1846	— Association établie chez les Sœurs Grises pour accompagner les Sœurs lors des visites des pauvres à domicile et les aider à l'Hospice Saint-Joseph et à l'Orphelinat Saint-Patrice.	Fut réunie aux autres associations en 1860.

L'appellation de Dames de la Charité se rapporte à plusieurs associations établies à travers la province, particulièrement à Montréal, et fondées successivement par madame Gabriel Cotté (1827), Mgr Lartigue (1828), madame Émilie Gamelin (1832), Mgr Bourget (1842), et M. Billaudèle (1846). Nous avons en outre retrouvé la trace d'une association reliée à l'Orphelinat Saint-Patrice (1852), ce qui donne à penser qu'il devait sans doute y avoir des associations similaires dans d'autres institutions dirigées par les Sœurs Grises.

Dans ce qui suit, nous retiendrons trois de ces associations: les Dames de la Charité de madame Cotté, celles de madame Gamelin et celles de M. Billaudèle. L'«Association de la Charité pour l'instruction des filles appartenant à l'école Saint-Jacques», fondée par Mgr Lartigue, ne nous occupera pas, l'éducation étant exclue de notre propos. Quant à l'«Association de Charité diocésaine», fondée par Mgr Bourget, nous en avons déjà dit un mot dans le premier chapitre. Notons, enfin, qu'en 1860, ces associations furent unifiées. On élut alors un nouvel exécutif et un nouveau mode de financement fut établi. Chaque œuvre avait trois zélatrices chargées de l'orientation de chacune des sections. La comptabilité était tenue séparément, œuvre par

Madame Angélique Cotté, née Blon-
deau (1755-1837), fonda les Dames de
la Charité en 1827. (A.S.G.M.)

œuvre, pour être reportée ensuite dans le livre des recettes de la
trésorerie générale. La coordination des divers services était
assurée par les comptes rendus mensuels remis lors des assemblées générales.

Les Dames de la Charité de madame Cotté

La disparition du registre des délibérations de leurs assemblées
rend difficile l'étude des activités des Dames de la Charité fondées par madame Cotté. Il est toutefois possible d'avoir accès
indirectement à cette matière à travers l'ouvrage de Marie-
Claire Daveluy, *L'Orphelinat catholique de Montréal* (1919) et celui
de Mère Marie-Antoinette, *L'Institut de la Providence* (1925), qui
eurent accès aux comptes rendus des assemblées. C'est donc de
ces sources secondaires que nous avons, pour une part importante, tiré les données qui suivent.

La première assemblée officielle des Dames de la Charité se
déroula à la résidence de la fondatrice, le 13 décembre 1827.
Quatorze personnes étaient présentes: mesdames veuves Cotté,

Chaboillez, Laframboise et Lamothe; mesdames Lacroix, Laframboise, de Rocheblave, Quesnel et Berthelet; mesdemoiselles Louise et Charlotte Lacroix, Marguerite Adhémar, Émilie Monro et Marie McCord [1]. Des délibérations, il apparaît que l'intention des membres de l'association était de se substituer aux pauvres pour quêter auprès de la population. La centralisation des aumônes de tous genres avait pour but d'éviter le gaspillage des ressources. Lors d'une deuxième assemblée tenue une semaine plus tard, on esquissa les règlements de l'association à partir du modèle français, et l'on procéda aux élections. Le 18 décembre 1827, une cinquantaine de femmes étaient présentes lors de la réunion tenue chez madame Cotté. Outre les participantes à la première assemblée, se trouvaient les épouses de personnes en vue dans la société montréalaise: notamment la baronne Marie-Charles Lemoyne de Longueuil et sa fille madame Charles de Montenach, et mesdames Jean-Philippe-Ignace Saveuse de Beaujeu, Denis-Benjamin Viger, Jacques Viger, Boucher de Boucherville, Daniel Arnoldi, Louis Guy, Jean-Baptiste de Lorimier, Alexandre Delisle, Louis Huguet-Latour, Louis-Tancrède Bouthillier [2]. Après avoir discuté des moyens d'action, on projeta d'ouvrir une maison de charité où se ferait la distribution de la soupe. Par l'entremise de sa femme, Olivier Berthelet offrit une maison située à l'entrée du faubourg des Récollets. La baronne Marie-Charles Lemoyne de Longueuil fut élue présidente de l'association, madame Eustache-Michel Chartier de Lotbinière, vice-présidente, madame Alexis Laframboise, secrétaire et madame veuve Gabriel Cotté, trésorière.

Au conseil d'administration fut adjoint un comité exécutif; la cueillette des fonds au profit de l'association fut prise en charge par un autre comité et un troisième était chargé de visiter les pauvres à domicile et d'attribuer les dons à bon escient. La première année de fonctionnement des Dames de la Charité fut consacrée surtout aux services des pauvres à domicile. La fondatrice de l'association suivit de près le comité de financement afin d'assurer la viabilité des services offerts par l'association.

À la fin de l'hiver 1829, les services implantés l'année précédente fonctionnant bien, les Dames de la Charité organisèrent un «Bureau d'enregistrement pour les filles qui vont en service» dirigé par madame Julien Perreault. La visite des pauvres à domicile permit de constater l'état pitoyable de nombreuses femmes âgées et infirmes. En avril 1829, ce genre de misère fut porté à l'attention des membres de l'association pour la première fois. Cette catégorie de personnes commença à être soulagée par les Dames de la Charité en mars 1830. Les Sulpiciens consentirent à prêter la maison des Récollets, située au coin des rues Sainte-Hélène et Notre-Dame, pour y loger des femmes âgées dans le besoin; dès 1830, des orphelins s'y ajoutèrent. Le 18 juillet 1832, les Dames de la Charité modifièrent leur orientation pour se spécialiser dans le soin des orphelins [3]. Ainsi, après avoir donné l'impulsion première à diverses œuvres de charité, notamment à la visite des pauvres à domicile, à l'œuvre de la soupe et au placement des servantes en chômage, les Dames de la Charité concentrèrent désormais leur énergie dans un seul champ. Leur appellation fut en conséquence modifiée pour celle de «Dames de l'Asyle des orphelins catholiques romains». Certaines des membres poursuivirent autrement leur bénévolat, s'associant à des institutions de charité.

Les Dames de la Charité de madame Gamelin

Proche des Dames de la Charité depuis leurs débuts, madame veuve Jean-Baptiste Tavernier Gamelin avait acquis une expérience précieuse dans le domaine du service des pauvres. Lorsque les Dames de la Charité (fondées par madame Cotté) décidèrent de se spécialiser, madame Gamelin forma une «Association anonyme» destinée à la seconder dans son travail auprès des femmes âgées et infirmes. Le caractère informel de la société en rend l'étude difficile. Selon la tradition orale transmise par les Sœurs de la Providence, ces dames assistaient les pauvres à domicile d'une manière épisodique. À la demande du Séminaire de Saint-Sulpice, madame Gamelin ouvrit, dès 1836, un Dépôt des pauvres. Étant donné son peu de ressources avant l'incorporation de l'Asile de la Providence, il est probable que, sans l'appui moral et financier de cette association, la fondatrice n'aurait pu continuer son œuvre de charité.

L'incorporation de l'Asile de la Providence eut lieu le 18 septembre 1841; l'établissement fut désigné sous le nom d'«Asile de Montréal pour les femmes âgées et infirmes». Voici la liste des anciens membres de l'Association anonyme qui demandèrent l'incorporation: mesdames Émilie Tavernier Gamelin, Charlotte Lacroix, Agathe Perreault Nowlan, Marie-Claire Perreault Cuvillier, M.-Angélique Cuvillier Delisle, M.-Amable Foretier Viger, Euphrosine Lamontagne Perrault, Luce Perrault Fabre, Sophie Cadieux Tavernier et Marguerite Dufresne Delorme, et mesdemoiselles Madeleine Durand et Thérèse Berthelet [4]. Les membres de la Corporation avaient la responsabilité de l'administration de l'Asile. Les parents ou amies de madame Gamelin collaboraient à cette œuvre depuis plusieurs années. À leur décès, elles étaient remplacées par d'autres dames charitables, et peu à peu par des religieuses professes. Dès la première assemblée des administratrices, les membres de la Corporation songèrent à donner un caractère permanent à l'œuvre en achetant un terrain pour édifier un nouvel asile.

Le 6 novembre 1841, Mgr Bourget procéda à l'érection canonique de l'Association de Charité des dames de la Corporation. Le mandement épiscopal précisait que le but de l'Association était de recevoir, d'entretenir, d'instruire et de soigner toutes les personnes indigentes refusées dans les autres établissements. La direction fut confiée au vicaire général, ou à un chanoine de la cathédrale en l'absence du premier. L'aumônier de l'Association était nommé par le supérieur du Séminaire de Saint-Sulpice et détenait le titre de sous-directeur. L'article cinq du mandement précise le rôle des membres de la Corporation:

> Un conseil d'administration composé des dames et demoiselles sociétaires, élues à cet effet par l'assemblée générale de l'association, aura la gestion de tous les intérêts de l'œuvre et surveillera l'exécution des règles régissant l'établissement; ce conseil, élu pour un an, aura pour membres une ou plusieurs trésorières et huit conseillères, toutes ayant voix délibérative, et la directrice, voix prépondérante [5].

Remarquons que l'opinion de madame Gamelin, pourtant encore laïque, était prépondérante lors des délibérations. Elle devait cependant consulter son Conseil avant de prendre des décisions importantes. Parmi les urgences, rappelons la visite des pauvres à domicile qui débuta en décembre 1841 [6].

Les journalistes de *La Minerve* et des *Mélanges Religieux* suivaient avec intérêt le développement de l'Asile de la Providence. La législation sociale étant presque inexistante, l'initiative privée était indispensable. Les *Mélanges Religieux* du 21 janvier 1842 consacrent un article à l'Asile pour les femmes âgées et infirmes. On y souligne que les membres de l'Association sont des personnes de premier rang dans la société, fières de leur titre de servantes des pauvres.

Elles [les Dames de la Charité] se sont organisées à l'Asile de la Providence, dont elles ont fait le dépôt général des aumônes. Rien n'échappe à leur vigilance, elles se sont partagé le faubourg Saint-Laurent; les unes y visitent les pauvres et d'autres parcourent les magasins, en quête de vêtements pour les membres souffrants de Jésus-Christ. Quelques-unes se rendent à l'Asile, tous les lundis, afin de distribuer de leurs mains les aumônes recueillies pendant la semaine. Il fait beau voir les dames de la première société faire l'office de servantes des pauvres.

La publicité faite aux Dames de la Charité et à l'Asile de la Providence incitait les Montréalais à la générosité. L'objectif fut atteint, puisque le 16 février 1842, les dames de la Corporation réunies en assemblée discutèrent de la construction d'un nouvel Asile de la Providence. Le 10 mai 1842, la première pierre de l'édifice fut posée.

Dans l'attente des Filles de la Charité de Saint-Vincent-de-Paul, demandées par Mgr Bourget, les membres de la Corporation sollicitèrent des fonds pour la construction en cours. Elles se firent mendiantes [7]. Les aumônes ainsi recueillies permirent de poursuivre les travaux. C'est dans ce contexte que parvint à Mgr Bourget la nouvelle du refus des Filles de la Charité de Saint-Vincent-de-Paul de venir s'établir à Montréal. Les Dames de la Corporation n'en continuèrent pas moins leurs collectes pour la communauté formée localement sur le modèle de la congrégation française.

Le 29 mars 1844, la communauté des Sœurs de la Providence était érigée canoniquement. Lors de l'assemblée annuelle de la Corporation de l'Asile de Montréal pour les femmes âgées et infirmes (1er octobre 1844), outre les dames laïques, on remarquait la présence de sœur Gamelin, qui avait le titre de supérieure, et de sœur Vincent (née Madeleine Durand). Les laïques étant majoritaires, elles avaient un pouvoir réel sur la nouvelle congrégation puisqu'elles discutaient de l'administration financière et élisaient les sœurs officières appelées à représenter la Corporation.

À la suite de la visite pastorale à l'Asile de la Providence, le mandement de Mgr Bourget du 19 avril 1848 insistait sur le climat de généreuse collaboration qu'il voulait voir régner entre les

Dames de la Charité et les Sœurs de la Providence [8]. Et puis, le 30 avril 1863, les Dames de la Corporation cédèrent leurs droits aux Sœurs de la Providence [9]. Ce changement administratif ne signifie pas le retrait des Dames de la Charité des autres secteurs d'activité. On rapporte qu'en novembre 1863, ces dernières défrayaient le coût d'entretien de soixante-quinze orphelines et de quarante muettes [10]. Mgr Bourget rendit un témoignage de reconnaissance aux Dames de la Charité dans une lettre qu'il leur adressait en 1868. Leur soutien avait permis aux Sœurs de la Providence d'ouvrir vingt-quatre établissements. Même à cette époque, la contribution des Dames de la Charité était encore nécessaire aux institutions qui débutaient. Ainsi, Mgr Bourget sollicita de nouveau leur générosité pour l'œuvre des Sœurs Grises établie à Saint-Henri des Tanneries et pour l'Asile des Sœurs de la Providence de Saint-Vincent-de-Paul.

Les Dames de la Charité des Sœurs Grises

C'est dans le contexte de la réforme du service des pauvres à domicile (1846) qu'il faut situer l'organisation, par les Sulpiciens, des Dames de la Charité des Sœurs Grises. Le nouveau supérieur du Séminaire, M. Billaudèle, s'inspira des «Règlements pour le soulagement des pauvres de la paroisse de Saint-Sulpice de Paris» [11], dans lequel M. Olier fait état de la participation des Dames de la Charité au service des pauvres, pour rédiger son propre document, intitulé «Projet du mode à suivre pour soulager les pauvres de la Paroisse» [12]. Tout comme M. Olier, M. Billaudèle associait les Dames de la Charité à la visite des pauvres à domicile et leur confiait la distribution des «bons» échangeables contre des biens de consommation; de plus, elles étaient chargées de la surveillance des enfants placés en apprentissage et collaboraient avec le «bureau d'administration» afin de trouver du travail aux pauvres qui en manquaient. Une lettre de M. Villeneuve, le 10 décembre 1846, confirme la mise en vigueur du projet de M. Billaudèle [13].

La fin de l'année 1846 marque une nette amélioration des services à domicile offerts aux indigents, notamment par la Visite des pauvres à domicile. L'une des raisons qui incita les Sulpiciens à établir les Dames de la Charité fut le manque de personnel religieux féminin. Les dames accompagnant les religieuses au cours de leurs visites chez les miséreux permettaient d'accroître ce service. Nous y reviendrons.

Madame Denis-Benjamin Viger, née Marie-Amable Forretier (1779-1854), dirigea l'Orphelinat catholique de 1841 à 1854. (Centre Émilie-Gamelin)

Madame Côme-Séraphin Cherrier, née Mélanie Quesnel (1797-1875), présidente de l'Orphelinat catholique de 1854 à 1857. (Centre Émilie-Gamelin)

Dans «l'Ancien Journal» des Sœurs Grises, on mentionne que M. Claude Fay, curé de la paroisse Notre-Dame, annonça la retraite prêchée à l'Hôpital Général, destinée aux Dames de la Charité affiliées aux Sœurs Grises et aux Sœurs de la Providence. Cette récollection, convoquée par Mgr Prince, dura trois jours et fut suivie d'une réunion qui se déroula le 30 novembre 1846. En plus des Dames de la Charité, les supérieures des Sœurs Grises et de la Providence furent invitées. L'Assemblée tenue à la chapelle de Notre-Dame de Bon-Secours fut présidée par le supérieur du Séminaire assisté du curé d'office et des aumôniers des pauvres, canadiens et irlandais, tous Sulpiciens.

Au cours de la réunion, il fut convenu que la première assemblée de l'Association se tiendrait le 4 décembre. Voici les noms des participantes les plus connues parmi les Dames de la Charité associées aux Sœurs Grises: mesdames Berthelet, Larocque, Saint-Denis, Lévesque, Toupin, Quesnel, Chaput, Chalut et Beaubien, et mademoiselle Thérèse Berthelet [14].

Trente-cinq dames étaient réunies à la salle des orphelins de l'Hôpital Général sous la présidence du supérieur du Séminaire et de l'aumônier des pauvres canadiens. M. Mussart exposa les buts et les avantages de l'association. Les dames s'engageaient à se réunir tous les mercredis après-midi afin de coudre des vêtements pour les pauvres. Quelques Sœurs Grises assistèrent à cette assemblée. Parmi elles se trouvaient la supérieure, son assistante, la maîtresse des novices et deux sœurs visitatrices.

Quelques jours plus tard se déroulait une assemblée des Dames irlandaises parmi lesquelles on relève les noms suivants: mesdames J.R. Valière, Foote, McDonnell, McGrath, Bancroft, Campion, C. Wilson, H. Nelson et Tully[15].

Les participantes à cette réunion contribuèrent au succès d'une quête abondante. Les fonds recueillis servirent à ouvrir un dispensaire pourvu en médicaments destinés aux pauvres et aux malades d'origine canadienne ou irlandaise. On sollicitait la contribution financière des Dames de la Charité non seulement lors des réunions, mais aussi lors des visites à domicile quand les sœurs trouvaient des pauvres sans nourriture. Les bénévoles irlandaises allaient mendier pour leurs protégés chez leurs consœurs canadiennes qui ne manquaient jamais de répondre à leur appel.

Le financement des œuvres

En plus de leur participation à l'administration de l'œuvre de madame Gamelin, les Dames de la Charité furent des collaboratrices assidues au financement de l'Œuvre des femmes âgées et infirmes. Les dons personnels ne suffisant pas, elles décidèrent d'organiser des activités lucratives, principalement des bazars de charité, formule qui dissimulait le geste de donner sous l'aspect d'amusement et permettait d'éviter la lassitude chez les bienfaiteurs. Dans ces bazars, il ne s'agissait d'ailleurs pas tant de vendre que de donner certains objets (dont une part était tout de même vendue) en loterie.

Les Dames de la Charité participaient activement à ces fêtes. L'organisation des bazars exigeait un grand dévouement et un esprit vif et ingénieux; c'était un travail ennuyeux et parfois même pénible. Les organisatrices se recrutaient généralement dans les milieux aisés de la société. Le produit des quêtes permettait d'acheter les matériaux nécessaires à la confection de vêtements, au capitonnage de meubles ou à la fabrication de bibelots variés. Les dames bénévoles se répartissaient le travail selon leurs aptitudes.

La préparation d'un bazar se faisait en deux étapes: l'organisation éloignée (sollicitation ou confection des objets) et la disposition des articles destinés à être vendus. En outre, peu avant la tenue d'un bazar, il fallait rendre l'événement public. La personne désignée pour cette fonction rencontrait les journalistes de *La Minerve*, des *Mélanges Religieux* ou même des journaux anglophones de la ville. Une autre s'occupait de trouver un local convenable, disponible et gratuit. L'endroit choisi était agrémenté de fleurs, de guirlandes et d'autres décorations; on y disposait les objets destinés à être vendus et l'on dressait les tables de rafraîchissements de manière à en favoriser la consommation.

Le jour de l'ouverture du bazar, les Dames de la Charité se partageaient le travail de l'accueil, du vestiaire et d'autres tâches ingrates. Mais la réussite d'un bazar reposait également sur les participants. Pour ces derniers, les bazars étaient une partie de plaisir. Leur rôle consistait à y faire une ou plusieurs visites en se laissant tenter par les objets offerts, les rafraîchissements et les petites gâteries culinaires.

Tout en procurant des fonds, notamment à l'Asile de la Providence, les bazars étaient un dérivatif à la fois pour les organisatrices et les participants. Les femmes de milieu aisé n'avaient pas accès au travail rémunéré, socialement inacceptable. Le bénévolat était une manière honorable d'occuper leurs loisirs. Plusieurs femmes d'œuvres étaient talentueuses et ressentaient un sentiment d'inutilité, ayant chez elles des domestiques à leur service.

Le premier bazar montréalais fut organisé par des dames anglophones. Il se déroula au Masonic Hall les 24 et 25 janvier 1829 et rapporta 450 louis à ses organisatrices[16]. Le succès de cette initiative incita les francophones à s'associer aux pionnières afin d'organiser une manifestation conjointe le 26 janvier 1831. Les profits en furent distribués aux institutions catholiques et protestantes de Montréal. Rien n'indique que le refuge de madame Gamelin en eut sa part. En 1832, après l'ouverture de l'Asile de madame Gamelin (situé coin Sainte-Catherine et Saint-Philippe), quelques dames de la Société anonyme organisèrent un modeste bazar de charité afin de lui venir en aide. La recette évaluée à trente louis fut grandement appréciée, les revenus du refuge étant encore restreints[17].

Désireuse d'encourager l'œuvre de madame Gamelin, sa cousine, madame Nowlan, lui offrit d'organiser un bazar de charité chez elle le 27 mars 1835. Le bazar rapporta une somme de 35 louis qui furent versés pour le soutien des vingt protégées de madame Gamelin. Un autre bazar eut lieu en juillet 1837 à la résidence même de madame Gamelin située près de l'église Saint-Jacques. Malgré les troubles politiques survenus dans la région de Montréal, l'œuvre de madame Gamelin obtint le support financier nécessaire. À force de sacrifices et d'industrie, la directrice du refuge réussit à soustraire plusieurs femmes âgées à la misère la plus totale.

Après une interruption de deux ans, les membres de l'Association anonyme organisèrent un bazar de charité à l'occasion du sacre du nouvel évêque de Montréal, Mgr Bourget, le 27 août 1840. En 1842, il y eut quatre bazars. La reconnaissance civile et religieuse de l'Asile de la Providence incita des personnes en vue à collaborer à leur préparation qui dura six mois. Les profits réalisés devaient servir à la construction de l'Asile.

Ces bazars organisés par les Dames de la Charité au profit de l'Asile de la Providence pour les femmes âgées et infirmes se répétèrent presque annuellement. De 1845 à 1871, ils rapportèrent 11 661 $ [18], soit une moyenne annuelle de 555 $.

Outre la participation à la visite des pauvres à domicile, les Dames de la Charité fondées par les Sulpiciens furent, de leur côté, de précieuses collaboratrices pour les institutions appartenant aux Sœurs Grises. Elles aidaient de préférence les institutions qui éprouvaient des difficultés à survivre financièrement, tels l'Hospice Saint-Joseph, l'Orphelinat Saint-Patrice et l'Asile Nazareth. Nous ne parlerons que de l'Hospice Saint-Joseph, la seule institution pour laquelle il existe des documents sur leur rôle.

La formation des Dames de la Charité par les Sulpiciens coïncida presque avec la fondation de l'Hospice Saint-Joseph par monsieur Olivier Berthelet. C'est le chapelain de l'institution, M. Jean-Baptiste-Étienne Gottefrey qui organisa l'association. M. Louis Mussart en prit la direction. La première présidente fut mademoiselle Thérèse Berthelet, sœur du fondateur. L'élite de la société montréalaise se joignit aux Dames de la Charité de l'Hospice Saint-Joseph afin de soutenir l'établissement:

[…] la dame du juge Drummond, qui ne manquait jamais de se rendre aux assemblées au jour et à l'heure marqués, malgré la distance et l'intempérie de la saison, elle était pour les autres un modèle d'assiduité. Dame Narcisse

Valois dont le nom revient souvent dans les annales de cette maison, qui ne fut jamais surpassée en dévouement et en générosité. Puis les Dames Racine, Léandre et Charles Brault, L. Renaud, P. Beaubien, Leblanc, Prud'homme, etc., vrais modèles de mères chrétiennes, comprenant les devoirs si importants et si consolants de la charité envers les malheureux [19].

Elles se réunissaient tous les premiers mercredis du mois, sous la présidence de M. Mussart. À cette occasion, elles offraient en aumône un travail qu'elles avaient exécuté. La quête faisait partie du rituel des réunions. Les dons recueillis étaient distribués aux orphelins à la charge de l'institution.

Lors de la cession de l'Hospice Saint-Joseph aux Sœurs Grises en 1854, celles-ci trouvèrent la maison dans un état de désorganisation et de misère extrêmes. L'administration, assumée par les laïques, avait été grandement négligée. Connaissant la générosité des Dames de la Charité, les Sœurs Grises demandèrent et obtinrent leur appui matériel constant. L'établissement retrouva une certaine aisance.

Outre les dons effectués régulièrement, les Dames de la Charité établirent la tradition des bazars de charité annuels. La chronique de l'Hospice Saint-Joseph contient de précieuses indications sur le sujet. Leur premier bazar se déroula le 29 avril 1854 et rapporta 398,50 $. Les organisatrices en éprouvèrent une grande satisfaction, d'autant plus que des conditions défavorables de temps et de lieu avaient laissé entrevoir un échec [20].

Bien que l'on ne sache pas toujours exactement les revenus procurés par les bazars, on peut sans doute retenir pour représentatif le cas de la période écoulée entre le 14 janvier 1854 et le 1er mars 1856 où, sur un financement total de l'Hospice de l'ordre de 11 500 $, treize pour cent provenait des «ouvrages et bazars faits dans la maison [21]».

La tradition des bazars organisés par les Dames de la Charité œuvrant avec les Sœurs Grises à l'Hospice Saint-Joseph connut des interruptions en 1855, en 1857, en 1858, en 1861 et de 1863 à 1865, pour finalement cesser en 1867. La chronique de la maison n'en mentionne en tout cas aucun entre 1868 et 1871. Au cours du Chapitre général de 1868, il fut décidé que les bazars seraient tolérés pendant quelque temps encore, mais seulement dans les maisons incapables de subsister autrement. Ils pouvaient toutefois se dérouler hors des institutions, sans la participation des sœurs pendant les heures d'ouverture [22]. Ce règlement mit fin, semble-t-il, à cette initiative des Dames de la Charité de l'Hospice Saint-Joseph.

LA SOCIÉTÉ DE SAINT-VINCENT-DE-PAUL

Des événements tragiques marquèrent les dernières années de la décennie 1840. À la fin de 1847, l'épidémie de typhus régressant, Mgr Bourget amorça les démarches préliminaires auprès de la Société de Saint-Vincent-de-Paul (fondée à Paris en 1833 par Frédéric Ozanam) en vue de l'implanter à Montréal. L'épidémie toujours présente l'obligea à repousser l'exécution de ce projet jusqu'au printemps suivant. La première réunion se déroula à l'évêché le 19 mars 1848 sous la présidence de Mgr Bourget. Les membres élirent un conseil d'administration dont l'exécutif était composé des personnes suivantes: président, Hubert Paré; vice-présidents, Pierre Charlebois et Olivier Pichette; secrétaire, Eucher Dupont; trésorier, Joseph Robillard; gardien du vestiaire, Amable Jodoin. Quelques jours plus tard, Hubert Paré rédigea un rapport à l'intention du Conseil général international, dont voici un passage significatif:

> Nous nous sommes mis à l'œuvre au commencement de l'hyver, qui nous a amené toutes sortes de souffrances, surtout à la suite de la terrible épidémie, qui a régné aux portes de cette ville, jusqu'à ces dernières semaines, que la maladie a tout à fait disparu. Ce n'a été d'abord que par manière d'essai, et pour nous assurer par notre propre expérience que le Dieu de charité, qui vous comble de tant de bénédictions en Europe, daignerait avoir pour agréable notre entreprise dans un pays lointain que nous habitons. Nous nous sommes mis à l'œuvre au nombre de trente-six seulement, et nous avons commencé sous les auspices de Saint-Vincent-de-Paul à visiter les pauvres à domicile. Dieu a béni d'une manière frappante, notre petite entreprise: car nous avons pu secourir abondamment 81 familles, formant en tout 384 personnes. Ce succès inattendu nous a enfin déterminés à former à Montréal une conférence de la Société de Saint-Vincent-de-Paul [23].

Cette lettre contient la demande d'agrégation du Conseil particulier de Montréal au Conseil général. Elle fut accordée et

Frédéric Ozanam (1813-1853) fondateur de la Société de Saint-Vincent-de-Paul. Cherchant comment être un véritable catholique, il conclut: «Ne parlons pas tant de charité... faisons-la plutôt, et secourons les pauvres.» (A.S.S.V.P.M.)

la Société montréalaise adopta les Règlements approuvés par l'archevêque de Paris en 1845, réédités à Québec en 1847. Les objectifs de la Société se résument ainsi: l'émulation à la pratique de la vertu; la visite des pauvres à domicile et la distribution de secours en nature accompagnés d'incitations à vivre selon les préceptes de la religion catholique; l'instruction élémentaire des enfants pauvres, même de ceux qui sont prisonniers; la promotion de la littérature religieuse et morale; enfin, on laissait la liberté aux membres de prendre des initiatives charitables en fonction des ressources de la Société et des besoins du milieu [24].

La population montréalaise fut éprouvée de nouveau par une épidémie de choléra en 1849. À cette affliction s'ajouta une sévère crise économique. La migration croissante des familles rurales démunies vers Montréal vint augmenter le nombre des chômeurs et par conséquent des miséreux.

On peut observer un certain écart entre les Règlements et leur mise en pratique par le Conseil particulier de Montréal. Des circonstances tragiques incitèrent les dirigeants du Conseil à s'engager dans l'action au point de négliger certains objectifs de la Société. La réflexion et l'entraide dans la pratique de la vertu passèrent au second plan; le Conseil particulier privilégia les services de dépannage aux pauvres contrairement à la consigne du Règlement. En outre, il fit directement ses rapports annuels à Paris, de 1850 à 1853, omettant d'en faire part au Conseil provincial de Québec. Ce dernier s'inquiéta au point de mandater M. George M. Muïr pour examiner le fonctionnement du Conseil particulier de Montréal. L'enquêteur rédigea un rapport détaillé de la situation et en expédia un exemplaire à Paris [25]. Par la suite, avec l'accroissement du nombre des conférences et leur structuration, on essaya de se conformer davantage aux objectifs de la Société.

Pour saisir l'ampleur du rôle de la Société de Saint-Vincent-de-Paul à Montréal, il importe de connaître le développement des conférences. À l'origine, il n'y avait que la conférence Saint-Jacques pour répondre aux demandes des indigents de toute la paroisse. Lors de l'assemblée du 23 juillet 1848, on décida de subdiviser le territoire en quatre conférences: Saint-Jacques, Notre-Dame (nommée aussi conférence de la Ville), Sainte-Marie et Saint-Joseph. Les limites de la conférence Saint-Jacques étaient le faubourg Saint-Laurent et une partie du quartier Saint-Louis jusqu'aux limites du faubourg Québec [26]. On ne précise pas le territoire desservi par la conférence Notre-Dame. La conférence Sainte-Marie s'étendait au nord du faubourg Québec et à l'est du faubourg Saint-Laurent. La conférence Saint-Joseph située dans l'ouest de la ville couvrait le territoire des faubourgs Saint-Antoine et Saint-Joseph.

Le 21 juillet 1850, les membres de la conférence Saint-Jacques demandèrent et obtinrent l'autorisation de se subdiviser pour former la conférence Saint-Laurent. La même année, la conférence Saint-Pierre fut créée à même la conférence Sainte-Marie. La scission des deux conférences fut annoncée lors de l'assemblée générale du 4 avril 1852. La croissance démographique des faubourgs suscita en 1853 la formation de la conférence Saint-Antoine dans l'ouest. L'origine de la conférence Saint-Michel est chaotique. Elle fut formée pour la première fois en 1850 et dissoute l'année suivante pour réapparaître sur une base plus solide en 1856. La même année, à la demande des membres de la conférence Sainte-Marie, le territoire fut subdivisé pour former la conférence Saint-Jean-Baptiste, située au sud-ouest de la rue Saint-Hubert et au nord-est de la rue Wolfe. La formation de nouvelles conférences accompagne la construction des chapelles ou églises, requises par la population des faubourgs de la ville. On l'a vu, les Sulpiciens, maîtres de l'unique paroisse, s'en chargeaient. Les limites en avaient été fixées en 1722. C'est à la demande de la population des Tanneries des Rolland que fut érigée la conférence Saint-Henri le 1er mai 1859. Une dernière conférence fut établie au cours de la période qui nous intéresse ici, il s'agit de la conférence Sainte-Brigitte située dans le quartier Sainte-Marie. Elle fut acceptée à l'essai en 1868; ses fondateurs déployèrent tant de zèle qu'elle fut affiliée à la Société de Saint-Vincent-de-Paul par la suite. On sait que l'agrégation officielle des conférences se faisait au Conseil général international de Paris. Un certificat témoignait de leur acceptation.

La multiplication des conférences témoigne de l'intérêt des Montréalais pour l'esprit de Frédéric Ozanam. La subdivision des conférences démontre la volonté des membres de secourir efficacement les indigents. En principe, chaque conférence devait s'autofinancer. Le Conseil particulier de Montréal n'intervenait que sur demande expresse des présidents de conférences. Occasionnellement, il distribuait des sommes d'argent à toutes les conférences après une activité de financement très rentable.

Selon les projets de Mgr Bourget, la Société de Saint-Vincent-de-Paul devait s'étendre à tout le diocèse de Montréal. Ovide Leblanc, président du Conseil particulier de 1848 à 1860, se ralliait à cette idée [27]. Dès le mois de février 1849, la conférence de la paroisse de Saint-Vincent-de-Paul (Île Jésus) demandait à être agrégée au Conseil de Montréal. D'autres paroisses suivirent cet exemple: celle de Laprairie la même année; celles de Longueuil et de Lachine en 1864. Plus tard on ajouta un nouveau rôle aux conférences des campagnes, celui de la réinsertion sociale des prisonniers ayant manifesté de bonnes dispositions.

La multiplication des conférences de la Société témoigne de sa popularité et de son utilité. Son action s'est principalement orientée vers l'assistance aux pauvres à domicile. Ses membres se recrutaient dans toutes les couches de la société. Du mois de mars au mois de décembre 1848 on avait recruté 381 membres. Le président, Ovide Leblanc, se déclarait satisfait du travail accompli:

> Je ne saurais terminer sans me faire l'honneur d'informer le conseil Général de l'esprit de charité ardente dont les conférences de Montréal sont remplies, et du zèle exemplaire et soutenu avec lequel elles se livrent aux bonnes œuvres. Animés par de semblables dispositions, il est facile de concevoir la providence, on me permettra ce mot, que ces conférences sont aux pauvres; providence d'autant plus opportune et nécessaire pour eux, que leur nombre est plus grand et leur misère plus extrême dans ces temps-ci surtout que le Canada subit les épreuves de l'adversité dans son commerce, son industrie et autres sources de prospérité; providence encore d'autant plus généreuse et libérale dans les conférences que leurs membres et les personnes charitables qui contribuent à leurs fonds se ressentent beaucoup eux-mêmes des malheureux effets de cette adversité [28].

En 1854, la Société comptait cinq cent quatre-vingt-deux membres, nombre appréciable compte tenu de la multiplication des associations bénévoles à cette époque; en 1871, elle en comptait 1097 [29]. La conférence Sainte-Marie avait, en 1854, le plus grand nombre de membres actifs, soit cent quarante-quatre. Vient ensuite la conférence Saint-Pierre qui en comptait cent vingt-six. Ces deux conférences continuèrent à recruter le nombre le plus élevé des membres.

La Société comptait des membres actifs et des membres honoraires; ceux-ci «aident les premiers de leurs démarches et de leur influence; ils remplacent, par leurs offrandes et par leurs prières, la coopération réelle à laquelle ils sont forcés de renoncer [30]».

De 1853 à 1862, la conférence Notre-Dame comprenait autant de membres honoraires que de membres actifs. Ce facteur fut déterminant quant à l'orientation de la conférence. À une époque où les cotisations des membres étaient modestes, les conférences déployaient beaucoup d'énergie pour renflouer la caisse. La générosité des membres honoraires était indispensable. Ce caractère particulier de la conférence Notre-Dame n'est sans doute pas étranger aux initiatives qui y furent entreprises, notamment le soutien aux institutions spécialisées dans la réhabilitation morale et sociale. De 1860 à 1871, la conférence Sainte-Marie comptait une moyenne de vingt-cinq membres soutenant l'Asile Saint-Vincent-de-Paul dirigé par les Sœurs de la Providence. Pour l'ensemble de la Société, la moyenne annuelle dépasse les sept cents membres.

Les laïcs généreux engagés dans la Société de Saint-Vincent-de-Paul jouèrent un rôle de premier plan dans la réforme du service aux pauvres amorcée par Mgr Bourget en 1841.

Le 19 mars 1848, l'association comptait trente personnes. De ces membres du noyau initial de la Société, treize exerçaient un métier relié au commerce (incluant un «bourgeois» dont la nature de la fortune n'est pas précisée), et dix des métiers variés (maçons, menuisiers, etc.), la profession des sept autres personnes est indéterminée [31]. Après avoir fait le bilan des activités de la première saison de fonctionnement, les membres fondateurs de la Société de Saint-Vincent-de-Paul entreprirent une campagne de recrutement. Sans doute impressionnés par les réalisations des pionniers, plusieurs notables de la ville joignirent les rangs de la Société. Parmi eux, mentionnons un avocat et politicien bien connu, Denis-Benjamin Viger, et d'autres personnes en vue de la ville:

> Les messieurs suivants ont été proposés par M. Coffin; M.M. Paul-Joseph Lacroix, [illisible], M. Olivier Berthelet, Mr. Antoine Gagnon, Olivier Perreault avocat, Alexandre Delisle, [illisible], Norbert Dumas avocat, Félix Gotyrt, Pierre Moreau avocat, Charles Leblanc avocat, Alfred Larocque, négoc., Jos Amable Berthelot avocat, André Ouimet avocat, Pierre Chartrand menuisier, Romuald Trudeau apothicaire, Narcisse Valois commerçant, ont été aussitôt admis à cette séance, aussi ont été admis à cette séance les messieurs suivants propo-

sés par M. O.B. Peltier savoir Mess. Côme Séraphin Cherrier, Jean Bruneau et Jacques Viger[32].

La présidence du Conseil particulier fut confiée au notaire Ovide Leblanc qui occupa cette fonction de 1848 à 1860. Il livra aux membres sa conception du rôle de la Société dans une allocution prononcée le 25 novembre 1848. Deux objectifs principaux ressortent de son exposé: le désir d'opérer un changement de mentalité chez la bourgeoisie et la nécessité de promouvoir une plus grande justice sociale. Il s'adressa aux présidents des quatre conférences déjà formées afin de dénoncer les abus commis par la bourgeoisie et d'inciter les membres à promouvoir la conception chrétienne des rapports qui devraient exister entre les différentes couches sociales de la population.

Avant de songer à établir un réseau de distribution de secours aux pauvres, le nouveau président préconisait un changement de mentalité chez les gens fortunés qui devaient mettre un terme aux pratiques malhonnêtes: «Les infidélités dans les engagements, les fraudes dans le commerce, les injustices dans les procès, les usures dans les prêts, la mauvaise foi dans les affaires[33]...» Ces propos ne suscitèrent pas la désaffection des bourgeois déjà membres de la Société qui, au contraire, persuadèrent leurs amis de se joindre à eux soit comme membres actifs, soit comme membres honoraires. La croissance des effectifs de la Société en témoigne.

Les bourgeois bienveillants de la ville assumaient le leadership de la Société à l'intérieur des conseils d'administration des diverses conférences établies à Montréal. Toutefois, le fonctionnement de l'organisme aurait été impossible sans la participation des ouvriers. Parmi les membres, il y avait des artisans reliés au travail du bois, à la production d'aliments, etc., et aussi des personnes au métier non défini, sans doute des journaliers. Ces travailleurs composaient plus de la moitié des membres de la Société lors de sa fondation.

Certains ouvriers très actifs dans l'association étaient illettrés. Cette situation créait certaines difficultés d'ordre administratif pour les conférences[34]. Mais, la présence d'ouvriers dans la Société avait aussi des aspects positifs influant sur la qualité des relations humaines entre les visiteurs des pauvres et les personnes secourues. Le désintéressement des membres de la Société donnait une chaleur particulière aux visites à domicile. Seule la compassion à l'égard des indigents explique l'engage-

Raphaël Bellemare, avocat, président du Conseil particulier de la Société de Saint-Vincent-de-Paul de Montréal de 1860 à 1904. (A.S.S.V.P.M.)

ment social des ouvriers. Toutefois, leur peu de ressources financières avait des conséquences déplorables sur les quêtes lors des assemblées.

Selon les commentaires de Raphaël Bellemare, président de la Société après 1860, la participation des ouvriers ne semble pas avoir diminué au cours de son mandat, bien au contraire. Le nouveau président cessa d'encourager les institutions de charité dont la situation financière s'était améliorée, tandis que celle de la Société n'était guère reluisante: «Notre société, composée comme elle est en général, d'hommes de peu de fortunes et de peu de loisirs, pourrait difficilement se charger de ces œuvres spéciales [35].»

Après avoir participé à plusieurs initiatives, la Société de Saint-Vincent-de-Paul a dû se retirer de certains champs d'action, faute de membres et de moyens. Au cours des années 1860, en même temps qu'une ère de prospérité relative, des associations de prévoyance et même certaines formes rudimentaires d'assurance-vie ou d'assurance-maladie s'implantèrent à Montréal [36].

À différentes reprises, on mentionne le peu d'aisance d'une partie des membres actifs de la Société. Plusieurs des bénévoles qui œuvraient dans la Société de Saint-Vincent-de-Paul ne disposaient que de peu de loisirs pour assister les pauvres. Plusieurs ouvriers possédaient une faible marge de sécurité financière, le chômage ou l'endettement risquaient de les faire passer du côté des indigents.

En juin 1867, le président Bellemare rapporte qu'un nombre considérable de personnes illettrées désiraient se joindre à la conférence Saint-Louis [37]. Pour assurer le bon fonctionnement, il fallait toutefois équilibrer les équipes. Une trop grande proportion de personnes sans instruction dans une même conférence risquait de paralyser son fonctionnement. Une semblable remarque fut adressée à nouveau au Conseil provincial, le 25 juin 1869:

> À mon sens, il y a déjà trop de conférences dont le personnel n'est pas suffisamment éclairé pour être susceptible de se bien pénétrer du véritable esprit de la Société de St-Vincent-de-Paul. Il y a peu d'hommes instruits malheureusement qui font partie de nos conférences. Peut-être est-ce aussi bon, car nos œuvres se font ainsi machinalement comme par providence, et n'ont pas du tout le caractère des affaires mercantiles [38].

À la fin des années 1860, le Conseil particulier fit diverses tentatives pour intéresser les jeunes gens instruits tels les élèves du Collège Sainte-Marie dirigé par les pères Jésuites. On tenta en vain de recruter des membres dans le milieu de l'Union catholique, fondée justement par les Jésuites, et qui regroupait des jeunes. Le Conseil supérieur du Canada adressa un questionnaire aux conférences, dans lequel il s'interrogeait sur la place des jeunes dans la Société. Voici la réponse du président du Conseil particulier de Montréal:

> Cherche-t-on à recruter de jeunes gens? Y parvient-on? Quels moyens prend-on pour les attirer dans les conférences et pour les y retenir? On a des jeunes gens dans presque toutes les conférences. Ils ne sont pas nombreux, parce que, dans ce pays-ci, il y a très peu de jeunes gens de fortune. Ceux qui disposent de quelques ressources sont invités à concourir à nos œuvres [39].

Cette réponse ne laisse pas de doute sur l'appartenance sociale des membres de la Société. Il apparaît clairement que les ouvriers peu ou pas instruits étaient majoritaires. Bref, elle était à l'image du milieu où elle évoluait, qui n'avait rien de commun avec celui des jeunes universitaires bourgeois de Paris. Par contre, les réunions des conférences de Montréal étaient moins formelles, empreintes de chaleur humaine et de solidarité avec les pauvres.

Les principes vincentiens connurent en outre une application originale à Montréal. L'analyse rigoureuse de l'implication sociale du Conseil particulier et des conférences de la Société a permis de mettre à jour un ensemble de services offerts à la population indigente. Deux grandes catégories se dégagent de l'ensemble de leurs activités, les services directs et les services indirects.

Les activités régulières de la Société étaient prévues au Règlement ou devenues nécessaires en raison des besoins particuliers du milieu. Elles comprennent la visite des pauvres à domicile, les Dépôts des pauvres et l'Œuvre de la soupe, sur lesquels nous reviendrons. La majeure partie du budget de la Société était engagée dans ce type d'activités, absorbant aussi la plus large part du temps des bénévoles.

Des milliers de pauvres anonymes bénéficièrent des largesses de la Société de Saint-Vincent-de-Paul. La plupart du temps, les rapports de conférences se limitaient à des compilations numériques. Toutefois, chaque année, des cas particuliers étaient soumis au Conseil, en moyenne sept par assemblée. Signalons en premier lieu que les requêtes étaient généralement réparties également entre les hommes et les femmes. Parmi ces dernières, il y avait surtout des femmes chargées de responsabilités familiales. Certaines demandes provenaient de «pauvres honteux» pour lesquels la Société de Saint-Vincent-de-Paul était un recours ultime. Parmi les demandes, on remarque une requête en faveur du placement de quatre idiots à l'Asile de Beauport. Quelques femmes demandèrent une subvention pour les frais de transport aux États-Unis, sans doute afin d'y trouver du travail ou de rejoindre des parents. Le cas inverse s'est aussi présenté. D'autres frais de transport furent alloués pour permettre à un homme de rejoindre sa famille établie dans une concession éloignée. Parmi les indigents secourus, on mentionne le cas de quelques femmes protestantes. Une des principales caracté-

ristiques des cas particuliers réside dans la demande d'aide en
espèces qui était une exception à la règle, les secours étant habituellement accordés en nature.

Parmi le cortège de misères, il y avait celles de bon nombre
de jeunes orphelins accueillis en milieu institutionnel. Lorsqu'ils
avaient atteint l'âge de songer à leur avenir, la question de leur
formation professionnelle se posait. La main-d'œuvre non spé-
cialisée étant à cette époque surabondante, il était important
pour eux d'acquérir un métier. La plupart du temps, les adolescents désireux d'apprendre un métier étaient placés en apprentissage: tel fut le cas d'une jeune fille confiée à monsieur Cyr
(éditeur de la revue *Le Semeur*) afin d'y recevoir une formation,
sans doute de typographe. Certaines conférences de la Société
œuvrèrent dans ce genre d'assistance, telles les conférences
Saint-Joseph et Saint-Henri. La contribution des disciples
d'Ozanam consistait à trouver un lieu d'apprentissage convenable et à vêtir leurs protégés. De tels cas sont mentionnés surtout
en 1858 et en 1862. Parmi les métiers accessibles aux orphelins,
mentionnons ceux de l'agriculture. Le procès-verbal du Conseil
particulier du 6 octobre 1850 signale les démarches répétées en
vue de placer des orphelins chez de «bons habitants». L'aumônier, M. Villeneuve, s'intéressait aussi à la question, il est probable qu'il en engagea sur les fermes du Séminaire. L'orientation des orphelins dépendait naturellement de leurs goûts et
aptitudes. Ainsi, on rapporte le 16 mars 1862 que la conférence
Notre-Dame plaça un jeune garçon à l'École normale Jacques-
Cartier, et un autre à l'Asile Saint-Antoine.

La fin des années 1840 et le début des années 1850 furent
marqués par des épreuves collectives bouleversantes. Après des
épidémies successives, survinrent des incendies importants. Un
sentiment de compassion s'installa chez les membres de la
Société réunis pour établir un mode d'action approprié aux circonstances. Les présidents des cinq conférences furent mandatés
pour recueillir des fonds dans leur quartier respectif. Les dons en
espèce et en nature affluèrent de toutes parts. Le 26 juin 1850, les
Dames de la Congrégation firent don de cent pains au Comité
des incendiés[40]. Ce Comité entreprit des démarches en vue
d'obtenir le fruit de la quête de la Saint-Jean-Baptiste pour les
incendiés. Par ailleurs, on mit fin aux collectes à domicile. Lors
de la séance du 26 juin 1850, M. Benoît donna un compte rendu
du nombre des familles secourues, soit vingt-deux familles cana-

Une rue du Griffintown, lors d'une inondation à Montréal. (*Le Monde illustré*, 30 avril 1897)

diennes. Messieurs Connelly et Dowd, aumôniers des pauvres irlandais, secoururent quatre-vingts familles dans le besoin[41]. Les dons consistaient en nourriture, vêtements, combustible, ameublement et même en outils destinés aux artisans victimes de l'incendie.

L'incendie de 1852 fut terrible. Aussi, les membres de la Société de Saint-Vincent-de-Paul intervinrent encore une fois. Ils furent les initiateurs et les coordonnateurs des secours d'urgence. Il fut décidé de recueillir des fonds au moyen de quêtes à domicile et dans les églises. Dès le 11 juillet suivant, on résolut d'avoir recours aux Sœurs Grises et aux Sœurs de la Providence qui connaissaient déjà les quartiers touchés par l'incendie. Les Sœurs visitatrices étaient aptes à distribuer les vivres avec discernement. Lors de la réunion du Conseil particulier du 1er août 1852, on résolut de faire des démarches auprès des autorités des chemins de fer et des bateaux à vapeur afin d'obtenir le transport gratuit des dons provenant de la province, destinés aux sinistrés. À une époque où les communications étaient difficiles, cet arrangement facilita la tâche des personnes désireuses d'aider les victimes de l'incendie.

Les caprices du fleuve étaient à l'origine de catastrophes

périodiques, tragiques en particulier pour la population des basses terres. Certaines années, la crue des eaux et la durée de l'embâcle furent exceptionnelles. C'est dans ces circonstances que la Société de Saint-Vincent-de-Paul est intervenue pour soulager les familles sinistrées. On note dans le procès-verbal du 10 avril 1865 que la Société a distribué dix-huit cordes de bois, cent huit pains et soixante-cinq livres de beurre valant en tout 108,50 $ [42]. Une partie de la somme avancée par la Société lui fut remboursée par la municipalité.

En ce qui concerne maintenant les services indirects, leurs ressources étant limitées, les membres de la Société privilégiaient certains champs d'action. Ainsi, ils supportèrent certaines œuvres des Sœurs Grises et des Sœurs de la Providence. À ce propos, signalons celles des dispensaires ouverts au début des années 1860. Le président Bellemare s'exprimait ainsi le 7 avril 1865 :

> Nous avons acquis la conviction que c'est une excellente œuvre, peut-être le meilleur secours matériel qu'on puisse offrir aux pauvres, la santé étant le premier et le plus cher de tous les biens. De son côté, la société y gagne considérablement, car des pauvres qui languiraient des mois et peut-être des années, à la charge des conférences, sans le secours de la médecine sont rétablis au bout de quelques jours ou de quelques semaines, remis en état de reprendre leurs travaux [43].

À l'époque où l'État n'avait pas encore pris en charge la santé, les communautés religieuses féminines aidées par le Séminaire de Saint-Sulpice et par la Société de Saint-Vincent-de-Paul reconnurent le droit à la santé et en assumèrent le coût en ouvrant ces dispensaires gratuits pour les pauvres.

Parmi les services indirects de la Société, mentionnons la régénération morale et sociale des indigents. Dès 1842, Mgr Bourget lança une offensive contre une des plaies sociales de l'époque, l'alcoolisme, cause de la pauvreté dans bien des cas. Certains alcooliques pauvres se virent refuser l'aide de la Société aussi longtemps qu'ils s'obstinèrent dans leurs habitudes. D'autres finirent par se laisser persuader de devenir abstinents afin d'être admissibles à l'assistance de la Société. Ils s'inscrivirent à la Société de Tempérance. Lors des délibérations du Conseil particulier du 19 mars 1848, il fut décidé d'accorder l'aide en priorité aux membres de cette société. Quatre-vingt-quatre familles composées de six cents personnes étaient secourues à la fin du mois de mars [44].

Persuadés de l'importance de la réhabilitation des prisonniers, les membres de la Société jouèrent un rôle important dans la réforme des conditions de détention. Un manque de réglementation dans ce milieu contribuait à la détérioration morale des détenus. Le Conseil particulier s'appliqua à faire valoir le besoin de réforme dans les prisons, tout spécialement de 1848 à 1862. La Société se préoccupa aussi de la réinsertion sociale des ex-détenus. Cet intérêt n'apparaît pas dans les procès-verbaux de 1862 à 1867. Cela s'explique probablement par l'intégration de cette préoccupation aux habitudes de la Société. L'arrivée à Montréal des Frères de la Charité, administrateurs de l'Asile Saint-Vincent-de-Paul, fit renaître l'intérêt pour les jeunes délinquants. Toutefois, le président Bellemare affirmait, en 1868, que la Société devait se limiter à appuyer moralement cette œuvre de charité. Pour diverses raisons, cet appui symbolique se transforma en appui concret en 1869; un comité spécial de la Société fut mandaté pour financer l'institution des Frères de la Charité. Les démarches de ce comité se soldèrent par l'accréditation de l'institution par le gouvernement en 1870, lui assurant ainsi un soutien financier à long terme.

Dès 1849, le Conseil particulier de la Société commença à encourager les Sœurs du Bon-Pasteur d'Angers fondées en France pour aider les femmes sorties de prison. Un appui financier régulier leur fut accordé jusqu'à 1861. L'Asile de Sainte-Thaïs (nommée aussi Asile de mademoiselle Bissonnette ou Asile de la Magdeleine) destiné aux filles irlandaises sorties de prison fut soutenu par la Société de 1840 à 1861. La Maternité Sainte-Pélagie dirigée par les Sœurs de la Miséricorde bénéficia également de la sollicitude de la Société de Saint-Vincent-de-Paul. L'institution se spécialisa dans l'accueil des filles mères et des femmes indigentes prêtes à accoucher. L'établissement avait deux objectifs principaux: la réhabilitation des femmes et la prévention des infanticides.

Le financement

Pour ce qui est du financement de ses œuvres, les Règlements de la Société ne précisent pas les moyens de recueillir les fonds nécessaires. La première mention de collaboration de journaux

apparaît dans le procès-verbal du Conseil particulier du 6 octobre 1850. Il s'agit d'une annonce de bazar de charité parue dans
le journal *The True Witness*. Les imprimeurs Perrault et Duvernay se sont chargés de publier gratuitement des circulaires faisant la promotion des bazars de charité. *Le Courrier du Canada* et le
journal *L'Ordre* collaboraient également au soutien des œuvres
de la Société. La publicité dans les journaux n'atteignait pas
toute la population vu le taux élevé d'analphabètes. Le prône
dominical rejoignait à peu près tout l'auditoire susceptible d'appuyer la Société de Saint-Vincent-de-Paul. Il y avait aussi la
publicité faite de bouche à oreille surtout à partir des magasins
généraux de la ville. Un grand nombre de dames encourageaient
aussi la tenue de bazars.

Malheureusement, il n'existe pas de rapports systémati-
ques sur la provenance des fonds de la Société pour les premières
années. Selon toute probabilité, les sources de financement
n'ont pas tellement changé. Les statistiques officielles ne mentionnent pas les dons en nature, sauf pour le bois dont la valeur
est quelquefois notée dans le budget des conférences. En somme,
les chiffres connus sont bien en deçà de la réalité des secours distribués aux pauvres; il en est de même pour l'Œuvre de la
soupe. Ils permettent tout de même de dégager l'ordre de grandeur des rubriques qui composent le revenu, soit une moyenne
annuelle de 492 $ de 1862 à 1871 [45]. La principale source de
fonds provient de la quête dans les églises, totalisant une
moyenne annuelle de 241 $. Ce mode de perception des aumô-
nes fut inauguré en 1848. Les quêtes étaient précédées de ser-
mons appropriés aux circonstances. Les autorités ecclésiastiques, l'évêque ou le curé de la paroisse, en cédaient le produit à
la Société de Saint-Vincent-de-Paul. Les collectes se faisaient à
Noël, aux fêtes de saint Vincent de Paul, de l'Immaculée Conception et quelques fois de saint Jean-Baptiste. La quête de la
neuvaine à saint François-Xavier rapportait annuellement une
moyenne de 74 $. À ces dates retenues traditionnellement
s'ajoutaient des collectes spéciales justifiées par un surcroît de
misère. M. Villeneuve suivait de près l'évolution de la Société, à
titre d'aumônier et de représentant du Séminaire de Saint-
Sulpice. Quelques autres Sulpiciens, notamment le supérieur et
le curé, assistaient aux assemblées générales de l'association. De
plus, des troncs furent placés à l'église paroissiale et à l'église
dite des Récollets dès 1848. Ce procédé permit d'ajouter une

moyenne annuelle de 37 $ aux fonds de la Société de 1862 à 1871.

Les autres sources de revenu, tels les dons particuliers et les quêtes aux assemblées, représentaient une somme minime par rapport à l'ensemble des recettes du Conseil particulier de Montréal. Dès 1849, la Société fit appel à la Société Saint-Jean-Baptiste pour obtenir des fonds.

Mentionnons toutefois que la Société de Saint-Vincent-de-Paul payait des intérêts sur l'argent emprunté. Le président Bellemare acquitta entièrement la dette en 1861. L'année suivante, la Société Saint-Jean-Baptiste mit un terme à sa collaboration avec la Saint-Vincent-de-Paul par une dernière offrande. À l'occasion du deuxième jubilé promulgué par le pape en 1852 en vue de la proclamation du dogme de l'Immaculée Conception, Mgr Bourget profita de l'occasion pour augmenter un peu les revenus de la Société, grâce à l'aumône du «Sol ou Sou par semaine», demandée à tous les paroissiens. Des troncs spéciaux furent placés dans les églises pour recueillir cette offrande.

Le Conseil particulier de la Société de Saint-Vincent-de-Paul est une structure de coordination de l'ensemble des conférences. Chacune devait s'autosuffire dans une large mesure. Le relevé du financement des conférences pour les années 1862 à 1871 révèle que les sources de financement sont différentes de celles du Conseil particulier. Les statistiques relatives au financement sont partielles puisque certaines années, une ou deux conférences négligeaient de faire rapport. Des données que nous avons recueillies [46], il résulte que les fonds de la Société, qui atteignent une moyenne annuelle de 3541 $, provenaient, d'abord, des quêtes aux séances (1192 $ en moyenne). Nous avons calculé que les effectifs annuels moyens de la Société étaient de mille douze membres de 1862 à 1871, ce qui établit leur contribution moyenne annuelle à 1,29 $.

Les activités lucratives organisées par les bénévoles, tels les loteries, ventes, concerts et bazars de charité, constituaient une source appréciable de revenus, avec une moyenne annuelle de 787 $. Ces activités mobilisèrent beaucoup d'énergie tant à l'intérieur qu'à l'extérieur de la Société. Pour certaines conférences, les bazars de charité constituaient une source de revenu fondamentale. Leur interruption découragea les membres de la conférence Saint-Joseph qui suspendirent leurs activités au cours de l'année 1867. La coutume des initiatives lucratives fut rétablie progressivement au cours de l'année 1868.

Le total des recettes des conférences s'éleva à 36 430 $ comparativement à 5038 $ recueillis par le Conseil particulier. Si l'on songe qu'il y avait dix conférences, celles-ci avaient un budget s'élevant annuellement en moyenne à 364 $, comparé à 50 $ pour le Conseil particulier. La majeure partie du budget de ce dernier était employée à subventionner les conférences. Chacune recevait une somme correspondant à ses besoins (soit une moyenne annuelle totale de 320 $). Au chapitre des dons particuliers, les bienfaiteurs les plus importants offraient leurs souscriptions directement aux institutions comme ce fut le cas pour Olivier Berthelet. Le total des surplus de fonds à la fin de l'année s'élevait en moyenne à 262 $.

Les années 1860 furent marquées par un effort constant pour réunir des fonds en faveur des indigents. Ce trait est particulièrement remarquable en 1865 où le budget global annuel atteignait 4494 $. Par suite de l'interdiction d'organiser des bazars, concerts, etc., le revenu des conférences connut un fléchissement notable en 1867 avec un total de 2936 $. L'exercice de 1869 accuse un record avec un total de 4883 $.

Enfin, pour ce qui est des dépenses effectuées par les conférences et le Conseil particulier de la Société de Saint-Vincent-de-Paul de 1854 à 1871 (nous ne disposons pas de données pour les six années antérieures), elles s'élèvent à 68 223 $, soit une moyenne annuelle de 3790 $ [47]. Les fonds de la Société de Saint-Vincent-de-Paul étaient distribués principalement aux pauvres vivant hors des institutions. Les sommes versées annuellement varient peu d'une année à l'autre. Le budget le plus considérable est celui de 1856 (6612 $) où il y eut une recrudescence des demandes d'assistance; par ailleurs, on remarque une diminution des dépenses en 1870 (3781 $) et 1871 (2534 $), à cause de la baisse des familles secourues. Pour terminer, notons que les dépenses des conférences étaient généralement plus considérables que celles du Conseil particulier (au total 54 153 $ contre 14 080 $). Les fonds provenant de cette dernière instance servaient surtout à aider les conférences à combler leurs déficits.

UN PHILANTHROPE EXEMPLAIRE: OLIVIER BERTHELET

Sans pouvoir faire état ici de tous les laïcs engagés dans l'assistance aux pauvres, nous nous contenterons de retenir l'exemple

Antoine-Olivier Berthelet (1798-1872). Homme d'affaires
fortuné, il disposa largement de ses biens au profit des œuvres de charité. (Centre Émilie-Gamelin)

d'Olivier Berthelet (1798-1872), dont l'importante contribution
à la mise en place d'un réseau d'assistance aux pauvres illustre
un troisième volet du rôle que jouèrent les laïcs à cet égard.

Antoine Berthelet, né à Genève en 1676, émigra au
Canada, où il épousa Jeanne Chartier à Montréal le 26 août
1701. De leur union naquirent huit enfants dont François, né le
7 février 1703. C'était le grand-père d'Olivier Berthelet. François Berthelet épousa Jeanne Boullard en 1738, ils s'établirent à
Saint-Laurent (Montréal) où ils élevèrent sept enfants dont l'un
qui se nommait Pierre, né le 16 avril 1746, fut le père d'Olivier.
Il opta pour la médecine et pratiqua à Detroit. Il épousa en premières noces Françoise Meloche dont il eut un fils. Devenu veuf,
il revint au Canada et épousa Marguerite Viger de Boucherville

le 2 février 1779 [48]. Le couple eut six enfants dont Thérèse, née le 27 septembre 1783, et Olivier, né le 25 mai 1798. Thérèse et Olivier, partageant les mêmes aspirations, furent associés dans plusieurs œuvres de charité.

D'après le témoignage d'un contemporain, l'influence de son milieu familial fut déterminante dans la formation morale et sociale d'Olivier Berthelet [49]. Disposant d'une fortune de famille évaluée à 30 000 $, somme considérable à l'époque, il fut en mesure d'appliquer les principes de générosité reçus dans son enfance [50]. Tout comme ses contemporains de la bourgeoisie, tel Côme-Séraphin Cherrier, il fit ses études primaires et son cours classique chez les Sulpiciens, après quoi il se lança en affaires. Olivier Berthelet possédait les qualités pour réussir dans le commerce, à l'instar de John Donegani, d'Édouard-Raymond Fabre et de Joseph Masson. Avec ce dernier, il figure parmi les Canadiens français de l'époque qui ont fait fortune.

Son père, le docteur Pierre Berthelet, s'était livré au commerce des fourrures lorsqu'il résidait aux États-Unis. Devenu veuf, il rentra à Montréal où il investit des capitaux dans la spéculation foncière. Les Montréalais le surnommèrent «le Savoyard», «parce qu'il s'était fait une spécialité de louer des poêles lorsque les froids de l'automne étaient arrivés [51]». Après la mort de son père, survenue en 1830, Olivier Berthelet reprit son commerce. Rigoureux, clairvoyant en affaires, il investit une partie de son héritage dans le secteur immobilier et dans l'achat de terrains dans l'est de la ville et réalisa des gains considérables.

Autant Olivier Berthelet était estimé de la population, autant il était reconnu pour sa rigueur en affaires. Une lettre de Louis-Joseph Papineau datée du 22 septembre 1849 en témoigne. L'ex-chef des Patriotes de 1837 répondit à une lettre de menace de l'avocat Beaudry, adressée au nom d'Olivier Berthelet, le sommant de payer ce qu'il lui devait. L.-J. Papineau demanda un délai pour régler ses dettes, évoquant les services qu'il rendit à son père, Pierre Berthelet, ainsi que les anciennes et excellentes relations des deux familles. Louis-Joseph Papineau le priait d'être patient expliquant la situation délicate dans laquelle il se trouvait depuis son retour d'exil [52].

Cet homme impitoyable en affaires était tout autre dans la vie privée. C'était un homme généreux et pieux menant une existence rangée. Certaines formes d'engagement social et religieux permettent de le situer. À vingt-six ans, il fut élu marguillier de la paroisse Notre-Dame. Dès 1838, il accepta le poste de trésorier de l'Association diocésaine de la Propagation de la Foi [53]. Il n'hésitait pas à encourager les œuvres d'Église. En 1843, il offrit une souscription importante pour l'achat de cloches pour la nouvelle église Notre-Dame (en signe de reconnaissance, les Sulpiciens choisirent le couple Berthelet comme parrain et marraine de la cloche baptisée Olivarius-Amélia). Il fut élu président du Comité des zouaves pontificaux en 1868. Sa participation à la défense du pape Pie IX s'est manifestée par l'envoi à ses frais de vingt zouaves canadiens en Italie [54]. Ce ne sont là que quelques exemples de l'expression de son attachement à l'Église.

Olivier Berthelet fit de brèves apparitions dans l'arène politique à divers niveaux de gouvernement. Il fut élu pour la première fois à l'Assemblée législative du Bas-Canada, en avril 1832 [55], pour représenter le quartier est de la ville. Son arrivée sur la scène politique coïncida avec une période agitée de la vie parlementaire, pour laquelle il ne se sentait pas fait. Il démissionna de son poste de député à l'automne 1834. Certains politiciens, meilleurs orateurs que penseurs, avaient eu l'occasion de profiter de ses conseils et regrettèrent son départ. Son retrait de la politique ne l'empêcha pas de se joindre aux «Fils de la Liberté» en 1837. Toutefois, il déconseilla le soulèvement armé. À deux autres reprises, on le pria de revenir en politique active. Lord Gosford lui demanda de faire partie du Conseil spécial en 1838. Il déclina l'invitation. Lord Sydenham à son tour fit des pressions pour qu'il accepte de devenir membre du Conseil législatif et le nomma à ce poste malgré lui. Il ne remplit pas les conditions imposées par le gouverneur, notamment celles d'assister aux séances du Conseil et d'être actif, ce poste n'étant pas uniquement honorifique. Il remit sa démission quinze jours après sa nomination. Les qualités de cœur de ce philanthrope étaient notoires:

> Autant M. Berthelet faisait un libéral usage de ses moyens, lorsque son bon cœur lui montrait une infortune à secourir, autant il était économe lorsqu'il s'agissait de lui-même. Nous nous plaisons à dire à la louange de ce bienfaiteur de sa ville, qu'il vécut sans ostentation, sans faste, avec une simplicité qui n'aurait jamais laissé soupçonner à ceux qui ne le connaissaient pas, qu'ils coudoyaient un millionnaire [56].

Son choix de vivre dans la simplicité fut probablement un des facteurs de sa réussite. Il se situait en cela dans la ligne de pensée d'Étienne Parent, avocat, journaliste et conférencier influent qui louait la prévoyance, nécessaire aux riches comme aux pauvres, et préconisait le développement industriel et commercial comme moyen de maintenir notre nationalité. Ce penseur travailla à la réhabilitation de l'image des industriels et hommes d'affaires auxquels il attribuait la stabilité économique et sociale du pays. Olivier Berthelet incarnait la sagesse, la modération et l'esprit d'économie. Il fut un conseiller recherché des hommes publics, un citoyen utile au développement de la ville.

Olivier Berthelet fut aussi une sorte «d'éminence grise» de Mgr Bourget. Homme effacé et généreux, il appuya de nombreuses initiatives de l'évêque de Montréal. Comme nous l'avons vu, ce dernier avait de grands projets pour doter son diocèse d'institutions de charité et autres, sans avoir de moyens financiers correspondants pour les concrétiser. Mgr Bourget et Olivier Berthelet eurent certainement de nombreuses discussions sur le sujet, cependant très peu de correspondance entre eux subsiste aujourd'hui. Les deux hommes se rencontraient régulièrement, notamment aux réunions du Conseil particulier de la Société de Saint-Vincent-de-Paul, tout au moins de 1848 à 1858.

Il est difficile de reconstituer l'engagement social de monsieur Berthelet, car il a laissé très peu d'écrits. D'une manière générale d'ailleurs, il était modeste, réservé, discret: «Personne pouvait dire, car personne ne le sait, pas même sa famille, tout le bien qu'il a fait, toutes les œuvres qu'il a créées, ou inspirées, ou aidées de sa fortune [57].» Nous avons tout de même identifié une douzaine d'institutions qui profitèrent de ses largesses. Ses interventions varièrent d'une institution à l'autre. Quelquefois, il fournissait une somme considérable pour ériger un édifice; à d'autres moments, il apportait une sorte de subvention de dépannage; quelquefois, il accordait une aide monétaire pour un usage précis.

La disparition d'Olivier Berthelet, qui impressionna vivement la population montréalaise, fut l'occasion de mettre en lumière certains aspects méconnus de sa générosité. On mentionna entre autres l'ouverture d'un «magasin des pauvres»:

En même temps qu'il négociait à son profit et à celui de

son pays, M. Berthelet ne pouvait oublier les pauvres. Ce commerçant qui attirait à son comptoir tous les produits de l'Ouest, ne laissait point de secourir les nécessiteux; il s'était constitué leur pourvoyeur. C'était lui qui les nourrissait, qui les chauffait, qui leur fournissait le vêtement et toutes les choses nécessaires à la vie. Il avait son magasin des pauvres que ses clients appelaient «La Providence du bon Dieu» [58]!

Cette forme de magasin s'apparentait en quelque sorte aux Dépôts des pauvres. Il est probable qu'elle fut en vigueur avant 1846, soit avant la réforme du service des pauvres, et qu'elle disparut au moment où furent décentralisés les services offerts par le Séminaire.

Olivier Berthelet offrit à madame Gamelin la «maison jaune», berceau de l'Asile de la Providence, pour y loger des femmes âgées, infirmes. Elle était située rue Sainte-Catherine près de l'ancien évêché. En très mauvaise condition, elle fut remise en état grâce à une collaboratrice de madame Gamelin.

La famille Berthelet apporta un soutien constant à l'Asile de la Providence. Lors de l'incorporation de l'Asile de Montréal pour les femmes âgées et infirmes, Thérèse Berthelet figurait parmi les signataires du document. En 1854, lorsque mademoiselle Berthelet quitta sa résidence, elle se retira chez les Sœurs de la Providence. Elle ne conserva de son train de vie qu'une servante dévouée. Elle confia alors une somme équivalant à 120 000 $ à son frère, lui demandant de les dépenser pour les pauvres [59]. Mademoiselle Berthelet offrit la somme de 19 400 $ aux Sœurs de la Providence en 1858 pour la construction de l'aile nord-ouest de la maison mère. Son frère Olivier y ajouta 4000 $ [60]. La donation de mademoiselle Berthelet était une compensation pour les soins que la communauté s'engageait à lui fournir jusqu'à sa mort (survenue en 1866). En signe de reconnaissance, les Sœurs de la Providence organisèrent une fête annuelle en l'honneur des Berthelet le jour de la fête de saint Antoine.

La fondation de l'Hospice Saint-Joseph est probablement un des premiers gestes spectaculaires du bienfaiteur à l'intention des pauvres secourus en institution. Cette initiative remonte à l'automne 1841. Olivier Berthelet fit ériger un édifice destiné à accueillir les veuves et les femmes incapables de débourser les frais d'un loyer. Il confia la direction de l'établissement à mademoiselle Laferté. Le Séminaire de Saint-Sulpice accepta de leur fournir la nourriture et le chauffage. La clientèle de la maison était constituée de femmes travaillant à la journée. Par la suite, il fut décidé d'accueillir aussi de grandes orphelines auxquelles on donnait des cours de couture. Leurs travaux, vendus à l'ouvroir, procuraient un revenu d'appoint à l'hospice. Cette formule fut maintenue pendant une dizaine d'années. L'épouse du philanthrope, Angélique-Amélie Berthelet, satisfaite des services rendus par l'établissement, prévit un legs de 4000 $ pour la construction d'un nouvel édifice, mentionnant qu'elle désirait qu'il soit un jour dirigé par les Sœurs Grises [61]. L'édifice fut érigé dans le faubourg Saint-Antoine à l'angle des rues du Cimetière et Bonaventure (nommées aujourd'hui Cathédrale et Saint-Jacques). La construction n'était pas très avancée lorsque la bienfaitrice mourut. Olivier Berthelet poursuivit les travaux entrepris, selon les projets de la disparue. Le nouvel Hospice Saint-Joseph, encore en construction quand survint l'incendie de 1852, servit à loger des familles de sinistrés, à la demande de M. Léon-Vincent Villeneuve. Par la suite, l'administration de Mlle Laferté aidée de quelques laïques — l'hospice hébergeait trente-six femmes et quatre-vingts orphelines [62] — s'avéra insatisfaisante. M. Billaudèle proposa alors à monsieur Berthelet, qui accepta de bonne grâce, de confier l'Hospice aux Sœurs Grises, puis il demanda à Mère Julie Deschamps d'en prendre charge. Le vœu de Mme Berthelet fut ainsi exaucé.

Après l'approbation du Conseil général, madame Alfred Larocque, héritière de sa mère, déposa le contrat de donation de l'Hospice Saint-Joseph sur la châsse de Mère d'Youville. Ce don comprenait l'Hospice et ses dépendances et le terrain environnant. La communauté prit possession de l'œuvre le 4 janvier 1854. Olivier Berthelet fit don d'un verger situé à la Côte Saint-Antoine pour alléger cette nouvelle charge des Sœurs Grises [63].

Plus tard, Olivier Berthelet versa la somme de 20 000 $ et sa sœur Thérèse Berthelet y ajouta 2400 $ pour la construction d'une chapelle annexée à l'Hospice; cette chapelle fut bénite le 15 octobre 1863 [64]. Le philanthrope intervint une dernière fois au printemps 1871; il offrit une somme de 2000 $ pour la construction d'une aile du côté nord-ouest de l'édifice [65].

En plus de disposer de sa fortune personnelle pour les œuvres de charité, Olivier Berthelet inspira sans doute la générosité de sa femme et de sa sœur Thérèse Berthelet. À la mort de son

oncle, le curé Chaboillez, survenue le 29 août 1834, Mme Berthelet avait hérité d'une maison située à Longueuil, estimée à
huit cents louis[66]. Encouragée par son mari, elle offrit cette maison de Longueuil aux Pères Oblats qui s'y établirent le 1er août
1842. Mademoiselle Thérèse Berthelet voulut s'associer à ce
geste et céda un «constitut» de cinq cents louis qui revenaient de
cette maison et y ajouta un don de quarante louis[67]. Mgr Bourget communiqua la nouvelle de cette manifestation de générosité
au Préfet de la Propagande au Vatican, lequel exprima sa reconnaissance au couple Berthelet et à Mlle Thérèse Berthelet en leur
adressant, le 25 juillet 1844, une médaille d'argent chacun[68].

Comme nous en avons déjà fait état, Olivier Berthelet contribua à la fondation de la Banque d'Épargne en 1846. Il
appuyait les objectifs de la nouvelle institution bancaire dont il
fut un des treize directeurs honoraires et dont son gendre, Alfred
La Rocque, était le vice-président. Au moment de la disparition
du philanthrope, les journaux et auteurs de courtes biographies
rapportèrent qu'Olivier Berthelet avait retiré, au fil des ans,
environ 400 000 $ de la Banque d'Épargne pour diverses œuvres de charité. Certains affirment même qu'il dépassa considérablement le demi-million[69], ce qui fait d'Olivier Berthelet un
des philanthropes les plus importants de son époque.

Mgr Bourget fonda la Société de Saint-Vincent-de-Paul à
Montréal, Olivier Berthelet le seconda. Contrairement à ce que
l'on pourrait supposer, monsieur Berthelet ne se contenta pas
d'être un membre honoraire généreux, il prit son engagement
de membre actif au sérieux. Selon les règlements de l'association, les membres devaient rencontrer les pauvres chez eux. Olivier Berthelet et sa sœur visitaient régulièrement les indigents, le
premier en tant que membre de la Société de Saint-Vincent-de-
Paul, la seconde comme membre des Dames de la Charité associées à l'Hospice Saint-Joseph. Un document provenant de cette
dernière institution relate leur engagement en ces termes:

> M. Berthelet n'était pas le seul de sa race qui hantait la
> demeure du pauvre. Sa sœur Mlle Thérèse, connait elle
> aussi, les recoins les plus obscurs et les plus pauvres.
> Combien de fois n'est-il pas arrivé à ces deux âmes géné
> reuses de se prendre en flagrant délit de charité. On en
> profitait pour se faire de mutuels reproches, pour se don
> ner de réciproques avertissements, sur les dangers aux
> quels on exposait sa santé en visitant les pauvres et les

malades. L'amour que l'on avait l'un pour l'autre allait même jusqu'à donner à ces avertissements et ces reproches une éloquence qui appelait des promesses; mais quelques jours après on se prenait de nouveau en faute, on échangeait un sourire embarrassé, on rougissait un peu et on se hâtait de dépister le témoin inopportun; malheureusement pour le frère et la sœur, la charité flaire la misère, et la charité divine réunissait toujours en quelque réduit désolé ceux que l'amour aurait voulu séparer dans les offices pénibles à la nature [70].

Monsieur Berthelet s'engagea dans la Société de Saint-Vincent-de-Paul dès 1848 à titre de président de la conférence Notre-Dame, poste qu'il occupa pendant un an. Il fut mandaté le 17 février 1850 pour représenter le Conseil particulier de Montréal auprès du Conseil provincial de Québec [71]. La même année, il présida la conférence Saint-Michel et il accepta de nouveau de diriger la conférence Notre-Dame de 1855 à 1857. Les procès-verbaux du Conseil particulier ne mentionnent plus son nom après cette date.

La communauté des Sœurs de la Miséricorde est redevable à Olivier Berthelet d'avoir acheté un terrain d'une valeur de 2500 $ qu'il lui offrit le 13 mai 1851 [72] avec les deux maisons qui s'y trouvaient. Très tôt, les filles-mères et les Sœurs y furent trop à l'étroit, mais la jeune communauté n'était pas en position d'envisager un agrandissement. Elle eut recours à Olivier Berthelet, qui proposa de construire une chapelle et un corps de bâtiment à ses frais. Ainsi elle put continuer son œuvre de prévention des avortements ou même des infanticides et de réhabilitation des femmes.

Collaborateur assidu de Mgr Bourget, Olivier Berthelet fut mandaté pour acheter le Collège Baptiste situé rue Guy en vue d'y établir l'Hôpital Saint-Patrice [73] pour les Irlandais et les Anglais catholiques. L'administration en fut confiée aux Hospitalières de l'Hôtel-Dieu. L'Hôpital Saint-Patrice eut une existence plutôt brève puisqu'il ferma ses portes en 1860. Le soin des malades dans le nouvel Hôtel-Dieu débuta le 8 mai 1860. Il accueillit les patients de l'ancien Hôtel-Dieu et ceux de l'Hôpital Saint-Patrice [74]. L'ex-Collège Baptiste, ci-devant hôpital, devint le pensionnat Mont Sainte-Marie, dirigé par les Sœurs de la Congrégation de Notre-Dame.

La réhabilitation sociale fut une des priorités d'Olivier

Berthelet. L'objectif de l'Hospice Saint-Antoine, dont il avait appuyé la fondation, était l'accueil «des repris de prison, des vagabonds, des piliers de cabarets, des enfants incorrigibles... de ceux qui menacent de devenir par leurs vices des fléaux de la société [75]». L'établissement fut confié aux Sœurs de la Providence le 13 juin 1861, pour deux ans [76], ensuite, de mai 1863 à l'été 1864, il fut dirigé par les Clercs de Saint-Viateur [77], finalement, il fut cédé aux Frères de la Charité qu'Olivier Berthelet, sur le conseil de Mgr Bourget, fit venir de Belgique en 1865.

Les Frères de la Charité prirent charge des protégés de l'institution, c'est-à-dire de vieillards et de jeunes vagabonds. Peu de temps après leur arrivée, leur bienfaiteur et celui de l'hospice acheta un terrain situé rue Dorchester pour y construire un établissement plus spacieux qui ouvrit ses portes le 10 mai 1865. Les demandes d'admission affluèrent à tel point que monsieur Berthelet, toujours préoccupé du succès de l'œuvre, fit ériger un nouvel édifice situé rue Mignonne (de Maisonneuve aujourd'hui). L'établissement changea de nom pour devenir l'Hospice Saint-Vincent-de-Paul. Il était beaucoup plus spacieux que les précédents, mesurant 275 pieds sur 50 pieds répartis sur cinq étages, et le terrain avait une superficie de 200 pieds sur 400 pieds; le nouvel hospice, ouvert le 19 février 1868, avait coûté 156 000 $ au philanthrope [78]. Il avait une capacité d'accueil de cinq cents personnes, et on prévoyait pouvoir en loger éventuellement jusqu'à 1200. Olivier Berthelet offrit à la communauté une ferme de cent soixante-dix arpents avec bâtiments située à la Longue-Pointe, d'une valeur d'environ 10 000 $. L'exploitation de la ferme devait permettre de nourrir les protégés de l'Hospice.

En dépit de la précarité de la situation financière de la communauté, les Frères se préoccupaient de la formation technique des adolescents qui leur étaient confiés. Ces jeunes devaient faire leur apprentissage en ville, situation que déploraient les bons frères car ils craignaient de perdre l'emprise sur leurs protégés. Olivier Berthelet fit construire à ses frais des ateliers sur le terrain de l'institution. Les registres de l'Hospice Saint-Vincent-de-Paul mentionnent les subventions offertes par leur bienfaiteur au cours des années 1871 et 1872; elles atteignent 9739,78 $ [79]. En plus de ces marques tangibles d'intérêt pour l'œuvre des Frères de la Charité, Olivier Berthelet leur légua 19 000 $ par testament.

Après avoir appuyé diverses congrégations vouées à la réhabilitation sociale, Olivier Berthelet accepta aussi d'aider une communauté patronnée par Mgr Bourget, les Sœurs du Bon-Pasteur d'Angers, spécialisées dans la réforme des femmes sortant de prison. L'établissement ouvrit ses portes le 21 juin 1844. Le couple Berthelet contribua à fournir l'aménagement nécessaire à leur installation à Montréal. Il leur offrit notamment une partie du mobilier. Progressivement, les Sœurs du Bon-Pasteur diversifièrent la clientèle de leur institution et prirent sous leur protection les filles repenties, les jeunes filles préservées et les pénitentes aspirant à la vie religieuse (nommées Sœurs Madeleine). La communauté évalua à environ 1000 $ les subventions offertes par Olivier Berthelet de 1845 à 1856. Sa générosité ne tarissait pas; ainsi, il paya le coût de la construction de l'aile nord-est du monastère dont les frais s'élevèrent à 24 000 $. L'agrandissement fut inauguré le 9 octobre 1862 [80]. L'établissement fut désormais en mesure d'accueillir toutes les personnes requérant les services des Sœurs du Bon-Pasteur.

Autre collaboration avec Mgr Bourget: au sujet des Jésuites. Rappelons que la Société de Jésus, comme les autres communautés religieuses masculines, n'avait pas le droit de se recruter depuis le Régime anglais et s'était éteinte au Canada en 1800. Mgr Lartigue mourut avant de réaliser son rêve de faire revenir les Jésuites à Montréal. Lors de son premier séjour en Europe, Mgr Bourget avait réussi à convaincre les supérieurs d'envoyer des sujets capables d'assurer l'enseignement secondaire aux garçons. Les premiers Jésuites arrivèrent à Montréal en mai 1842. Leurs biens ayant été confisqués par l'État avec l'extinction de la communauté, leur réinstallation posait des problèmes financiers. Olivier Berthelet leur offrit une terre située au Sault-au-Récollet. Convaincu de la qualité de l'éducation de la Compagnie de Jésus, il souscrivit aussi pour la construction du Collège Sainte-Marie [81]. Les Jésuites érigèrent aussi une église pour laquelle Olivier Berthelet leur fournit un terrain d'une valeur de 20 000 $ [82]. Les plans de l'édifice furent tracés d'après ceux du Gesù à Rome. L'Église servit pendant longtemps de desserte aux catholiques de Montréal.

Parmi les résultats positifs du premier voyage de Mgr Bourget en Europe, signalons l'acceptation de madame Sophie Barat, fondatrice des Dames du Sacré-Cœur, d'envoyer des religieuses à Montréal. Quatre recrues arrivèrent en décembre

1842 et s'établirent à Saint-Jacques de l'Achigan. Elles déménagèrent à Saint-Vincent-de-Paul (Île Jésus), en 1856, où elles
recevaient des élèves pensionnaires et demi-pensionnaires. Elles
ouvrirent un petit externat à Montréal en 1861. La communauté
changea souvent de locaux à Montréal, répondant aux demandes d'admission croissantes. Le 1ᵉʳ mai 1863, Olivier Berthelet
souscrivit une somme de 4000 $ auquel son gendre, Alfred La
Rocque, ajouta 2000 $ afin de permettre aux Dames d'acquérir
l'externat situé rue de La Gauchetière [83]. C'est la seule communauté enseignante féminine que monsieur Berthelet encouragea; il reste que la plupart des œuvres auxquelles Mgr Bourget a
participé à divers titres n'auraient sans doute pas vu le jour sans
sa contribution financière.

4

Les pouvoirs publics

Il peut paraître étonnant de situer l'intervention des pouvoirs publics au dernier rang dans ce tableau de l'assistance aux indigents dans les années 1831-1871. L'État en assume à peu près l'entière responsabilité aujourd'hui; au siècle dernier, les gouvernements et la municipalité jouèrent en cette matière un rôle secondaire et indirect. Voici, par exemple, comment on rapportait à la Chambre d'assemblée, en 1835, les recommandations faites par un comité chargé d'étudier l'attitude du gouvernement à l'égard des institutions de charité:

> Votre comité, après un sérieux examen de la question, est demeuré d'opinion que l'on ne devrait pas admettre le principe que les Institutions purement locales, ayant pour but des objets d'un intérêt tout particulier, dussent être soutenues à même les Deniers Publics prélevés sur la Société entière. D'après ces considérations, Votre Comité est d'avis que ces diverses Institutions et Associations, auxquelles elle est prête à rendre le tribut de louanges qu'elles méritent, devraient être informées qu'elles ne devront pas compter pour leur existence future sur des Octrois de la Législature; mais qu'elles devraient limiter leurs charités et leurs dépenses aux moyens qu'elles pourront retirer des contributions volontaires et de la générosité des individus [1].

En somme, la Législature ne considérait pas que le secours aux indigents relevait de ses responsabilités. Cette réticence se répercuta sur la modicité des subventions accordées aux institutions de charité.

De fait, l'action gouvernementale à cette époque se résumait à la législation sociale ou réglementation protégeant certaines catégories de nécessiteux et à l'octroi de subventions aux institutions d'accueil pour les indigents.

Nous n'évoquerons ici que les initiatives concernant les indigents de la ville de Montréal, en particulier les enfants trouvés et les personnes endettées. Une large part des indigents étaient des immigrants. Nous n'aborderons pas la législation relative à leur statut de nouveaux arrivants; nous restreindrons notre sujet à l'étude des secours qui leur furent accordés en raison de leur situation économique déplorable. La contribution de l'État à leur égard a été limitée aux subventions accordées aux institutions qui leur distribuaient des services.

LE GOUVERNEMENT

L'intérêt des législateurs pour les enfants abandonnés précède de beaucoup les années 1830. Une loi les concernant s'intitulait «Acte pour le soulagement des personnes dérangées dans leur esprit, et pour le soutien des enfants abandonnés [2]». Votée le 8 avril 1801, cette loi expose les raisons qui la justifiaient, notamment la prévention d'une pratique inhumaine, celle d'exposer aux intempéries ou d'abandonner les enfants nouveau-nés. Par la suite, le gouvernement versa des subventions aux institutions de charité qui les recueillirent. Ce service bénéficia d'une certaine publicité [3].

Le service d'accueil aux enfants trouvés ne dissuada pas toutes les femmes de commettre des infanticides. Une loi votée en Grande-Bretagne sous Jacques Ier, intitulée «Acte pour empêcher de détruire et mettre à mort les enfants Bâtards», fut remplacée par celle du 19 mai 1812 stipulant que les «Femmes ou filles accusées de meurtre d'aucun enfant mâle ou femelle qu'elles auront mis au monde, lequel fut né ayant vie, auront été, par la loi, Bâtard,...» subiraient un procès [4]. Les personnes accusées d'infanticide subissaient le même sort que les autres criminels. Certaines d'entre elles furent acquittées ou condamnées aux travaux forcés ou placées dans une maison de correction pour une période n'excédant pas deux ans [5]. Certains enfants abandonnés étaient placés en apprentissage jusqu'à l'âge de vingt et un ans par des commissaires chargés aussi de faire appliquer les sanctions prévues contre les personnes contrevenant à la loi. Les commissaires rendaient compte de leur administration à la Législature.

La première loi relevée, concernant cette fois la protection des personnes âgées endettées, remonte à 1767. Elle s'intitulait «Acte pour exempter les personnes septuagénaires d'emprisonnement pour dettes, dans certains cas [6]». Cette mesure n'empêchait pas les créanciers de saisir les biens mobiliers ou immobiliers de débiteurs insolvables. Le privilège de l'exemption de prison ne s'appliquait pas aux autres personnes endettées; on les incarcérait sans merci pour une période variant selon la somme de leurs dettes. Au cours de la décennie 1840, la situation économique des commerçants montréalais fut précaire. En 1843, il y eut une recrudescence de faillites. Des personnes jouissant d'une situation financière bien établie virent leurs entreprises péricliter par suite du retrait des tarifs préférentiels sur les céréales (1846) et du *Navigation Act* (1849).

À la suite des désastres financiers des commerçants, les législateurs canadiens votèrent des lois allégeant le fardeau des banqueroutiers. Trois types de mesures furent adoptées: les lois touchant la banqueroute, l'abolition de l'emprisonnement pour dettes et l'exemption de certains effets en paiement de dettes. Il y eut une série de lois relatives aux faillites, complexes et souvent amendées, dont nous ne parlerons pas.

L'incarcération pour dettes n'était pas rare au siècle dernier. L'état des prisons ne favorisait pas la réhabilitation des détenus: tous les prisonniers vivaient en commun, peu important la gravité et le caractère de leur offense. Généralement, les personnes emprisonnées pour dettes n'avaient rien de la mentalité des déviants graves. L'influence de criminels endurcis risquait de transformer ces pauvres en malfaiteurs. En 1849, à la suite de pressions exercées par Mgr Bourget et la Société de Saint-Vincent-de-Paul, le gouvernement prit des mesures pour améliorer l'état des prisons du Bas-Canada. Notons qu'il y eut un mouvement similaire aux États-Unis et en France vers la même époque. Une loi bas-canadienne promulguée le 10 mai 1849, intitulée «Acte pour abolir l'emprisonnement pour dette et punir les débiteurs frauduleux dans le Bas-Canada, et pour d'autres objets», évoquait les risques de démoralisation et la nécessité de pratiquer l'indulgence à l'égard des débiteurs insolvables. De plus, l'on adoucissait la rigueur de la loi régissant les rapports entre débiteurs et créanciers; les clercs de toute dénomination religieuse et les femmes furent soustraits à l'emprisonnement; des mesures préventives furent prises afin d'éviter que les personnes endettées cachent une partie de leurs biens ou s'enfuient à l'étranger afin d'échapper à la poursuite de leurs créanciers; tout défendeur arrêté et détenu en prison devait fournir une caution suffisante, afin de garantir la sincérité de sa demande de remise en liberté. Ce sont là les principales clauses de la loi qui en contient dix-sept, et qui, après cinq ans de mise en application fut amendée par les «Actes pour dissiper des doutes et expliquer le statut provincial, pour abolir l'emprisonnement pour dettes, et pour d'autres fins [7]».

Graduellement, les parlementaires reconnurent certains droits aux personnes endettées et incapables de rembourser leurs créanciers, notamment dans l'«Acte pour exempter certains effets de saisie en paiement de dettes». La loi sanctionnée le 19 mai 1860 préservait de saisie des effets reconnus comme étant de nécessité vitale: le lit et les couchettes du débiteur et de sa famille, les vêtements nécessaires et ordinaires, les meubles et les outils jugés indispensables (rouet, métier à tisser, hache, scie, fusils, pièges, rets et seines), certaines provisions utiles et les animaux de ferme qui permettaient d'être autonome pendant un certain temps [8].

La loi interdisait également la saisie d'outils ordinaires utilisés par les débiteurs insolvables dans l'exercice de leur métier, outils qui, par ailleurs, ne devaient pas dépasser la valeur de soixante piastres. Seuls les ouvriers qualifiés étaient touchés par ce règlement. Les outils non entièrement payés n'étaient pas couverts par cet article. La loi de 1860 fut amendée le 18 mai 1861 [9].

L'État ne limita pas son action à la protection des enfants trouvés et des citoyens endettés. Le parlement du Canada-Uni est intervenu au moment de l'incendie de 1852 d'une manière exceptionnelle. Un nombre considérable de personnes ayant perdu tous leurs biens ne disposaient pas des fonds requis pour reconstruire leur propriété sans emprunter. La Corporation de la ville de Montréal garantit cent mille louis pour les citoyens qui se trouvaient dans cette situation. La caution du gouvernement permit d'obtenir des termes avantageux. C'est dans cet esprit que la loi du 10 novembre 1852 fut promulguée; elle s'intitulait

«Acte pour venir en aide aux victimes du premier incendie de Montréal, en facilitant la négociation d'emprunts pour les mettre en état de rebâtir les édifices détruits par le dit incendie».

Le cautionnement gouvernemental était assorti de conditions: la municipalité ne devait pas dépasser la somme convenue; une limite de 2000 $ était fixée pour chaque débiteur; le prêt ne devait pas excéder vingt ans à un taux ne dépassant pas six pour cent par année. Les bénéficiaires d'emprunts s'engageaient à accepter que le gouvernement ait la préférence sur toute réclamation de dette, hypothèque ou privilège quelconque sur les maisons ou bâtisses. Ces immeubles devaient être assurés par une compagnie approuvée par la Corporation pour un montant couvrant le prêt et, ce, jusqu'à son remboursement complet. Le 17 mars 1853 une nouvelle loi fut votée: «Acte pour amender l'Acte de la présente session pour venir en aide aux victimes du dernier incendie de Montréal». On y précise les dispositions à prendre par la municipalité en cas de non-remboursement avant de consentir un prêt, de même que les droits de la corporation et autres détails. Toutes ces mesures furent appliquées lors de la reconstruction des parties de la ville détruites par le feu. Les bénéficiaires furent des citoyens de situation économique variée, depuis les ouvriers aux conditions de vie précaires jusqu'aux personnes plus à l'aise.

Subventions octroyées

Si, au XIXe siècle, l'État n'intervint pas directement auprès des pauvres, il reconnut en revanche l'efficacité des institutions religieuses d'assistance et il leur offrit de modestes subventions afin de les encourager à poursuivre leur travail. Pour avoir une idée générale de la participation financière de l'État, nous avons noté les subventions accordées par le gouvernement pour aider les réseaux d'assistance aux pauvres catholiques et protestants [10].

L'étude de ces subventions démontre l'intérêt et la confiance que l'État leur témoignait. À suivre les crédits octroyés aux établissements catholiques d'assistance aux pauvres, on est forcé de constater la mince part qui leur était destinée. L'Hôpital Général de Montréal est l'institution la plus ancienne du réseau et, par conséquent, il bénéficia des sommes les plus considérables offertes par le gouvernement, soit un total de 152 896 $ sur une période de quarante et un ans. La moyenne annuelle des subventions offertes aux Sœurs Grises était donc de 3729 $. Les subventions étaient la plupart du temps accordées globalement, il n'est donc pas possible d'isoler les sommes offertes pour le soin des aliénés dont la communauté prit soin jusqu'au 10 août 1844.

Selon l'ordre chronologique, l'Asile des orphelins catholiques vient en deuxième. Les subventions à son endroit datent de 1843, soit d'avant son incorporation. La contribution globale de l'État pour cette institution s'élève à 14 300 $, versée sur une période de trente-huit ans, représentant une moyenne annuelle de 376 $. La somme accordée varie peu d'une année à l'autre.

Onze ans après leur fondation, les Sœurs de la Providence commencèrent (en 1855) à recevoir une aide gouvernementale pour l'entretien de l'Asile de la Providence. Les sommes sont ici moindres que celles que touchait l'Hôpital Général, mais substantielles si on les compare à celles des autres institutions. Un total de 20 888 $ fut accordé sur une période de dix-sept ans, représentant annuellement une somme de 1228 $.

Un deuxième orphelinat spécialisé dans l'accueil des orphelins irlandais fut accrédité en 1857; il s'agit de l'Asile ou Orphelinat Saint-Patrice. L'institution recevait des enfants depuis onze ans lorsque les premières subventions furent versées. L'établissement reçut un total de 10 560 $ au cours des quinze années étudiées, soit une moyenne annuelle de 704 $.

Les enfants trouvés et les orphelins recueillis par l'Hospice Saint-Joseph bénéficièrent d'une innovation pédagogique très estimée à l'époque: l'enseignement aux enfants d'âge préscolaire selon la «méthode des salles d'asile». De 1859 à 1871, le gouvernement provincial versa aux Sœurs Grises à ce propos des subventions totalisant 7870 $, soit une moyenne annuelle de 605 $ [11].

La courbe des subventions offertes aux institutions catholiques démontre une certaine constance, sauf pour quelques années. Signalons d'abord une augmentation des secours offerts en 1843 et en 1846, attribuable en partie à l'augmentation des besoins et au versement d'arrérages aux Sœurs Grises. De 1865 à 1871, les octrois votés aux institutions d'assistance sont plus élevés que précédemment, le nombre des établissements de charité s'étant multiplié. Les subventions accordées aux institutions catholiques d'assistance en 1871 totalisent 6710 $, alors que celles de 1831 n'étaient que de 5680 $.

Le réseau d'assistance sociale anglo-protestant semble beaucoup moins important que celui des franco-catholiques d'après les subventions gouvernementales accordées de 1833 à 1871. Tout d'abord, les anglophones ne possédaient pas d'institution équivalant à l'Hôpital Général des Sœurs Grises. Le Montreal General Hospital, fondé par un groupe de la Ladies Benevolent Society, était dédié au soin des malades immigrants de toutes conditions sociales. Peu à peu, cette institution délaissa ses préoccupations sociales pour se consacrer uniquement aux services médicaux.

Tout comme chez les catholiques et même avant eux, le bénévolat féminin protestant fut à l'origine d'initiatives destinées à soulager les indigents. Les membres de la Ladies Benevolent Society fondèrent trois des quatre institutions subventionnées par le gouvernement au cours de la période étudiée. Leur première préoccupation fut d'accueillir les orphelins protestants dès 1822. Signalons que l'autorisation des maris ne fut pas requise pour valider le geste des signataires de la Corporation, selon l'Article VI du document, contrairement à la loi en usage [12]. Les enfants de différentes dénominations religieuses furent admis au Montreal Protestant Asylum et y reçurent une éducation anglicane. Les membres de la Ladies Benevolent Society avaient la responsabilité d'administrer l'orphelinat et de placer les enfants confiés à leurs soins [13]. Elles développèrent un système d'enquête auprès des futurs parents en vue d'assurer le bonheur de leurs protégés. Cette société de dames bénévoles assurait leur éducation jusqu'à l'âge de dix-huit ans. Le Protestant Orphan Asylum était soutenu au moyen de souscriptions annuelles, dons, legs et subventions gouvernementales. De 1827 à 1838, l'établissement reçut cent cinquante-quatre enfants.

De 1834 à 1871, le Protestant Orphan Asylum reçut des subventions s'élevant à 18 400 $ (une moyenne annuelle de 484 $), soit 3 800 $ de plus que l'Orphelinat catholique fondé dans des circonstances analogues et ayant reçu des subventions pendant le même temps.

Les membres de la Ladies Benevolent Society unirent leurs efforts une deuxième fois en 1832, organisant un établissement afin de répondre aux besoins des veuves et des orphelins après l'épidémie de choléra de la même année. Ce service permettait aux veuves de vivre dans le même établissement que leurs enfants. Le financement des opérations provenait principalement des dons recueillis par cette association à caractère philanthropique. L'État commença à subventionner l'œuvre en

1833 et versa une somme de 16 170 $ entre 1833 et 1871, soit une moyenne de 414 $ par année. L'établissement fut incorporé le 17 août 1841 [14].

Les membres de la Ladies Benevolent Society ouvrirent une institution dont le nom officiel était House of Refuge to Train Children and to Receive Destitute Females. L'établissement, fondé en 1832, fut incorporé en 1841. À partir de 1858, le gouvernement décida de subventionner l'œuvre. Les octrois accordés pendant une période de douze années s'élevèrent à 6300 $, soit une moyenne annuelle de 525 $. Cette maison d'accueil permit à des enfants laissés à eux-mêmes et à des femmes sans ressources de mener une existence convenable.

L'épidémie de typhus de 1847 est à l'origine d'une initiative destinée aux jeunes filles obligées de gagner leur vie comme aides domestiques: il s'agit de la Home and School of Industry. L'établissement commença à recevoir l'encouragement de l'État à partir de 1859 et avait déjà reçu 4480 $ en 1871, c'est-à-dire 344 $ en moyenne annuellement. Chez les francophones catholiques, notons que ce genre de service était offert par différentes institutions dont il sera question dans notre deuxième partie.

Si on analyse la courbe des octrois votés aux institutions catholiques et protestantes de 1831 à 1871, on remarque, dans un premier temps (de 1831 à 1845), un rythme plutôt variable dont le point le plus bas se situe en 1836 avec des subventions globales de 3360 $. Dès l'année suivante, on constate une augmentation des subventions qui atteignirent 4072 $ pour redescendre en 1844 à 3756 $. Chute qui s'accentua en 1848 où la contribution de l'État qui avait été de 5200 $ se stabilisa pour une période de sept ans. Une coupure de 3000 $ dans la subvention à l'Hôpital Général des Sœurs Grises est responsable de la baisse considérable observée en 1858. Dès l'année suivante et jusqu'en 1860, les subventions augmentèrent et connurent un plateau de trois ans, suivi d'une terrible baisse en 1863 et en 1864. Après cette date, il y eut une remontée spectaculaire de 3360 $ qui s'est maintenue jusqu'à 1871. Cette hausse est attribuable à la reprise des subventions accordées à l'Hôpital Général des Sœurs Grises.

Le total des dépenses des institutions du réseau catholique d'assistance subventionnées pour l'année 1865 s'élève à 120 487 $; seulement 6510 $ furent octroyées par le gouvernement, soit le dix-huitième des sommes dépensées pour l'assistance aux catholiques. Notons que toutes les œuvres ne recevaient pas d'octroi gouvernemental. Chez les protestants, les dépenses totales des institutions bénéficiant de crédits de l'État étaient de 7178 $ dont 1760 $ étaient remboursés, soit le quart des dépenses annuelles. Ces statistiques ne laissent aucun doute sur la modicité de la contribution de l'État. La différence entre le coût réel d'entretien et les octrois gouvernementaux demeurait la responsabilité des institutions de bienfaisance. Il n'est donc pas étonnant de constater l'importance des industries et autres moyens d'autosuffisance des communautés religieuses féminines afin de pourvoir à l'entretien des établissements de charité, indispensables au soutien des indigents presque entièrement à leur charge.

L'ADMINISTRATION MUNICIPALE

Le rôle joué par la Ville de Montréal se résume à quatre types d'interventions: la réglementation concernant les pauvres; les exemptions de taxes en faveur des institutions de charité et de certaines personnes démunies; l'organisation de secours d'urgence en période d'augmentation notable de la pauvreté; l'ouverture de bains et de lavoirs publics et la prise en charge de la Maison d'industrie pour une courte période.

La réglementation concernant les pauvres

L'expansion démographique jointe à l'augmentation de la pauvreté contribuèrent à la dégradation sociale à Montréal. L'expression la plus visible de cette situation fut la présence de nombreux mendiants dans les rues de la ville. Le 31 août 1822, les administrateurs de la ville émirent des «Règlements sur les mendiants» (malheureusement introuvables aux archives municipales), qui visaient à permettre au public de distinguer les pauvres autorisés à quêter des escrocs [15], ce qui signifie que la pratique de mendier était courante et que les «gens biens» s'en plaignaient. Les crédits nécessaires à l'application de ces règlements furent votés une semaine plus tard.

Cependant, vers 1835, la municipalité devint incapable de contrôler les mendiants par suite de l'accroissement de la population, résultat, en particulier, de l'arrivé de milliers d'émigrants sans ressources. Notons que les institutions de charité ne disposaient pas encore de services adéquats pour secourir les pauvres à domicile. La loi municipale de 1822 était inopérante, à tel point que, la situation étant jugée intolérable, cent trente et un citoyens signèrent une requête afin de manifester leur opposition à la sollicitation publique des mendiants. Les signataires étaient surtout des commerçants anglophones et aussi des médecins de divers quartiers de la ville. Les administrateurs municipaux en reportèrent l'étude à une assemblée ultérieure du Conseil [16]. Cependant, on ne retrouve pas de réglementation sur la mendicité consécutive à cette requête. Il y a tout lieu de croire que l'ouverture de la Maison d'industrie à l'hiver 1836-1837 fut adoptée comme une forme de solution à la mendicité. Il fallut cependant attendre la réforme du service des pauvres pour voir diminuer sensiblement le nombre de ceux qui sollicitaient l'aumône.

La réglementation municipale prit une deuxième forme, celle de faciliter l'approvisionnement des pauvres en bois de chauffage, indispensable à la survie de la population à l'époque où il n'y avait pas d'autre source d'énergie disponible. Le premier geste dans ce domaine remonte à la crise économique de 1849 qui déclencha jusqu'au pillage du bois de chauffage dans le port. Les plaintes des commerçants à la municipalité amenèrent les conseillers à voter la résolution suivante:

> Qu'il soit demandé au Comité de Police de considérer s'il serait à propos de stationner tous les jours des hommes de police dans les environs du pont Wellington afin de prévenir le pillage du bois de chauffage et d'autres articles qu'on y dépose en grande quantité [17].

Après évaluation des besoins, les Dépôts des pauvres distribuaient du bois gratuitement aux nécessiteux et, cela, à partir de points de distribution répartis dans les divers quartiers de la ville.

L'année 1851 marque une autre étape dans la réglementation concernant le bois de chauffage: l'imposition de taxes aux vendeurs de bois dont le but était de dissuader les marchands d'élever les prix d'une façon excessive, puis l'achat et la vente de bois de chauffage aux pauvres à un prix préférentiel. Par la suite, la municipalité se désintéressant du commerce du bois, il se développa (en 1854) un monopole que la ville essaya de réglementer en imposant une taxe aux commerçants de la rue des

Commissaires et à ceux qui étaient établis près du fleuve[18]. L'année suivante, le Conseil de ville expédia une grande quantité de bois à une conférence de la Société de Saint-Vincent-de-Paul. Le procès-verbal du Conseil particulier de la Société du 7 janvier 1855 rapporte que la conférence Notre-Dame reçut cent voyages de bois pour les pauvres[19]. Après cette époque cruciale, la municipalité ne répéta pas un tel geste. Par ailleurs, pour éviter le gaspillage, lorsque le bois des pavés fut remplacé par de la pierre, on décida de l'offrir à la Société de Saint-Vincent-de-Paul. Le 24 juillet 1870, la conférence Saint-Jacques reçut ainsi cent dix-sept «voyages» de bois des anciens trottoirs.

Afin de prévenir les abus remarqués par suite du monopole du bois et des prix excessifs demandés, un règlement fut adopté dès 1855, relativement à la vente du bois sur les quais, dans les rues et autres endroits[20]. Le règlement fut révisé par la suite à différentes reprises, notamment le 10 décembre 1862[21] et le 8 mai 1863[22]. Ces mesures furent sans doute efficaces puisqu'il n'est plus question par la suite de prix extravagants du bois. Par conséquent, la municipalité ne distribua plus de bois aux pauvres, abandonnant cette forme d'aide aux organismes spécialisés.

Les exemptions de taxes des institutions de charité

Sous le Régime français, certains privilèges accordés au clergé et aux communautés religieuses consistaient à les dispenser de contribuer aux charges et aux impositions publiques. Ces avantages furent généralement reconnus jusqu'à la Conquête britannique. En 1776, la nouvelle autorité eut une première occasion de manifester son attitude à l'égard des communautés religieuses sous forme d'exemptions de taxes. Cette loi (36 Geo. III, ch. 9, S. 57) reconnaissait les immunités accordées aux communautés religieuses de femmes[23]. Ce geste accompagnait la promulgation du système de taxation immobilière municipale. Le privilège accordé aux communautés religieuses de femmes établies dans le district de Montréal fut confirmé par la Législature en 1799 (39 Geo. III, ch. 5, amendement apporté à la loi 36 Geo. III, ch. 9 surtout dans la section 20[24]). Au cours des années 1830, la municipalité respecta les exemptions de taxes en faveur des communautés religieuses de femmes[25].

La nouvelle loi d'incorporation de la Cité de Montréal (1840) confirma la législation antérieure au sujet de l'exemption de cotisations sur les immeubles des communautés religieuses (3 & 4 Vict. ch. 36). La loi fut amendée dans les années 1840, mais cette exemption fut maintenue. Par suite de l'incorporation de l'Asile de la Providence, madame veuve Gamelin sollicita une exemption de taxes municipales qui fut accordée le 22 février 1843[26]. La communauté sollicita le 29 avril 1844 la même exemption qui fut accordée le 1er juillet suivant[27]. Cependant, quand le 23 septembre 1848, Olivier Berthelet adressa une demande similaire à la municipalité pour l'Hospice Saint-Joseph, elle fut refusée: la municipalité éprouvait alors des difficultés financières sérieuses[28], et le maire Fabre décida d'assainir l'administration de la ville, rejetant plusieurs demandes d'exemptions de taxes parmi lesquelles se trouvaient celles de l'Hôpital de Maternité[29], l'Asile des Filles repenties[30] et la Catholic House of Reformation[31].

La refonte de la Charte municipale de 1851 (14 & 15 Vict. ch. 128) assurait le renouvellement des pouvoirs autrefois accordés aux juges de paix en matière de fiscalité municipale. Les exemptions de taxe étaient accordées aux communautés religieuses en raison de leur statut d'administratrices des établissements de charité et non en tant que propriétaires du «bien des pauvres[32]». Les institutions de charité continuèrent à solliciter des exemptions de taxe, comme l'indique la pétition de l'Orphelinat Saint-Patrice datée du 7 février 1856[33], et, la situation financière de la ville s'étant améliorée, elles les obtinrent.

Un nouveau débat fut amorcé par la Commission des finances le 18 avril 1868, celui d'imposer une taxe scolaire d'un dixième de sou par dollar. On proposait également d'exempter les églises de l'acquittement de l'impôt foncier et de la taxe d'eau. La question fut virougeusement débattue lors des séances du Conseil municipal et la résolution fut adoptée le 27 janvier 1871[34].

L'approvisionnement en eau fut pris en charge par la municipalité en avril 1845[35]. Dès lors, on commença à recevoir des demandes d'exemption de la taxe d'eau de la part des institutions de charité. Dans ces maisons où l'on recevait des infortunés, notamment des enfants et des personnes âgées, les exigences de l'hygiène et la préparation des repas requéraient une grande consommation d'eau. L'Hôpital Général est le premier établissement qui adressa une telle demande le 20 février 1847. Elle fut acceptée le 20 mars suivant. Les circonstances voulurent qu'aussitôt après cette décision les Sœurs Grises soient appelées à soigner les malades du typhus. Sur réception d'une quittance pour la taxe d'eau adressée à l'Hôpital Général, Mère Coutlée remercia la Corporation le 17 novembre 1849. Mère Gamelin adressait une lettre semblable à la municipalité le même jour:

> Vous faites connaître à votre communauté qu'en reconnaissance des services que nous avons rendus, dans le cours de l'été, aux pauvres cholériques, vous nous faites la remise de notre dette envers la Corporation pour l'eau, jusqu'au 1er novembre 1850. Je vous prie d'agréer nos remerciements les plus sincères. Votre générosité nous met en moyen de pourvoir, avec plus d'efficacité à l'entretien des cinquante vieilles infirmes, des soixante et huit orphelines et des dix-huit personnes imbéciles qui sont sous nos soins et pour le soutien desquelles nous nous reposons sur les ressources de la divine Providence [36].

L'Hôpital Saint-Patrice sollicita une exemption de taxe d'eau le 9 décembre 1851 et essuya un refus de la part du Comité des aqueducs. Notons que plusieurs établissements fondés au cours des années 1850 sollicitèrent une remise totale ou partielle de la taxe d'eau; les uns obtinrent une réduction, les autres n'en obtinrent pas [37].

Les frais encourus pour la mise en place d'un réseau municipal s'élevèrent à une somme considérable, si l'on considère les budgets des autres services de la ville. Cela explique en partie l'intransigeance de la municipalité quant aux exemptions de taxe d'eau formulées par les institutions charitables. On refusa même d'assouplir le règlement à la suite d'une demande expresse de Mgr Bourget en faveur de l'Hôpital Saint-Patrice [38]. La municipalité commanda une étude sur le sujet aux avocats Roger Roy et B. Devlin. Le résultat de leurs recherches est contenu dans la lettre du 30 août 1873. On se reportait aux lois votées (Vict. 14 & 15, chap. 128, section 56, et Vict. 23, chap. 72, section 49) à partir desquelles la municipalité refusa d'accorder des privilèges aux établissements de charité en matière de taxe d'eau [39].

Des demandes d'exemption de taxe municipale et de taxe d'eau étaient présentées par des institutions de charité et aussi par des citoyens en raison de leur pauvreté. Tous les indigents n'étaient pas des locataires; certains propriétaires de maisons modestes éprouvaient de la difficulté à subvenir à leurs besoins, surtout en hiver, lorsque les revenus diminuaient de moitié. Cette gêne s'accentuait en période de chômage. Les situations les plus courantes évoquées par les requérants étaient celles de veuves ou d'épouses de maris invalides ayant charge de famille. Mais les procès-verbaux rapportent aussi des demandes d'exemptions de taxes en raison de l'infirmité des requérants. Dans la plupart des cas, ces demandes étaient rejetées. La réticence de la municipalité à accorder des privilèges, même aux personnes infirmes désireuses de travailler, découragea de semblables démarches.

Les secours d'urgence

L'intervention de la municipalité s'est généralement manifestée lors de situations d'urgence, notamment à l'occasion de l'incendie de 1852. Dès le 23 juillet 1852, la municipalité procéda à la nomination d'un Comité général de secours, de même qu'un sous-comité nommé Comité de surintendance qui avait pour mandat d'établir des catégories de sinistrés. Les distinctions reposaient sur l'état financier des requérants qui furent répartis en trois catégories: les personnes en situation de reconstruire avec des matériaux à l'épreuve du feu; celles qui étaient incapables de débourser suffisamment pour reconstruire selon de telles conditions de sécurité; enfin les pauvres qui étaient locataires et se trouvaient dans le dénuement le plus complet [40]. Afin de prévenir le gaspillage ou la désertion de la population, il fut décidé de ne pas accorder d'aide en espèces. Les pauvres étant généralement connus du clergé et des services d'assistance, on forma des sous-comités composés de cinq personnes compétentes qui furent chargés de distribuer les secours aux indigents.

Aussitôt après le désastre, il fallut reloger la population des quatre quartiers de la ville touchés par le feu. Il fallut d'abord prendre des mesures d'urgence afin d'abriter la population. À court terme, on érigea des tentes et on mit les hangars utilisés lors des épidémies à la disposition de la population.

Les coûts de construction étant élevés, on érigea un minimum d'abris. En définitive, la solution la plus économique fut de réparer les appentis de la Pointe-Saint-Charles où les personnes incapables de travailler furent logées. Un citoyen du faubourg Québec, M. Logan, mit gratuitement un terrain à la disposition de la ville afin de construire trois abris destinés à héberger plusieurs familles catholiques. Deux autres appentis furent érigés rue Sainte-Élisabeth dans le faubourg Saint-Laurent. Enfin, la Maison d'industrie, située rue Campeau, fut mise à la disposition des sinistrés protestants. Une résolution émanant de l'Hôtel de Ville autorisa des propriétaires de maisons situées dans les endroits brûlés à ériger des remises temporaires, devant être démolies le plus tôt possible. La municipalité prit des dispositions afin de loger les plus démunis à ses frais, afin de prévenir les reconstructions désordonnées et dangereuses. À long terme, les bâtisses en bois furent prohibées, sauf en de rares exceptions. Parmi les victimes du sinistre, les Canadiens français et les Irlandais étaient majoritaires et bon nombre d'entre eux étaient des indigents. Un total de 1297 familles ou parties de familles catholiques, canadiennes et irlandaises, furent secourues, comprenant 5252 personnes comparativement à 266 familles protestantes ou juives assistées comprenant 950 personnes, selon les données du second rapport du Comité exécutif du Comité de secours publié le 18 octobre 1852 [41].

La municipalité de Montréal ne disposait pas de ressources suffisantes pour aider tous les sinistrés. Le fonds de secours fut constitué à partir de plusieurs sources de revenus, locales et étrangères. Le gouvernement du Canada contribua pour une somme de 10 000 $ tandis que la Corporation de la ville de Montréal fournit 4000 $ [42].

L'incendie de 1852 coûta beaucoup à la municipalité, non seulement par les initiatives énumérées précédemment, mais aussi par la ruine de citoyens incapables de payer leurs taxes qu'il fallut accepter de réduire ou même de remettre en entier [43].

En temps ordinaire, la municipalité avait le pouvoir de voter des crédits afin de venir en aide aux indigents lorsque les services offerts par les organismes de charité privés ne suffisaient pas à rencontrer tous les besoins. Comme il n'y avait pas d'employés municipaux préposés au service des pauvres, les administrateurs de la ville procédaient par personnes interposées. Parmi les organismes intermédiaires, signalons la Société de Saint-Vincent-de-Paul (deux membres importants de la Société de Saint-Vincent-de-Paul étaient en même temps conseillers municipaux, Alfred LaRocque et Narcisse Valois).

La période hivernale provoquait toujours une augmentation de la pauvreté à Montréal, au siècle dernier tout comme aujourd'hui. L'hiver 1854-1855 fut particulièrement difficile, à tel point que la municipalité fut obligée d'intervenir. Le Conseil

municipal confia 2000 $ aux aumôniers des pauvres sous la sur-
veillance de la Société de Saint-Vincent-de-Paul [44]. Coïncidence
intéressante, M. Villeneuve, aumônier des pauvres canadiens,
était en même temps aumônier de la Société de Saint-Vincent-
de-Paul. Après avoir dépensé le montant initial, un supplément
de 1000 $ fut accordé. *La Minerve* du 20 février 1855 publia dans
un article le bon usage fait de ces subventions destinées à soulager la misère:

> Il [le maire] observa que la somme votée par le Conseil
> avait produit un grand bien, grâce surtout à la manière
> dont elle avait été distribuée aux pauvres. Souvent, des
> parents vicieux ont vendu le pain ou la viande que leur
> donnait la charité publique, pour acheter des liqueurs spi-
> ritueuses, privant, de cette manière leurs enfants de la
> nourriture nécessaire. Mais, avec le système des Soupes
> Publiques distribuées à certains établissements de bien-
> faisance, on n'a rien à craindre de semblable.

Nous traiterons plus loin de l'Œuvre de la soupe; soulignons simplement ici la collaboration qui existait entre la municipalité et la Société de Saint-Vincent-de-Paul au sujet de cette
œuvre. La contribution de la Corporation ne représenta qu'une
faible partie des sommes qu'elle exigea en 1855, et qui mit à contribution non seulement la Société de Saint-Vincent-de-Paul,
mais aussi les établissements des Sœurs Grises, notamment
l'Hospice Saint-Joseph, et l'Asile Saint-Vincent-de-Paul dirigé
par les Sœurs de la Providence.

L'inondation de 1865 causa de tels bouleversements que la
Corporation vota une somme de soixante-quinze dollars pour
secourir les familles sinistrées, subvention confiée à la Société de
Saint-Vincent-de-Paul; Narcisse Valois dépensa 108,50 $ pour
l'achat de bois, de beurre et de pain [45]. Il avait reçu 75 $ de la
Corporation et 33,50 $ de la Société.

Le service de bains et de lavoirs publics

La Corporation est à l'origine de l'implantation de services
publics destinés à favoriser l'hygiène chez les pauvres. Profitant
du creusage d'un réservoir (situé sur le coteau à Baron, à l'ouest
de la rue Saint-Denis), les autorités municipales ouvrirent une
maison désignée sous le nom de Bains publics à l'intention de
ceux qui en avaient besoin, à l'instar de grandes villes européen-

nes et américaines. Plus tard, on aménagea des lavoirs publics pour la même clientèle.

C'est l'échevin Alfred LaRocque qui pilota le dossier des bains publics au Conseil municipal. Une annonce parue dans *La Minerve* du 9 août 1852 mentionne qu'une Maison de Bains était située au 50 de la rue Craig à l'angle de la ruelle des Fortifications. L'établissement était ouvert de 5 h à 22 h. Il en coûtait un sol et quatre deniers pour prendre un bain.

La municipalité consulta des experts au moment d'étendre le service aux autres quartiers de la ville, notamment près du terminus du chemin de fer, près de Lachine, et du carré Viger. Dans le *Rapport de Regnaud & Tate* daté du 22 mars 1856, on mentionne les avantages des Bains publics pour tous ceux qui n'avaient pas cette commodité à domicile:

> L'approvisionnement régulier d'eau chaude, accompagné des instruments nécessaires au lavage, au séchage et au reprisage des vêtements, s'est révélé d'un grand bienfait non seulement pour les familles pauvres et indigentes, mais aussi pour des centaines de familles respectables qui habitent de petites maisons et ne sont pas en mesure de faire chez eux leur propre lavage ni de le faire faire ailleurs.
>
> Répétons-le, quel luxe et quelle commodité que le bain pour les classes laborieuses, des mécaniciens aux artisans, et à un prix proportionné à leurs moyens. En somme, les avantages s'avèrent également répartis: le public a reçu des soins à un bas prix; et les compagnies ont été bien payées en retour de leurs déboursés. En ce cas, les revenus de la Ville seront augmentés et la santé publique, améliorée [46].

Le rapport proposait d'établir des lavoirs publics pourvus d'eau tiède courante, de séchoirs et autres accessoires. L'implantation de tels services rendit la population plus exigeante. Une pétition signée par quarante-sept citoyens fut adressée au Conseil municipal afin de demander un accroissement du budget consacré aux bains publics. La requête datée du 27 janvier 1869 était accompagnée d'un estimé du coût de leur implantation [47].

Au titre de l'équipement recommandé pour les lavoirs publics, il y avait des sécheuses et des calandres, actionnées à la vapeur; on comprend que de tels services intéressaient une large part de la population, hors les indigents, qui ne pouvait s'offrir ce luxe. Les pétitionnaires avaient même prévu un mode de financement des 20 000 $ requis, soit la vente de 1000 actions à 20 $ chacune. Apparemment, ils étaient membres de la Montreal Sanitary Association. Le Comité de l'hôtel de ville répondit à cette demande dans un rapport daté du 9 juin suivant. Ce comité recommanda qu'une somme de 200 $ soit votée à cette fin à la condition que la subvention soit répartie également entre l'est et l'ouest de la ville. Après réflexion, le Conseil vota une somme additionnelle de 300 $ le 2 juillet 1869 [48].

Des informations relatives aux maisons de bains datent de l'automne 1870 et du printemps 1871. Dans le premier cas, il s'agit d'une lettre d'un chef de police mentionnant au Comité de santé que les installations prévues ne rencontraient pas entièrement les objectifs initiaux, pour les raisons suivantes:

> On croyait qu'un bain gratuit durant la saison chaude serait utile à la classe ouvrière et à ceux qui n'avaient pas à leur portée d'installations sanitaires, mais vu qu'ils sont fréquentés surtout par de jeunes fainéants, ceux pour qui les bains avaient été construits ne pouvaient profiter de leurs effets bienfaisants [49].

De plus, on note que des citoyens respectables n'avaient pas accès à ces services pendant la journée. M. Flynn se plaignait du vandalisme, il n'arrivait pas à tenir les lieux en bon état.

Certains commentaires de religieuses préposées à la Visite des pauvres à domicile donnent une idée des conditions de vie des indigents. Elles soulignent souvent le manque d'installations nécessaires à l'observance des règles élémentaires de la propreté et de l'hygiène. Les membres du Conseil municipal avaient accepté de s'engager dans ce domaine à cause de son incidence sur la santé publique, responsabilité spécifique de la municipalité.

DEUXIÈME PARTIE

LES PAUVRES EN INSTITUTION

5

Services aux pauvres
inaptes au travail

Les pauvres inaptes au travail — enfants abandonnés, orphelins, personnes âgées et infirmes — étaient d'abord recueillis
dans des établissements sans vocation particulière, essentiellement l'Hôpital Général. Le premier hôpital général du Canada
fut établi à Québec par les Sœurs Augustines en 1693; l'année
suivante, Montréal avait le sien. À l'époque qui nous intéresse,
d'autres institutions prenaient en charge ces indigents, mais seul
l'Hôpital Général — et, à partir d'un certain moment, l'Hospice Saint-Joseph, sorte d'annexe de l'Hôpital — continua à
s'occuper des enfants abandonnés.

L'OEUVRE DES ENFANTS ABANDONNÉS
À L'HÔPITAL GÉNÉRAL

L'Église de France s'intéressa au sort des enfants abandonnés
dès le Moyen Âge. Par la suite, Marguerite de Valois au XVIe
siècle et Vincent de Paul au XVIIe siècle fondèrent successivement des œuvres ayant la même préoccupation. Les administrateurs civils et religieux de la Nouvelle-France en firent autant.

À Montréal, les enfants trouvés furent d'abord assistés par
le Séminaire de Saint-Sulpice. Un changement administratif
survenu en 1694 fit que c'était le procureur du roi qui recrutait
les nourrices pour les enfants trouvés dont elles prenaient soin
jusqu'à ce qu'ils aient atteint l'âge de dix-huit mois. Or, faute de

surveillance des nourrices, il y eut des abus. De son côté, Marguerite d'Youville aurait voulu s'occuper des enfants trouvés dès les débuts de sa communauté, si les autorités avaient accepté de l'aider financièrement. Du reste, même sans cette aide, elle accueillit trente-quatre enfants de 1754 à 1760[1]. Après la Conquête, les nouveaux gouverneurs ne jugèrent pas opportun de consacrer des fonds à l'entretien des enfants abandonnés.

C'est alors que M. Étienne Montgolfier, supérieur du Séminaire de Saint-Sulpice, adressa un mémoire au gouverneur lui demandant que les enfants trouvés soient confiés à l'Hôpital Général et que les Sœurs Grises reçoivent l'aide nécessaire pour ce service. D'une manière générale, la Conquête avait entraîné une baisse considérable des revenus de la communauté; d'une part, à cause du départ pour la France d'un grand nombre de familles aisées et secourables, d'autre part, parce que les industries les plus payantes de la maison périclitèrent avec le retrait des armées françaises. Or, les dépenses de l'Hôpital Général ne cessaient d'augmenter vu la misère générale qui sévissait au pays. C'est donc dans des conditions matérielles précaires que les Sœurs Grises ajoutèrent l'œuvre des enfants trouvés à leurs services déjà existants.

Les enfants abandonnés, déposés subrepticement à l'Hôpital Général, ou confiés directement à l'institution, étaient pris en charge par l'hospitalière. Toute bonne hospitalière des enfants trouvés devait avoir beaucoup de tact et de réserve; elle ne devait manifester aucune curiosité relative à l'origine des enfants. Si par inadvertance elle apprenait des détails les concernant, elle était tenue au secret sauf dans quelque circonstance exceptionnelle. Les parents des enfants trouvés n'étaient pas autorisés à les visiter, à moins d'une permission spéciale de la supérieure. De même, les parents ne devaient pas être mis au courant de l'adresse de la nourrice à qui l'enfant avait été confié. Dans certains cas, on donnait sur demande des parents des nouvelles de la santé de leur enfant. Dans le cas où des ayants droits s'avisaient de réclamer un enfant, on devait bien vérifier leur identité et s'assurer que l'enfant ne courait aucun danger physique ou moral. L'hospitalière transmettait les renseignements recueillis à la supérieure qui décidait en dernier ressort si l'enfant pouvait être remis à ses parents.

Dès les débuts de l'œuvre, M. Étienne Montgolfier établit la procédure à suivre pour le soin des enfants abandonnés dépo-

L'œuvre des enfants trouvés remonte au début du régime anglais et fut poursuivie par les Sœurs Grises jusqu'au milieu du XXe siècle. Cette gravure représente Mère d'Youville découvrant un enfant poignardé qui gît dans la glace. (A.S.G.M.)

sés à l'Hôpital Général. L'alimentation de ces derniers était le premier souci des religieuses:

> À moins que l'hôpital ne trouve de ressources pour nourrir, dès les premiers mois de ces petits enfants dans la maison (comme par des femmes, des chèvres ou des vaches) on leur cherchera des nourrices, chez lesquelles on les laissera, s'il se peut, pendant six et huit mois; et on leur payera la pension convenue [2].

En fait, on eut recours à des nourrices choisies de préférence à la campagne. L'hospitalière notait le nom de l'enfant, son âge et autres détails le concernant, le nom et l'adresse de la nourrice, la date où l'enfant lui était confié et la date prévue de son retour à l'Hôpital Général [3]. Les candidates qui se présentaient à l'Hôpital Général pour devenir nourrices faisaient l'objet d'une enquête visant à établir si elles étaient dignes de confiance.

En plus de choisir les nourrices avec soin, l'hospitalière les visitait tous les trois mois. La visite était toujours effectuée à l'improviste, afin que soit mieux vérifiée la qualité des soins donnés. Un délit connu et vérifié entraînait le discrédit de la nourrice prise en faute.

> La Sœur devra visiter avec soin chaque enfant pour voir s'ils sont sains de corps et n'ont pas contracté quelqu'infirmité, ce qu'elle fera seule, et avec décence et modestie. Elle visitera aussi leurs lits, leur linge, etc., pour s'assurer si tout est propre; elle s'informera aussi de la nourriture qu'on leur donne et l'examinera s'il est nécessaire. Si elle trouvait les enfants mal soignés ou mal nourris, après les avertissements convenables elle les retirerait n'ayant pas égard à l'intérêt des nourrices, mais à celui des enfants [4].

Selon un rapport de 1876, sur trente-deux nourrices visitées, trente s'acquittaient bien de leur tâche; deux furent jugées moins consciencieuses et se virent retirer la garde des enfants.

En cas de besoin, l'hospitalière remettait à la nourrice les remèdes recommandés par le médecin ou la sœur pharmacienne.

Si l'enfant qu'on lui avait confié mourait, la nourrice devait ramener le corps à l'Hôpital Général afin que, dans la mesure du possible, la cause du décès soit établie. Jusqu'en 1865, les enfants décédés étaient inhumés, avec les pauvres de l'Hôpital Général, sur un terrain situé à proximité de l'établissement. Après cette date ils le furent au cimetière de la Paroisse.

À leur retour de nourrice, les enfants abandonnés avaient leur propre salle et recevaient une éducation adaptée à leur condition. Cela, du moins, jusque vers 1837, moment où sœur Marguerite Elmire Brault, dite Thibodeau, jugea inappropriée la distinction entre enfants abandonnés et orphelins et la fit peu à peu disparaître. Monsieur E. Montgolfier avait prévu une double forme d'éducation à l'intention des enfants trouvés: l'instruction religieuse et un enseignement essentiellement pratique. L'intervention de sœur Brault eut pour effet d'y ajouter une formation intellectuelle semblable à celle qu'on donnait aux orphelins.

Les enfants trouvés étaient logés et nourris aux frais de l'Hôpital Général. Les sœurs avaient le droit d'exiger d'eux un travail, ou de petits services proportionnés à leur âge. À dix-huit ans, ils pouvaient réclamer un salaire ou s'engager ailleurs. Les enfants trouvés furent reçus à l'Hôpital Général jusqu'au 2 octobre 1857, date de leur transfert à l'Hospice Saint-Joseph.

L'éducation des «préparantes» (enfants trouvés d'âge préscolaire) et des «petits orphelins» à leur retour de nourrice préoccupait les Sœurs Grises. Sous l'impulsion de M. Victor Rousselot, qui en connaissait déjà le fonctionnement en France, et sous la responsabilité de sœur Julie Gaudry, elles ouvrirent alors les salles d'asile. Comme à Paris, les mères obligées de travailler à l'extérieur pouvaient confier leurs enfants à ces «garderies» où ils étaient en sécurité et se développpaient harmonieusement [5]. Les enfants d'âge préscolaire de l'Hospice Saint-Joseph firent des progrès spectaculaires à partir du moment où ils bénéficièrent de cet enseignement de la salle d'asile attenante à l'hospice. Les enfants «illégitimes» recevaient le même traitement que les orphelins. Les filles d'âge scolaire avaient leurs classes sur place; les garçons fréquentaient l'école des Frères des écoles chrétiennes.

La plupart des enfants abandonnés étaient des «illégitimes». Quelle qu'en fût l'origine, la grossesse hors mariage était une catastrophe personnelle, familiale et sociale. L'avortement, évidemment clandestin, était extrêmement dangereux; les mères célibataires se cachaient pour rendre leur enfant à terme. Vers 1850 seulement, des maternités furent ouvertes où elles pouvaient se réfugier et accoucher. Pour éviter le scandale, des femmes désespérées allaient jusqu'à l'infanticide. Les journaux de l'époque rapportent des cas pénibles comme celui-ci:

> Le corps d'un enfant nouveau-né a été ramassé dernière-
> ment, le matin, sur le côteau Sainte-Geneviève. Il paraît
> bien que cet enfant est né vivant, et qu'il est mort des sui-
> tes du honteux abandonnement des indignes auteurs de
> ses jours. Il avait la chair de l'épaule, d'un bras et d'une
> partie du dos rongée, probablement par les rats, le reste
> du corps ne présentait aucun signe de décomposition [6].

Il est impossible d'établir la fréquence de tels drames. Le
nombre des enfants recueillis par les Sœurs Grises n'en donne
qu'une idée; du reste, la plupart du temps, les sœurs ignoraient
tout de l'histoire tragique de ces enfants, qu'ils soient ou non
issus de milieux misérables.

Au cours du XIXe siècle, les ruraux qui éprouvaient des
difficultés économiques tentaient généralement de résoudre
leurs problèmes par l'émigration à la ville quand ce n'était pas
aux États-Unis. Souvent, les jeunes filles des campagnes arrivaient à Montréal les premières; elles espéraient que leur salaire
comblerait les besoins de leur famille demeurée à la campagne.
Malgré les maisons d'accueil destinées aux «servantes sans
place», ces jeunes filles démunies étaient des proies faciles pour
les séducteurs. Loin de leurs familles, elles dépendaient beaucoup de leurs employeurs, et certains en abusaient. C'est ainsi
que des jeunes filles violées devenaient mères malgré elles.

Les données sur les enfants admis chez les Sœurs Grises,
sur ceux qui sont décédés et ceux qui étaient à la charge de la
communauté ont en commun une augmentation constante. Les
admissions passent de 111 en 1831 à 682 en 1871 [7]. Quant au
nombre d'enfants abandonnés entretenus aux frais de la communauté, leur nombre s'élevait à 188 en 1831 pour atteindre un
sommet de 1016 en 1865. L'année record du nombre des morta-
lités se situe en 1865, avec un total de 682 décès. De 1831 à 1845,
les enfants confiés aux Sœurs Grises provenaient surtout de la
région de Montréal. Après la fermeture de l'Œuvre des enfants
trouvés à l'Hôtel-Dieu de Québec (le 12 février 1845), les
enfants abandonnés de cette région furent dirigés vers l'Hôpital
Général de Montréal.

Les maternités ouvertes à Montréal contribuèrent à faire
diminuer les infanticides. Ces maisons remettaient les bébés
abandonnés aux Sœurs Grises. Dans la seule année 1864, une de
ces maternités en envoya 189 [8]. La plupart des enfants étaient

originaires de Montréal, ceux de Québec viennent ensuite, suivis de ceux des environs de Montréal, d'Ottawa, de Saint-Hyacinthe, des États-Unis et de Trois-Rivières [9].

Seul un petit nombre d'enfants grandissaient à l'Hôpital Général et à l'Hospice Saint-Joseph. Ou ils mouraient ou ils étaient adoptés dès leur plus jeune âge. Avec le temps, il est probable que les enfants appelés orphelins à l'Hôpital Général et à l'Hospice Saint-Joseph étaient majoritairement des enfants abandonnés. Ils étaient entretenus aux frais des Sœurs Grises jusqu'à leur adoption, ou jusqu'à dix-huit ans dans le cas contraire. Les sœurs placèrent des garçons en apprentissage afin qu'ils apprennent un métier leur permettant de gagner leur vie.

Des remarques générales sur l'état de la santé et de l'hygiène publique permettent de situer dans son contexte la mortalité (plus de la moitié, parfois les deux tiers) des enfants abandonnés. Le *French Report from the Health Committee on the Causes of Mortality Among Children*, présenté au maire et échevins de la ville de Montréal le 19 novembre 1863, signale diverses causes d'insalubrité ayant des incidences sur la santé de la population, notamment les nombreux abattoirs privés établis au milieu des quartiers peuplés de la ville, sans égard pour le voisinage, ou les carcasses d'animaux en décomposition dans les cours et dans les rues qui étaient source d'odeurs nauséabondes et répandaient diverses maladies. Le rapport souligne encore que Montréal était un lieu d'accueil pour quantité d'enfants provenant de régions éloignées. Les remarques contenues dans ce document expliquent les raisons qui incitèrent les Sœurs Grises à chercher des nourrices à la campagne: la ville étant insalubre, les êtres faibles y contractaient des maladies souvent mortelles.

Pour avoir une idée de l'état dans lequel étaient les enfants abandonnés, voici un relevé fait en 1865 à l'Hôpital Général:

> La plupart de ces enfants sont apportés dans un état si pitoyable qu'il est impossible qu'ils puissent vivre longtemps, sur 328 enfants reçus depuis le 1er janvier 1865 au 1er juin dernier:
> — 147 ont été reçus sans couverture et les pieds glacés
> — 46 malades, et un grand nombre couverts de vermine
> — 28 atteints de syphilis
> — 12 sans avoir reçu le premier lavage
> — 10 mourants
> — 5 sans avoir reçu le premier pansement

- 5 ont été trouvés dont: 2 sur la glace
- 4 enveloppés dans un simple linge de coton
- 4 blessés par les instrumens des médecins
- 3 entre-gelés
- 1 endormi depuis trois jours par l'influence de l'opium
- 1 enveloppé dans un journal
- 1 nu sur le marché
- 1 sur le bord de la rivière
- 1 sur le chemin, ramassé par la police
- 1 avait ses hardes gelés sur lui: ayant dégelé à la chaleur du poêle, l'enfant n'a vécu que 2 heures
- 1 âgé de 7 mois environ, gelé, n'a vécu que 3 jours
- 1 autre apporté dans un panier d'une campagne éloignée presque étouffé par suite des secousses de la voiture ayant la figure dans le fond du panier [10].

À cette liste de maladies, de blessures et de négligences, il faut ajouter la débilité congénitale de certains de ces enfants nés prématurément et les ressources précaires de la médecine infantile à cette époque. À leur arrivée chez les Sœurs Grises, certains étaient atteints de maladies contagieuses transmissibles à ceux qui attendaient une nourrice pour quitter l'institution. D'une année à l'autre, l'état des enfants trouvés déposés à l'Hôpital Général ne s'améliorait pas. En 1867, sur les 652 enfants admis, 33 seulement survécurent.

Le rôle humanitaire et social des Sœurs Grises auprès des enfants abandonnés était donc aussi éprouvant que nécessaire. Dès l'arrivée des enfants à l'Hôpital Général, ils étaient lavés et examinés afin que leur état de santé soit établi. La plupart des enfants abandonnés étaient souffrants, ce qui provoquait chez eux des pleurs interminables. Tout en s'occupant de leurs besoins immédiats, l'hospitalière devait faire des démarches en vue de trouver des nourrices à tous les bébés de moins d'un an et demi. Il va de soi que ces diverses tâches exigeaient d'elle une excellente santé, une affection particulière pour les petits et une infinie patience.

Tel était le contexte de l'arrivée des enfants à l'institution. En ce qui concerne leur alimentation, rappelons que les Sœurs Grises exploitaient des fermes où elles élevaient des vaches, notamment à Châteauguay et à la Longue-Pointe. Par conséquent, l'Hôpital Général et l'Hospice Saint-Joseph étaient bien approvisionnés en lait. Les archives de l'Hôpital Général ne citent pas de cas d'enfants que ce lait de vache aurait rendus malades. L'époque dont nous parlons est antérieure à la science bactériologique et aussi à la pasteurisation. Toute maladie infectieuse était fatale, tout comme certaines maladies d'enfants considérées aujourd'hui comme bénignes. La vaccination contre la variole n'étant apparue que vers les années 1870, la mortalité, plus élevée chez les enfants que chez les adultes, l'était à plus forte raison chez les enfants abandonnés.

À l'époque où M. Montgolfier rédigea une «règle» à l'intention des personnes chargées des enfants abandonnés, le gouvernement royal limitait à douze le nombre des professes chez les Sœurs Grises. Des aides laïques furent plus tard employées auprès des enfants abandonnés; elles étaient souvent des aspirantes à la vie religieuse. Les sœurs professes exerçaient une certaine supervision de leur travail et instruisaient les enfants au point de vue religieux. Dès que la chose devint possible, c'est-à-dire quand la communauté put élargir ses cadres, une sœur hospitalière fut désignée pour le soin des enfants trouvés. Puis deux sœurs se partagèrent la tâche: ainsi en 1842, l'une d'elles dite «hospitalière des petits enfants et illégitimes» était chargée de recevoir les enfants et de les préparer à leur placement. Elle s'occupait aussi d'une vingtaine d'autres enfants de dix-huit mois à quatre ans; l'autre sœur dite «hospitalière des petites filles» était responsable d'une quarantaine d'enfants plus âgées et jouait le rôle d'éducatrice auprès d'elles. Après 1858, les hospitalières n'eurent plus à s'occuper de l'instruction des enfants.

L'ŒUVRE DES ORPHELINS

Tout comme l'Œuvre des enfants trouvés, avec laquelle elle se confond à partir d'un certain moment, l'Œuvre des orphelins a une longue tradition religieuse (règle de Saint Basile, par exemple) et civile (les hôpitaux généraux français). Au Québec, en plus de l'Hôpital Général, plusieurs autres institutions s'occuperont des orphelins.

L'Hôpital Général

Si, à la campagne, en cas de décès des parents, la solidarité familiale se traduisait spontanément par la prise en charge des orphelins, en ville, tant par la perte de la cohésion familiale que par les

Pouponnière de la maison mère des Sœurs Grises au début du XXe siècle. Les enfants abandonnés y étaient soignés en attendant qu'on leur trouve des nourrices. (A.S.G.M.)

difficultés proprement matérielles, les orphelins étaient le plus souvent placés en institution. Hors le taux de mortalité, cinq épidémies, entre 1832 et 1854, contribueront à accroître à Montréal le nombre des orphelins.

Mère d'Youville s'intéressa au sort des orphelins dès les débuts de son œuvre. Elle reçut tous ceux qui furent signalés à son attention au même titre que les autres catégories d'indigents. Fidèles à l'esprit de la fondatrice, les Sœurs Grises répondirent favorablement à la demande des Sulpiciens et accueillirent les orphelins irlandais à partir de 1823. Vu l'état précaire des finances de la communauté, le Séminaire de Saint-Sulpice décida de payer le coût d'entretien d'une quarantaine d'entre eux. M. Étienne-Michel Faillon évaluait à 6400 francs les versements annuels effectués par le Séminaire pour les orphelins irlandais [11].

Deux séries de statistiques détaillées furent soigneusement tenues à jour à l'Hôpital Général: l'une pour les Canadiens,

Au début du XXᵉ siècle, les Sulpiciens accueillaient les orphelins des Sœurs Grises au Collège de Montréal situé dans un environnement propice aux ébats dans la nature. (A.S.G.M., 1911)

l'autre pour les Irlandais [12]. On y consignait le nombre d'admissions de garçons et de filles, les sorties, les décès et le nombre des orphelins en institution au 31 décembre de chaque année. Les Canadiens étaient moins nombreux que les Irlandais, soit une moyenne annuelle de 29 pour ceux-là et 42 pour ceux-ci.

Fait caractéristique chez les orphelins canadiens, les garçons et les filles ont été admis en nombre à peu près égal, respectivement 392 et 424. Sur une période de quarante ans (de 1831 à 1871), le nombre des filles a excédé de trente-deux seulement celui des garçons. Par ailleurs, 45% des Canadiens quittaient l'institution contre 71% des Irlandais. Quant au taux de décès, il est de 43% chez les orphelins canadiens et de 26% chez les Irlandais. Notons, enfin, que les orphelines irlandaises (606 au total) ont été cinq fois plus nombreuses que les orphelins (113 au total), à être admises à l'Hôpital Général et qu'elles y sont restées plus longtemps. Dans l'état actuel de la recherche, il est difficile d'expliquer ces différences.

En ce qui concerne le placement des orphelins et des orphelines, on procédait ainsi:

> Quand il s'agira de placer un orphelin ou une orpheline, ou tout autre Enfant, on prendra toutes les précautions que la prudence, la charité et la justice commandent pour

s'assurer que l'enfant sera bien traité et ne courera aucun danger pour le corps et pour l'âme. À cette fin, la Sœur hospitalière après avoir pris tous les renseignements possibles sur les personnes qui s'adresseraient à elle pour avoir quelqu'enfant, les communiquera le plus tôt possible à la Supérieure, et attendra sa réponse pour agir selon ses ordres [13].

Il est probable que la supérieure consultait des parents dignes de confiance, parmi lesquels on retrouvait des Dames de la Charité, collaboratrices habituelles de la communauté. Lorsque la famille d'adoption était jugée acceptable, l'enfant lui était confié après avoir reçu les recommandations d'usage. Selon la facilité que les enfants avaient de se rendre à l'Hôpital Général après leur placement, ils étaient invités à revenir voir les sœurs. Ces rencontres avaient pour objet d'exercer sur eux une certaine surveillance, assortie de conseils judicieux.

En 1854, Mère Julie Deschamps déplorait la surpopulation des orphelins à l'Hôpital Général et à l'Hospice Saint-Joseph, ce qui était dommageable pour leur santé. Cette situation obligeait en outre la direction de l'établissement à «profiter de toutes les occasions qui se présentent pour placer nos enfants sans distinction d'âge et rarement pouvons-nous les garder, passé l'âge de 10 à 11 ans [14]». Ce qui n'allait pas sans risques. Toutes les orphelines adoptées ne résistaient pas à la corruption, un grand nombre se laissaient séduire. Certaines réintégraient l'établissement après une expérience malheureuse. Ne pouvant être mêlées aux autres sans inconvénient, elles étaient placées ailleurs dans les plus brefs délais possibles. Les orphelins subissaient le même sort, mais ils étaient restitués à l'Hôpital Général moins fréquemment.

Les Sœurs Grises notèrent que certains parents d'orphelins, après avoir négligé de s'en occuper pendant plusieurs années, décidaient soudainement de les reprendre lorsqu'ils étaient en âge de travailler. Alertées par ce comportement, elles en discutèrent avec M. Faillon qui, en 1859, résolut de soumettre aux parents naturels un projet de formule d'abandon (des orphelins) susceptible de prévenir de tels abus. La renonciation des parents à leurs droits avait pour objet de les dégager de toute responsabilité et de toute prétention sur l'orphelin jusqu'à ce qu'il atteigne vingt et un ans. Les Sœurs Grises s'engageaient par ailleurs à instruire, éduquer, vêtir, nourrir et soigner celui-

Le théâtre faisait partie des activités proposées aux enfants de l'Hospice Saint-Joseph. Ici, deux frères orphelins sont costumés en zouaves pontificaux. (A.S.G.M.)

ci, se réservant le droit de le placer chez des personnes leur inspirant confiance. Ce document, même signé des parents, n'empêchait pas les sœurs de rendre les orphelins au père ou à la mère si elles n'y voyaient pas d'inconvénient [15].

Parmi les «orphelins» se trouvaient des enfants légitimes dont les deux parents étaient toujours vivants, mais auprès desquels ils étaient malheureux. En protégeant ainsi l'enfance malheureuse, les Sœurs Grises devançaient la législation, alors inexistante en ce domaine.

Le premier article du coutumier attire l'attention des hospitalières sur l'importance de bien surveiller les enfants. Si elle devait s'absenter, l'hospitalière devait confier la surveillance des enfants à une personne digne de confiance et non à une enfant. La responsable des petites filles tâchait d'éviter toute communication avec les petits garçons de l'établissement. L'hospitalière, assistée d'une sœur, accompagnait les orphelins dans leurs déplacements à l'extérieur du bâtiment, que ce soit sur le chemin de l'église ou ailleurs. Les orphelins de plus de sept ans étaient séparés des plus petits, de façon à supprimer tout contact avec ceux-ci, tout comme d'ailleurs avec les vieillards.

Trois articles du même document des hospitalières des orphelines se rapportaient à la santé, à l'hygiène et à la propreté. On prévoyait la fréquence du changement de vêtements et des literies en fonction des facilités de la buanderie. Tous les enfants d'une même salle devaient porter un uniforme, auquel on ajouta de «petits mantelets» destinés aux enfants malades. L'isolement des enfants souffrant de maladies contagieuses était prévu. Les règlements sur la santé, l'hygiène et la propreté des orphelins et des orphelines étaient les mêmes, à peu de chose près.

On attachait la plus grande importance à l'instruction des orphelins et des orphelines et elle se traduisait par des règlements précis. Le coutumier fait allusion à une sorte de code en usage dans chaque salle, adapté à l'âge des enfants, auquel les hospitalières devaient se conformer rigoureusement. Pour y déroger, il fallait un motif grave et l'approbation de la supérieure. On mettait l'accent sur le travail en classe et sur le catéchisme. Il était recommandé de susciter l'émulation chez les enfants. La formation spirituelle adaptée à leur âge était à l'honneur. Les orphelines recevaient leur instruction à l'Hôpital Général, tandis que les orphelins fréquentaient l'école des Frères à l'extérieur de l'établissement. Ils étaient surveillés pendant les trajets afin d'éviter qu'ils ne flânent en chemin. L'hospitalière devait contrôler l'application des enfants à faire leurs devoirs. De plus, elle était chargée de s'enquérir des progrès des enfants placés sous sa responsabilité. Seuls les orphelins trop jeunes pour fréquenter la classe des Frères recevaient les premiers éléments d'instruction à l'Hôpital.

Tout en maintenant ordre et discipline, il était suggéré d'agir de manière à se faire aimer des enfants et à leur inspirer confiance. Les châtiments, pénitences ou reproches restaient un

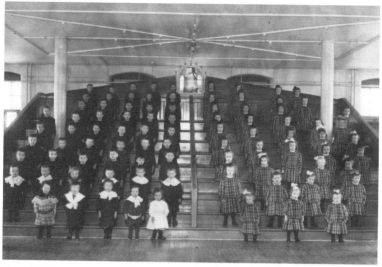

La salle des gradins de l'orphelinat des Sœurs Grises servait aux enfants d'âge préscolaire. Ils y étaient éduqués selon la «Méthode des salles d'asile», d'origine belge, destinée à développer les habiletés physiques et intellectuelles des enfants. Les gradins facilitaient la surveillance. (A.S.G.M.)

Salle des orphelins logés à la maison mère des Sœurs Grises. (A.S.G.M.)

pis-aller et ne devaient être employés qu'en dernier recours. Le règlement mettait les hospitalières en garde contre les punitions infligées sous l'impulsion de la colère. Le coutumier préconisait des méthodes positives d'éducation:

Orphelines en tablier s'amusant dans la salle de récréation de la maison mère des Sœurs Grises. Par modestie, les surveillantes détournaient la tête... (A.S.G.M.)

Elles tâcheront au contraire de les porter au bien par leur bonté et leur douceur, par de petites récompenses et des éloges convenablement ménagés et en s'efforçant d'exciter entr'eux une louable émulation. Qu'elles témoignent aux enfants une tendre et constante charité, une charité patiente et discrète [16].

Autant on engageait les hospitalières à la tolérance, autant on était strict sur les cas d'enfants incorrigibles, dont la conduite et les discours contraires aux bonnes mœurs risquaient de corrompre les autres.

Deux points différaient dans l'éducation des garçons et celle des filles. La maîtresse des orphelines devait former les orphelines à la politesse, en leur inspirant du respect pour les prêtres et les sœurs, de même qu'à l'égard des pauvres et des «filles engagées» à leur service. On parlait tout spécialement de la détente nécessaire aux petits garçons, généralement plus turbulents que les petites filles. Si le temps le permettait, on suggérait de les faire descendre dans la cour lors des récréations les plus

Fanfare des orphelins, chez les Sœurs Grises, vers 1900. Les religieuses avaient le souci de développer les aptitudes de leurs protégés, notamment par l'initiation musicale. (A.S.G.M.)

longues. À partir de 1844, ceux-ci allaient respirer l'air de la campagne à la Pointe Saint-Charles tous les jeudis et y passaient même plusieurs jours si leur santé le réclamait [17]. M. Mathurin-Clair Bonnissant admettait volontiers que l'exercice était nécessaire à la santé des enfants et il recommandait aux sœurs de ne pas le négliger [18].

L'Hôpital Général de Montréal avait presque atteint sa taille définitive en 1831; seule fut ajoutée l'annexe construite sous l'administration de Mère Elizabeth McMullen en 1847. L'édifice de quatre étages était vaste et cependant bien rempli. Pour diverses raisons, les orphelines changèrent souvent de locaux. On consacrait en général deux salles aux orphelins et deux autres aux orphelines; les enfants étaient regroupés par âge et par sexe, surtout après la rédaction du Coutumier (entre 1850 et 1885). Pour la période antérieure, les sœurs inscrivaient les enfants à leur arrivée et selon leur sexe. Si l'on dénombre les enfants restant dans l'établissement au 31 décembre de chaque année, pendant les quarante ans qui nous intéressent, on constate qu'il y avait trois fois plus de filles que de garçons. Il est très probable que, dans la vie quotidienne, les orphelins irlandais et canadiens occupaient les mêmes salles, sans compter les enfants trouvés qui revenaient de nourrice.

Il est rapporté dans la Chronique de l'Hôpital Général que l'œuvre des orphelines irlandaises a commencé sur une petite échelle en 1823, à la salle des enfants trouvés. L'année suivante, elles furent transportées dans un local désaffecté, autrefois habité par des femmes pauvres. Le 19 août 1828, ces orphelines déménagèrent dans la salle de l'Enfant-Jésus et dans la salle Sainte-Élisabeth où on les retrouve vers les années 1850. Vers 1836, les orphelins de la salle de l'Enfant-Jésus emménagèrent à la salle Saint-Louis [19].

Ces changements de locaux étaient provoqués par l'augmentation ou la diminution du nombre des enfants. La salle Saint-Antoine attribuée aux orphelins devint trop exiguë et on dut installer les plus petits à la salle Sainte-Thérèse, vers 1837. Plusieurs décédèrent; la salle fut alors fermée pendant quelques années. En 1843, les enfants des deux salles des garçons furent réunis dans la salle de l'Enfant-Jésus. Apparemment, les plus âgés furent à nouveau séparés des autres au printemps 1845. Quant aux petites orphelines logées d'abord à la salle de l'Ange-Gardien, elles étaient elles aussi devenues trop nombreuses. Vingt-cinq des plus grandes furent alors déménagées à la salle Sainte-Thérèse, en mai 1835. Elles y restèrent jusqu'en décembre 1836. Puis elles furent dirigées vers la salle de l'Enfant-Jésus, enfin vers celle de Sainte-Marguerite où elles demeurèrent par la suite.

Telle était la situation des enfants de l'Hôpital Général vers 1854, époque où Mère Julie Deschamps faisait une analyse critique de l'état de la maison:

> Nos salles sont de beaucoup trop petites pour le nombre de pauvres qu'elles contiennent; elles n'ont presqu'aucune commodité ce qui rend le service des pauvres sans ordre et bien fatigant. Les enfants y perdent généralement la santé, faute d'air, les hospitalières y souffrent beaucoup [20].

On accepta donc l'offre d'Olivier Berthelet de prendre en charge l'Hospice Saint-Joseph. Les enfants trouvés furent les premiers à y être transportés. Le 7 mars 1858, les orphelines de la salle Sainte-Marguerite furent réunies à celles de l'Hospice Saint-Joseph [21]. La prise en charge des orphelins n'était pas un

Orphelinat Saint-Patrice, construit en 1851, où des centaines d'orphelins irlandais furent éduqués par les Sœurs Grises. (A.S.G.M.)

travail de tout repos. Le nombre des sœurs n'était pas très élevé et il n'était pas rare qu'une hospitalière fût seule à s'occuper d'une salle, aidée uniquement de «filles engagées». L'énormité de sa tâche (prières, catéchisme, lecture, écriture, calcul, couture, etc.) exigeait un sens de l'organisation peu commun. L'hospitalière était en fonction presque jour et nuit, sauf pendant ses exercices religieux et ses repas. Elle dormait dans un coin aménagé dans le dortoir des enfants. Et c'est sans doute les exigences de ce service qui expliquent la grande mobilité du personnel qui y fut affecté.

L'Orphelinat Saint-Patrice

L'Orphelinat Saint-Patrice ne fut ainsi nommé officiellement qu'en 1850. L'établissement avait été successivement appelé Mission Saint-Patrice, Asile Saint-Patrice, Œuvre des orphelins irlandais, Maison de Rocheblave, Maison Augustin Perrault, Maison Thomas McGrath, Maison de Mme McDonnell, Maison de M. Franklin. Au début, on y recevait à la fois des veuves, des familles entières, des servantes en quête d'emploi et des orphelines.

Dès la fin de l'année 1846, les Sœurs Grises inaugurèrent la visite des pauvres à domicile à l'intention des immigrants d'origine irlandaise. Ce nouveau service permit à sœur Catherine Hurley de connaître les conditions de vie déplorables dans lesquelles étaient plongés cette catégorie d'indigents. Elle exposa la situation aux autorités de la communauté et manifesta son désir de leur venir en aide. La supérieure générale, Mère Elizabeth McMullen, accepta le projet de sœur Hurley à titre d'essai. Cette dernière réussit à persuader Thomas McGrath de lui prêter une maison située rue Murray, dans le quartier Sainte-Anne (nommé aussi Griffintown), pour y loger les orphelins qu'elle avait recueillis avec la collaboration de la femme du bienfaiteur. Sœur Catherine Hurley, en compagnie de madame Thomas McGrath, devait mendier afin de soutenir l'œuvre; les occupants prirent complètement en charge la tenue de la maison [22].

En mai 1847, le personnel et les pauvres de l'établissement furent contraints de déménager dans la maison de madame McDonnell où ils ne restèrent que deux mois. En juillet de la même année, ils déménagèrent dans une maison de la rue de Bleury. À l'été 1848, les ressources manquèrent et ils s'en furent habiter une maison voisine de l'église Saint-Patrice, nommée maison de Rocheblave. Sœur Hurley n'y logeait pas, elle en assumait seulement la direction. Les Sulpiciens, alertés par la pauvreté de l'œuvre, autorisèrent sœur Martine Reid (chargée de la visite des Irlandais) à louer une maison au faubourg Sainte-Anne afin d'y loger des familles pauvres vivant dans le dénuement le plus complet.

> Elles [les sœurs] trouvèrent des malheureux en grand nombre réfugiés dans des hangars ou sous des remises, sans feu et sans pain et ne pouvant obtenir aucun accès dans les familles faute d'argent ou plus souvent encore parce que encore convalescents du typhus, ils inspiraient la crainte de la contagion [23].

On confia les plus miséreux à un certain monsieur Franklin, qui les ajouta aux orphelins qu'il avait pris l'initiative de recueillir dans des lazarets au lendemain de l'épidémie. Certains pouvaient payer une modeste pension, d'autres étaient reçus gratuitement. Pour combler le déficit, sœur Martine Reid réso-

Une classe de l'Orphelinat Saint-Patrice, en 1920. (A.S.G.M.)

lut d'aller mendier au marché Sainte-Anne. La générosité des propriétaires d'étals l'encouragea à s'y rendre quotidiennement. Elle y fut vite connue; les commerçants offraient de la viande et d'autres denrées qu'ils déposaient dans une petite brouette, la remplissant sans qu'elle ait à tendre la main [24]. Les Irlandais miséreux résidèrent dans la maison Franklin jusqu'à l'automne 1849.

Sœur Elizabeth Hughes souhaitait ouvrir un asile destiné aux veuves et aux filles en chômage. Elle y intéressa un sulpicien nouvellement arrivé au Canada, M. Patrick Dowd, bientôt nommé aumônier des pauvres pour les Irlandais. Par son entremise, sœur Hughes obtint une maison située au coin des rues Craig et Côté, prêtée par Augustin Perrault. La maison se trouvait dans un état de malpropreté extrême et il fallut trois semaines de travail assidu pour qu'elle soit à nouveau habitable. En outre, les sœurs eurent à lutter contre la vermine qui l'avait envahie.

Le jour de l'ouverture, à la mi-novembre 1849, sœur Elizabeth Hughes eut la surprise de voir arriver sœur Martine Reid qui demanda asile pour une cinquantaine d'orphelins de la maison Franklin. Il n'y avait ni lits, ni chaises, ni tables pour les enfants et on n'avait que du pain pour les nourrir. Informé de

Le réfectoire de l'Orphelinat Saint-Patrice, vers 1920. Le moment des repas
était un temps privilégié pour se retrouver entre copains. (A.S.G.M.)

leur détresse, Augustin Perrault fit livrer de la paille pour qu'on
en fasse des matelas.

> Les sœurs remplissent des sacs de coton, cousus à la hâte,
> qu'elles posent de distance en distance sur le plancher du
> grenier, et le dortoir des garçons est organisé. Elles font de
> même pour le dortoir des petites filles, qu'elles ont ouvert
> au premier étage, à la réserve d'une chambrette qui sera
> destinée à servir de chapelle [25].

À l'occasion d'un incendie survenu tout près, la population
avoisinante, qui se réfugia à l'orphelinat, fut à même de constater l'extrême pauvreté du refuge dévolu aux orphelins. Une fois
le danger passé, les provisions et les vêtements affluèrent, et des
bienfaiteurs continuèrent à soutenir l'œuvre pendant les deux
années que dura la construction d'un bâtiment approprié.

Malgré la neige abondante qui tombait le 21 novembre
1851, M. Patrick Dowd invita orphelins et religieuses de la maison Perrault à se rendre rue Dorchester, près de l'église Saint-Patrice, pour la bénédiction de l'Orphelinat Saint-Patrice dont
les travaux n'étaient toujours pas terminés. Après la cérémonie,
la tempête était si violente que l'on résolut de garder les enfants à

M. Patrick Dowd, p.s.s. (1813-1891), considéré
comme le père de la communauté irlandaise de
Montréal. (A.S.G.M., photo Notman)

l'orphelinat. On leur apporta, après coup, ce qui leur était
nécessaire pour s'installer définitivement.

Un document daté de mars 1852 établit que M. Dowd,
nommé administrateur de l'Orphelinat Saint-Patrice, signa un
contrat avec Mère Rose Coutlée, supérieure générale des Sœurs
Grises, par lequel les sœurs résidentes seraient logées, nourries,
«excepté seulement leurs vêtements hardes et linges de corps et
habits pour leur usage personnel» qui devaient être fournis par
l'Hôpital Général. On accordait un salaire de 20 $ par année à
chaque sœur résidente [26]. La paroisse Saint-Patrice soutenait
matériellement l'établissement. Certains litiges survinrent entre
le sulpicien irlandais et les Sœurs Grises; une lettre datée du 19
février 1855 permet d'en saisir la nature:

> Le temporel de l'institution, ainsi que sa discipline seront
> sous le contrôle direct du prêtre, qui se trouvera être
> directeur de l'Asile, lequel disposera aussi de toutes les
> personnes qui y résident, ou qui y ont quelque rapport, les
> Sœurs toujours exceptées [27].

Autrement dit, M. Patrick Dowd demandait à la supérieure de la communauté de confirmer par écrit ce qui s'était

toujours fait dans la bonne entente. Lors de l'assemblée des consulteurs du Séminaire, le 23 février 1855, le supérieur discuta de la lettre que les Sœurs Grises se proposaient d'envoyer à M. Dowd. Il fut suggéré aux Sœurs Grises de répondre simplement «qu'il ne leur était pas permis de promettre par écrit, ce qui était contraire à leurs règles [28]». Cet épisode jeta un froid entre les deux autorités. Les principaux points en litige étaient les suivants: la nomination d'une supérieure d'origine irlandaise, le droit exclusif d'engager et de congédier les serviteurs et servantes, et le droit de renvoyer un enfant qui ne se pliait pas aux règlements de l'établissement. Une entente intervint et les sœurs continuèrent à s'occuper des orphelins irlandais. L'Orphelinat Saint-Patrice reçut cinq mille enfants, de 1851 à 1900 [29]. En 1908, on transféra les orphelins dans un nouvel édifice, situé à la limite d'Outremont.

Chez les Irlandais, la disparition d'un ou des deux parents était assez fréquente au XIXe siècle pour susciter l'ouverture d'un orphelinat indépendant. De l'épidémie de typhus de 1847 jusqu'en 1871, les orphelins ne manquèrent pas: l'établissement en reçut 3493 [30], dont 1609 garçons, soit une moyenne annuelle de 67 enfants. De ce nombre, 2443 furent adoptés ou remis à leur famille, et 115 moururent.

L'historique des débuts de l'Orphelinat Saint-Patrice a donné un aperçu des difficultés surmontées par les pionnières. La situation financière de l'œuvre exigeait des qualités de cœur exceptionnelles pour compenser la précarité des ressources matérielles. L'œuvre née dans la pauvreté et le dévouement s'est poursuivie d'une manière inlassable sous l'égide des filles de Mère d'Youville. Leur nombre s'est constamment accru, passant de quatre en 1852 à dix en 1871 [31]. Parmi elles, il convient de nommer sœur Catherine Hurley (de la maison McGrath) et sœur Catherine Forbes (qui fut vingt ans au service de l'Orphelinat) dont le travail fut particulièrement apprécié.

L'Hospice Saint-Joseph

Comme on l'a déjà dit, à l'automne 1841, après avoir offert une maison à madame Émilie Gamelin pour ses protégés, Olivier Berthelet ouvrit un établissement destiné aux indigentes: l'Hospice Saint-Joseph, situé à l'angle des rues du Cimetière et Bonaventure (aujourd'hui les rues de la Cathédrale et Saint-Jacques). Le 26 décembre 1841, le fondateur en confia l'administration à mademoiselle Laferté [32]. Par la suite, en plus des femmes, l'hospice accueillit aussi des orphelins.

Les habitudes de vie et les intérêts des protégées de l'Hospice Saint-Joseph différaient profondément. Selon mademoiselle Laferté, le climat de l'institution se détériora rapidement:

La maison fut encombrée de femmes dont plusieurs méchantes et querelleuses mirent le trouble parmi les autres; non contentes de semer la discorde elles allèrent jusqu'à user de boisson et à s'enivrer [33].

Affligée par ces désordres, l'administratrice de l'établissement confia son inquiétude à M. Arraud, sulpicien directeur de la maison, qui lui conseilla de se limiter à «empêcher les plus grands désordres». Mademoiselle Laferté refusa d'être un simple gendarme. Après discussion avec le supérieur du Séminaire, ce dernier nomma un nouvel aumônier, M. Louis Mussart, et un chapelain, M. Gottefrey (en même temps directeur de l'hospice). Tous deux donnèrent une nouvelle orientation à l'institution; les femmes de journée et les veuves furent renvoyées, on ne garda que les infirmes et les femmes âgées. On y ajouta des jeunes filles orphelines en mesure de travailler à l'ouvroir établi par mademoiselle Laferté afin d'augmenter les revenus de la maison. Bientôt le nombre des protégés augmenta au point que mademoiselle Laferté dut s'adjoindre des compagnes.

Le 20 avril 1850, l'Hospice Saint-Joseph perdit une protectrice insigne en la personne de madame Berthelet. Elle légua une somme de 4000 $ destinés à une nouvelle construction qui fut réalisée à l'été 1851, soit un édifice de 32 mètres sur 16, à trois étages. Mademoiselle Thérèse Berthelet collabora aussi à l'édification de l'hospice en ajoutant une large part de son patrimoine [34].

La maison avait à peine un toit que l'incendie de juillet 1852 éclata. M. Léon-Vincent Villeneuve, aumônier des pauvres et directeur de l'établissement, demanda à mademoiselle Laferté de hâter l'aménagement des nouveaux locaux afin de lui céder l'ancien édifice pour les sinistrés. Ce qui fut fait: Mlle Laferté déménagea dans le nouvel hospice avec ses 110 protégés (30 vieilles et 80 orphelins) [35]. Elle les installa dans trois salles: celle des grandes orphelines fut désignée sous le nom de salle Sainte-Marie; la salle Saint-Joseph se composait de vieilles infirmes et la salle de l'Enfant-Jésus de petites filles. À peine six mois plus tard, à la suite de dissensions avec le directeur M. Villeneuve, mademoiselle Laferté remit sa démission.

Sa remplaçante, mademoiselle Benoît, ne possédait pas les qualifications requises pour une telle tâche et laissa l'établissement se dégrader. C'est alors, comme on l'a déjà dit, que M. Billaudèle proposa à Olivier Berthelet de confier l'établissement aux Sœurs Grises. Les Sulpiciens continuèrent à fournir de la nourriture et du bois à l'institution. La conférence Saint-Joseph de la Société de Saint-Vincent-de-Paul poursuivit également son appui. Le 4 janvier 1854, à l'arrivée des Sœurs Grises à la direction, l'institution comptait 102 protégés [36].

L'état plus ou moins déplorable des salles des orphelins à l'Hôpital Général explique la décision des Sœurs Grises d'accepter l'administration de l'Hospice Saint-Joseph, mieux pourvu matériellement et plus salubre. Les services aux enfants trouvés furent les premiers à être transférés dans une annexe de l'édifice principal reliée par un passage couvert. Cette annexe fut démolie plus tard pour faire place à une chapelle et les enfants furent logés dans le corps principal de la maison.

Le total des orphelins admis de 1854 à 1871 est de 904 dont 811 filles [37]. Si on compare les admissions et les départs, on peut constater la grande mobilité des orphelines dont les sorties s'élèvent à 748, soit une moyenne annuelle de 44. Les changements dus aux départs et aux arrivées occasionnaient un surplus de travail au personnel religieux. On préparait les uns à quitter l'établissement et les autres à s'adapter à leur nouveau cadre de vie. Le taux de mortalité de 6% est relativement peu élevé pour l'époque, si on le compare à celui des «enfants trouvés». Les orphelins arrivaient en institution plus âgés, et ils étaient en meilleure santé. L'Hospice Saint-Joseph a répondu à un besoin réel de l'époque, puisqu'une moyenne de 122 enfants y ont été accueillis chaque année.

À leur arrivée à l'Hospice, les sœurs trouvèrent les lieux dans un état lamentable. Il fallut résoudre rapidement les problèmes les plus urgents. Grâce aux «industries» pratiquées à l'Hôpital Général, l'Hospice fut pourvu en meubles, en lingerie et en vêtements afin de procurer un minimum de confort aux orphelins. Un réaménagement des locaux s'imposa. On remédia à l'exiguïté et à l'encombrement des dortoirs des petites orphelines en les envoyant le jour dans une maison attenante à l'hospice où elles faisaient leurs classes et prenaient leurs repas [38]. Cet arrangement permit une plus grande liberté de

L'Hospice Saint-Joseph, annexe de l'Hôpital Général, fut offert aux Sœurs Grises par Olivier Berthelet en 1854. On y accueillit des enfants trouvés, des orphelins; une section servit de salle d'asile et on y logea un Dépôt des pauvres et l'Œuvre de la soupe. (A.S.G.M.)

mouvements aux enfants le jour, pendant qu'on aérait leurs dortoirs.

Plusieurs orphelins de l'hospice ayant été placés, les orphelines de la salle Sainte-Marguerite (de l'Hôpital Général) y furent transportées en 1858. Les petites orphelines de la maison mère emménagèrent dans un local situé au second étage de la salle d'asile attenante à l'hospice, désigné sous le nom de salle Saint-Victor en l'honneur de M. Victor Rousselot, bienfaiteur de la maison [39]. En plus des petites orphelines, l'Hospice Saint-Joseph recevait aussi de grandes orphelines. Les religieuses poursuivirent le travail de l'ouvroir inauguré par mademoiselle Laferté.

On enseignait aux grandes orphelines à tenir maison et à gagner leur vie, tout en contribuant au soutien de l'institution. Il est mentionné dans la chronique du 8 juin 1865 qu'une demoiselle Fugère accepta la responsabilité de «première maîtresse à l'École ménagère de l'Hospice Saint-Joseph [40]». En plus des connaissances pratiques, M. Louis Mussart leur enseignait le chant. On eut recours à leur talent à différentes reprises, notamment le 15 octobre 1863 et le 29 janvier 1867 afin d'agrémenter des fêtes profanes ou religieuses.

Vu les responsabilités qui attendaient les sœurs à l'hospice, les autorités de la congrégation les choisissaient avec circonspection. La première supérieure de l'établissement fut l'ancienne supérieure générale, Mère Rose Coutlée. Selon ses contemporaines, c'était une personne énergique, capable de mener à terme des entreprises difficiles. Elle se dépensa sans compter, à tel point qu'à la fin de la première année à l'Hospice Saint-Joseph «elle se tourna le sang: un affreux érysipèle lui couvrit toute la figure [41]».

Un lien très étroit unissait l'Hospice Saint-Joseph à l'Hôpital Général, à tel point que l'institution fut confiée une seconde fois à une ancienne supérieure générale, Mère Julie Deschamps. L'œuvre servit de véritable famille aux orphelins. Les sœurs n'épargnaient rien pour leur épanouissement. Il serait difficile d'évoquer ici tous les aspects de leur dévouement car les chroniques de la communauté sont discrètes. La plupart des sœurs cumulaient plus d'une fonction, tant à l'hospice qu'à l'extérieur où elles visitaient et assistaient des pauvres à domicile.

L'Orphelinat catholique

L'Orphelinat catholique est l'œuvre des Dames de la Charité fondées par madame Gabriel Cotté en 1832 qui désirait ardemment le succès de l'œuvre des orphelins. Vu son grand âge, elle ne veilla pas longtemps sur eux. Elle s'éteignit le 3 février 1837 à l'âge de 82 ans. Ses deux filles, mesdames Laframboise et Quesnel poursuivirent l'œuvre de leur mère. C'est madame Jules Maurice Quesnel (née Josette Cotté) qui succéda à sa mère à la trésorerie. Signalons que les administratrices avaient d'autant plus de mérites à équilibrer le budget de l'orphelinat que les subventions gouvernementales étaient faibles. Veuve sans enfant, madame Quesnel chérissait les orphelins. Madame Rosaire Thibodeau, une contemporaine, raconte:

> Ils [les orphelins] étaient reçus dans la vaste salle à manger meublée à l'antique. J'en revois encore les armoires, où s'alignaient les pots de confitures et les gelées couleur de rubis ou d'ambre. Nous en avions l'eau à la bouche. Dès que le petit compliment d'usage avait été récité par

L'Orphelinat catholique de Montréal, fondé en 1832 par les Dames de la Charité. L'œuvre fut logée successivement dans la maison des Récollets, puis dans l'établissement de la rue Sainte-Catherine inauguré en 1867, et sur le boulevard Décarie à compter de 1917. (A.S.G.M.)

un orphelin, c'était à qui d'entre nous aurait le plaisir de passer aux enfants des corbeilles débordantes de cornets de bonbons. Quelle joie nous témoignaient les petits[42].

La coutume des réceptions du Jour de l'an s'est perpétuée jusqu'en 1866.

Madame Quesnel, madame Chalifoux et mademoiselle Petit collaborèrent étroitement avec les directrices successives de l'orphelinat. Malgré leur dévouement et leur facilité apparente d'adaptation aux inconvénients des locaux de la maison des Récollets, l'administration souhaitait faire construire un nouveau bâtiment plus approprié aux besoins des orphelins. Madame Quesnel ne connut malheureusement pas la joie de voir le nouvel immeuble qui fut terminé un an après sa mort survenue le 6 juin 1866[43]. Elle avait été la pourvoyeuse des orphelins pendant vingt-neuf ans. Madame Joseph Bourret succéda à madame Quesnel au poste de trésorière. Lors de l'assemblée des Dames de l'Asyle des orphelins catholiques romains du 30 juin 1866, la secrétaire mentionna ceci: «Il est constaté par les livres et autres documents, que Madame Quesnel a avancé de ses propres fonds pour le profit et à l'avantage de l'œuvre, une somme qui jusqu'à ce jour excède la recette d'un total de £ 1 558.7.5 [6232 $] [44].»

Séance tenante, les représentants et héritiers de madame Quesnel, messieurs Maurice Laframboise et Alfred Larocque, offrirent cette somme à l'institution. Ils confirmèrent en outre un legs de leur tante s'élevant à 2700 $, destiné à la construction d'un nouvel orphelinat. Ils promirent d'éponger toute somme excédant les coûts prévus pour l'érection du bâtiment. Les neveux de madame Quesnel, requis pour la surveillance des travaux, acceptèrent cette responsabilité avec empressement.

La disparition d'une partie des archives de l'Orphelinat catholique ne nous permet pas de relater comme nous le voudrions l'histoire de cette institution. Nous devrons donc nous limiter à quelques notes générales sur les présidentes de l'établissement.

L'Orphelinat catholique fut la première institution du genre à Montréal, issue de l'initiative de laïques francophones. Les Dames de l'Orphelinat catholique assumèrent le soutien matériel de l'établissement et trouvèrent un personnel qualifié pour prendre soin de leurs protégés.

Madame Cotté et sa fille madame J.-M. Quesnel orientèrent le choix des présidentes du conseil d'administration. Madame la baronne Marie-Charles Lemoyne de Longueuil fut présidente de 1832 à 1841. Au moment de sa nomination, elle avait 77 ans. Ce choix s'explique par le désir de la fondatrice d'inciter des femmes influentes de la société à se joindre aux bienfaitrices de l'orphelinat. La présidente était entourée de deux vice-présidentes, de la trésorière et de la secrétaire, sans compter la présence d'un comité spécial. Chez ces personnes, il y avait suffisamment de ressources variées pour assurer le bon fonctionnement de l'œuvre. L'exemple de la baronne de Longueuil était de nature à stimuler la générosité des notables et même à convaincre certaines dames en vue dans le milieu montréalais de la nécessité de se joindre aux autres personnes dévouées à l'orphelinat.

Intéressée à l'Orphelinat catholique depuis ses débuts, madame Viger (née Marie-Amable Forretier) accéda à la présidence de l'association à l'hiver 1841. Son élection coïncida avec la caducité du testament de la fondatrice, madame Gabriel Cotté. Il lui fallut donc entreprendre des démarches afin d'incorporer l'association sous le nom de «Dames de l'Asile de Montréal, pour les orphelins catholiques romains». Il est probable que son mari, monsieur Denis-Benjamin Viger, conseilla l'association dans les procédures requises afin d'obtenir ce statut légal. Le 18 septembre 1848, la charte de l'association fut sanctionnée par la Législature; deux mois plus tard, elle fut présentée aux membres à l'occasion d'une assemblée générale. Les noms de quarante dames figurent dans le document de l'incorporation. Parmi les contraintes imposées aux signataires, signalons que la corporation pouvait avoir des revenus annuels n'excédant pas mille livres (environ 4000 $). Aucun membre n'était individuellement responsable des fonds de la corporation. Un changement intéressant datant de la fondation des Dames de la Charité vaut d'être relevé: concernant la femme mariée, «[...] il ne sera pas nécessaire qu'elle y soit spécialement autorisée par son mari [à faire partie de la Corporation] [45]». Malheureusement, nous ne pouvons savoir comment le législateur en était venu à reconnaître l'autonomie des femmes mariées, lorsqu'il s'agissait de leur engagement social. (Les femmes avaient perdu leur droit de vote au Québec en 1834, elles ne le retrouveront qu'en 1940.) Ce changement n'a pas dû se faire tout seul; les intéressées sont sans doute intervenues avec énergie pour s'assurer cette modeste liberté. Le début du mandat de madame Viger à la présidence des dames de l'Orphelinat catholique coïncide à peu près avec l'arrivée de mademoiselle Eulalie Petit comme assistante-directrice. En plus de son engagement à l'Orphelinat catholique, madame Viger s'intéressa beaucoup à l'œuvre des Sœurs du Bon-Pasteur d'Angers. Elle leur offrit notamment un terrain sur lequel elles érigèrent leur établissement permanent. Sa carrière de bénévole connut une fin abrupte. Surprise en pleine activité, madame Viger fut emportée le 21 juillet 1854, victime d'une épidémie de choléra.

Il est également difficile de définir le vrai visage de madame Côme-Séraphin Cherrier, née Mélanie Quesnel. La carrière (professionnelle et philanthropique) de son mari est plus facile à retracer que la sienne. Fille d'un homme de lettres influent dans son milieu, elle hérita d'une belle éducation. Mélanie Quesnel épouse Joseph-Michel Coursol, en premières noces, le 11 août 1819. Son mari, employé de la Compagnie de la baie d'Hudson, dut établir sa famille à Amherstburg, en Ontario. C'est là que naquit un premier fils nommé Joseph-Charles. Devenue veuve, elle revint s'installer à Montréal parmi les siens. Elle avait trente-six ans lorsqu'elle épousa Côme-Séraphin Cherrier en secondes noces le 18 novembre 1833 [46]. De ce mariage naquirent quatre enfants. Belle-sœur de madame Quesnel, elle avait suivi de loin l'évolution de l'Orphelinat catholique, mais ses responsabilités familiales ne lui avaient pas permis de coopérer à sa fondation. D'autres obligations la forcèrent à démissionner en 1857.

C'est sous le mandat de madame Tancrède Bouthillier (née Fanny Trottier de Beaubien) que fut érigé le nouvel Orphelinat catholique. Il fut très difficile de réunir les fonds requis pour réaliser le vœu de madame Quesnel. La corporation possédait des terrains mal situés. Il fallut les vendre pour en acquérir un qui soit mieux situé, rue Sainte-Catherine, près de la rue Jeanne-Mance (à côté de l'Asile Nazareth appartenant aux Sœurs Grises). Madame Bouthillier accepta de relever le défi constant de motiver et d'encourager les membres de l'association afin de combler les besoins des enfants. Cette présidente exemplaire assuma sa responsabilité de 1847 à 1883.

L'Asile de la Providence et l'Orphelinat Saint-Alexis

La congrégation des Sœurs de la Providence était encore jeune lorsqu'il fut décidé d'ajouter le soin des orphelines à ses œuvres déjà existantes. À la suite d'une suggestion de leur supérieur ecclésiastique, le chanoine Jean-Charles Prince, la question fut soumise à deux assemblées de la congrégation ainsi qu'aux dames de la corporation et à l'association des Dames de la Charité. Rien d'étonnant à cela puisque le coutumier de la congrégation comportait un chapitre traitant des devoirs de la maîtresse des orphelines. Les sœurs résolurent d'accepter le service aux orphelines, à la condition que les Dames de la Charité paient deux dollars par mois pour l'entretien de chaque protégée. Un citoyen charitable souscrivit environ 100 $ pour aménager une salle à l'Asile de la Providence, maison mère de la jeune communauté. L'ouverture officielle de ladite salle eut lieu le 1er mai 1844.

Dès 1847, grâce à l'initiative du chanoine Alexis Truteau, aumônier de la communauté, les orphelines des Sœurs de la Providence furent transférées dans une partie de l'École Saint-Jacques, située à l'angle des rues Mignonne (aujourd'hui boulevard de Maisonneuve) et Saint-Denis [47]. Cette école de la Com-

L'Orphelinat Saint-Alexis, situé au coin des rues Saint-Denis et Demontigny vers 1920. L'œuvre des orphelins, commencée à l'Asile de la Providence, puis transférée à l'école Saint-Jacques jusqu'à l'incendie de 1852, y fut poursuivie jusqu'au XXe siècle. (*Le diocèse de Montréal à la fin du XIXe siècle*, Montréal, Eusèbe Sénécal, 1900)

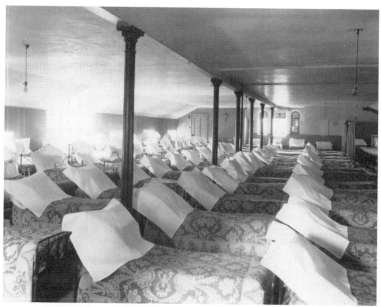

Dortoir de l'Orphelinat Saint-Alexis réservé aux orphelines de l'Asile. (A.P.S.P.)

mission des écoles catholiques de Montréal recevait gratuitement les enfants pauvres. L'œuvre ainsi logée fut placée sous la
protection de saint Alexis. Cette cohabitation de l'École Saint-
Jacques et de l'Orphelinat Saint-Alexis dura douze ans. En
1865, les classes des garçons pauvres furent transférées dans une
autre école située à l'angle des rues Saint-Denis et Sainte-
Catherine. Dès lors, l'école-orphelinat n'accueillit que les
orphelines soutenues par la communauté, quelques classes de
filles pauvres éduquées gratuitement, et certaines classes dites
payantes pour aider à subvenir aux besoins de la maison.

Les débuts de l'Orphelinat Saint-Alexis furent marqués
par un état de pauvreté extrême. Les seules ressources de l'établissement étaient la charité publique, «les restes quotidiens des
grands hôtels ou de quelques familles à l'aise[48]». Les enfants
portaient la plupart du temps des vêtements fort usés et défraî-
chis. Les Sœurs firent appel à leurs amies laïques, notamment
aux Dames de la Sainte-Enfance de la paroisse Notre-Dame,
afin de vêtir les orphelines convenablement.

Les Sœurs de la Providence donnèrent asile à 2810 orphelines entre 1844 et 1871, soit une moyenne annuelle de 100
enfants[49]. C'est considérable, vu la jeunesse de la communauté.
Il ne faut pas oublier en effet que, chez les Sœurs de la Providence, l'œuvre des orphelines débuta en 1844 et qu'elle ne peut
être comparée à celle des Sœurs Grises de Montréal fondée un
siècle auparavant. Cette œuvre occupait des locaux spacieux,
alors que la nouvelle communauté disposait d'un espace plus
restreint. En outre, les filles de Mère Gamelin donnèrent relativement peu d'expansion à l'œuvre des orphelines; la congrégation s'était en vérité fixé comme premier objectif le soin des femmes âgées et infirmes. Peu nombreuses, les sœurs se partageaient
un travail considérable.

C'est Mgr Bourget qui rédigea le coutumier des Sœurs de
la Providence en s'inspirant de celui des Hospitalières de Saint-
Joseph responsables de l'Hôtel-Dieu de Montréal. Ce document
contenait des renseignements précieux sur la conduite de l'Asile
de la Providence et plus tard de l'Orphelinat Saint-Alexis.

Parmi les principes sur lesquels reposait l'éducation des
orphelines, la formation religieuse devait occuper la première
place. Elles recevaient des leçons de catéchisme tous les jours; le
règlement faisait aussi une mise en garde contre l'abus d'exercices religieux, sans doute pour que les enfants ne soient pas

La duchesse de Bossano, née Clara Symes
(1845-1922), cousine germaine de Mère Gamelin
et protectrice de l'Orphelinat Saint-Alexis. Elle
organisait une fête annuelle pour les orphelins à
son château d'Elmswood, à la Longue-Pointe.
(Centre Émilie-Gamelin)

détournées de la pratique religieuse à leur sortie de l'orphelinat.
La fréquence de la communion et de la confession était indiquée
selon la coutume de l'époque. Un article, se rapportant à la
«vraie politesse», se lisait comme suit: «[L'hospitalière] les formera à l'obéissance, les préservera des mauvaises habitudes
auxquelles sont ordinairement portées les jeunes filles, prenant
garde surtout à ce qu'elles ne s'habituent pas au mensonge, à la
gourmandise, à l'oisiveté et aux querelles [50].»

Parmi les qualités jugées nécessaires aux orphelines,
l'amour du travail était jugé primordial. Les orphelines devaient
apprendre à travailler et à aimer leur travail, dès le plus jeune
âge. La maîtresse des orphelines occupait les enfants à des tâches
adaptées à leurs capacités (filage de la laine, couture, lavage,
etc.). Tout en s'initiant au travail, elles contribuaient aussi à la
bonne marche de la maison, comme cela se pratiquait dans les
familles. Leur participation était du reste essentielle, car la communauté, encore toute jeune, disposait de peu de ressources.
Comme les aides laïques étaient peu nombreuses, il fut décidé
que les orphelines les plus raisonnables laveraient elles-mêmes la

vaisselle dans leur salle où elles auraient à transporter l'eau nécessaire [51]. Les administratrices précisaient que toutes les orphelines devaient assister assidûment à la classe et qu'on devrait leur réserver du temps pour étudier.

Le règlement prévoyait la manière de corriger les enfants. Avant toute intervention, il était recommandé à l'hospitalière d'étudier le caractère des enfants: «Les unes se corrigent par douceur, les autres par rigueur, quelques-unes appréhendent le châtiment de la main, d'autres la privation de quelques viandes aux repas, ainsi du reste, et lorsqu'elles seront châtiées, elle [l'hospitalière] sera présente soit pour leur faire plus de honte et de confusion de leur faute, soit pour faire observer la modération nécessaire [52].»

Il n'est pas fait mention du renvoi d'enfants indésirables. L'article 15 du coutumier défendait de punir les orphelines par le jeûne. Celles qui s'étaient rendues coupables d'un méfait requérant une punition sévère étaient nourries au pain et à l'eau... en quantité suffisante. La responsable des orphelines inscrivait soigneusement les bonnes et mauvaises notes qui étaient montrées à la supérieure au moment de sa visite. Cette dernière décidait de la conduite à tenir envers les enfants dites incorrigibles. Les hospitalières devaient à force de patience et de doigté maintenir la discipline dans leur salle.

En 1844, on fixa le lever des orphelines à 5 h 45. Il fut avancé d'une heure par une décision du conseil en juillet 1845. La journée commençait par la prière. Contrairement au règlement en vigueur chez les Sœurs Grises, les grandes orphelines aidaient les petites à s'habiller et à se déshabiller. La messe était célébrée à 6 h 15; seules les plus grandes y assistaient. Les dimanches et jours fériés, les orphelines se rendaient à la cathédrale pour la messe et les vêpres. Le dîner et le souper se prenaient avec les femmes âgées. Une collation était prévue entre 15 et 16 h. Le souper, servi à 17 h 30, était suivi de prières et du coucher. Les enfants étaient sous surveillance constante, même la nuit (la chambre de la maîtresse des orphelines comportait des fenêtres vitrées par lesquelles elle pouvait observer les enfants).

L'article 6 du coutumier traitait des soins d'hygiène et de propreté. L'hospitalière des orphelines était chargée du lavage et du reprisage du linge de sa salle en plus du soin des enfants. Rien ne devait être négligé pour conserver un état constant de propreté. Les enfants portaient un uniforme. En juillet 1845, on décida que les robes des orphelines s'attacheraient sur le devant, sans doute pour aider les plus petites à s'habiller facilement. Les robes des grandes orphelines étaient garnies de collerettes, tandis que celles des petites avaient un simple collet. Des «capines blanches» complétèrent le costume en 1857.

À partir de 1853, les orphelines furent logées à l'Orphelinat Saint-Alexis tout en dépendant de l'Asile de la Providence. Le travail qui s'offrait à elles étant celui de domestiques, les sœurs visitatrices tenaient à jour une liste de familles qui demandaient des servantes. Les employeurs éventuels devaient être connus pour leur respectabilité et disposés à surveiller les jeunes filles qui leur étaient confiées. La décision de placer une jeune fille hors de l'établissement se prenait lors des délibérations du conseil de la communauté formé de la supérieure, de l'assistante, de la maîtresse des novices, de l'hospitalière des orphelines et de la directrice des servantes. Cette dernière avait la liste des filles en quête de travail et gardait en note les noms et adresses de leurs employeurs afin de pouvoir rester en contact avec elles et de les retrouver en cas de besoin[53].

L'Hospice Saint-Jérôme-Émilien

L'épidémie de typhus de 1847 fut la plus meurtrière de toutes celles qui ont sévi à Montréal au XIXe siècle. Les Sœurs Grises, appelées les premières aux lazarets, soignèrent seules les malades irlandais du début mai jusqu'au 26 juin. C'est à cette date que la congrégation des Sœurs de la Providence prit la relève. Un témoignage relate l'état des hôpitaux provisoires aménagés pour la circonstance. Gisant sur la paille, des centaines de malheureux souffraient au milieu des cadavres qu'on n'avait pas eu le temps de retirer. L'auteur de cette description ajoute: «Mais dans cette scène désolante ce qu'il y avait de plus navrant c'était le spectacle d'une multitude de tout petits enfants, à peine entrés dans la vie et déjà si malheureux, se roulant pêle-mêle sur le pavé sans que la main défaillante d'une mère puisse leur porter secours[54].»

Mgr Bourget demanda au chanoine Hyacinthe Hudon de faire des démarches auprès du gouvernement afin d'obtenir des crédits pour leur venir en aide. Il fut demandé une subvention de vingt chelins par mois pour chaque enfant, et on réclama par la suite certains effets se trouvant aux lazarets afin de meubler l'institution qui devait accueillir les orphelins. Mgr Bourget reçut une réponse favorable à ces demandes [55].

Un hospice provisoire fut organisé dans l'ancienne maison de madame Agathe Nowlan (cousine de madame Gamelin), maison située à l'angle des rues Sainte-Catherine et Saint-Urbain. On y accueillit les petits garçons; on confia les petites filles aux Sœurs du Bon-Pasteur, séparant ainsi frères et sœurs. Prises au dépourvu, les premières hospitalières ne purent se procurer que de la paille pour improviser des dortoirs. Le cortège des 150 orphelines transportées dans de modestes carrosses fit une vive impression dans la ville. Les enfants dont l'âge allait de quelques jours ou de quelques mois à quatorze ans nécessitaient d'abord des soins d'hygiène élémentaire:

> Une des premières occupations des Sœurs chargées de ces petits, fut de les délivrer de la vermine qui les dévorait. Pour donner une idée de l'état de malpropreté où se trouvaient ces enfants, je me permettrai de dire que les poux qui peuplaient ces petites têtes étaient si nombreux et si vigoureux que lorsque l'on eut coupé et jeté les cheveux à terre ils traînaient les cheveux [56].

Afin de prévenir le plus possible la contagion, on construisit une infirmerie provisoire à proximité de la maison de madame Nowlan. Chaque jour des enfants mouraient, que d'autres venus des lazarets remplaçaient aussitôt. Le 1er octobre 1847, les Sœurs du Bon-Pasteur remirent les petites orphelines aux Sœurs de la Providence.

La maison Nowlan étant trop petite, l'œuvre dite de Saint-Jérôme-Émilien fut transférée rue Brock (aujourd'hui rue Beaudry) entre la rue Notre-Dame et le fleuve, dans le faubourg Québec, et installée dans l'ancienne caserne de bois à laquelle les Sœurs du Bon-Pasteur ajoutèrent une annexe en brique. Plus spacieux que la maison de madame Nowlan, ce local permit de réunir orphelins et orphelines. Dès lors, l'hospice fut organisé de manière plus régulière et plus stable [57].

Dans le même temps, le secrétaire du gouverneur général écrivit à Mgr Bourget afin de l'informer qu'il en coûterait deux tiers de moins pour entretenir les orphelins dans les «baraques» des émigrés situées dans la ville. Il demandait par conséquent d'accepter une baisse des subventions qui s'appliquerait à partir du 1er avril 1848 [58]. Une lettre du 22 avril explique que le gouvernement refusait de poursuivre le versement de subventions à même la caisse publique au-delà de la saison où l'épidémie se produisit et de l'hiver qui suivit.

Continuer la dépense, dans aucunes circonstances au-delà de l'époque que je viens de mentionner, serait de fait commencer un système de charité publique, que la condition des habitants de la province n'a heureusement pas encore rendu nécessaire. Le Gouvernement ne saurait, en justice, accorder des secours permanents aux Émigrés pauvres, sans assurer le même avantage aux pauvres de la Province; et le temps n'est pas encore arrivé de reconnaître et de remplir l'obligation publique, pour cette Société, de maintenir ses pauvres [59].

Ce passage exprime clairement le refus du gouvernement d'assister non seulement les immigrants, mais tous les autres pauvres du pays. Malgré le refus de maintenir un appui financier aux orphelins, l'auteur de la lettre se dit prêt à payer le coût des services religieux offerts aux émigrés en cas de décès, sur réception d'états de comptes.

L'Hospice Saint-Jérôme-Émilien fut dès lors consacré dans son caractère provisoire, car l'évêque de Montréal n'avait plus les ressources matérielles nécessaires pour maintenir en permanence cette installation et il était conscient que l'institution ne disposait pas d'un personnel suffisant pour instruire convenablement les enfants. Le prélat publia donc une lettre circulaire (datée du 19 mars 1848) dans laquelle il sollicitait la collaboration des Montréalais, les invitant à adopter ces orphelins d'immigrants [60].

L'appel à la générosité s'adressait aussi aux congrégations enseignantes et de charité. Le Séminaire de Saint-Sulpice adopta douze enfants; les Frères des écoles chrétiennes en réclamèrent six tout comme les Sœurs de la Congrégation de Notre-Dame; les Sœurs Grises choisirent celles qui étaient le plus à plaindre et les Sœurs de la Providence gardèrent les plus infirmes; enfin, les Sœurs du Bon-Pasteur en reçurent six en plus de celles qu'elles avaient déjà. Plusieurs familles en adoptèrent, d'autres offrirent de payer leurs études dans des pensionnats; certaines se regroupèrent pour payer les frais d'éducation de quelques enfants. L'Asile de la Providence adopta les dernières orphelines; les orphelins non placés demeurèrent à l'Hospice Saint-Jérôme-Émilien [61].

L'institution cessa d'être dirigée par les Sœurs de la Providence à partir du 1 er mai 1848, date où les Frères des écoles chrétiennes les remplacèrent. L'institution accueillit dès lors les garçons sortant de prison. Mais après un intervalle d'un peu plus d'une année, soit à compter du 20 août 1849, les Sœurs de la Providence reprirent l'administration de l'hospice; elles s'y trouvaient encore en 1852 lorsque la maison devint l'Hôpital Saint-Patrice.

Malgré sa courte histoire, l'Hospice Saint-Jérôme-Émilien rendit d'immenses services. Entre le 11 juillet 1847 et le 13 mars 1848, il accueillit en effet 650 orphelins [62]. Après 1848, l'œuvre changea de vocation et reçut un nombre réduit de sujets. Institution désormais destinée à prévenir la délinquance, elle intéressa à ce titre la Société de Saint-Vincent-de-Paul. Certains passages des délibérations du Conseil particulier de Montréal fournissent des renseignements concernant les orphelins de Saint-Jérôme-Émilien et la Société. Messieurs Peltier et Robillard visitèrent l'institution les premiers. Leur intervention se caractérisa par de modestes encouragements financiers qu'on employa à l'enseignement du métier de cordonnier à plusieurs orphelins. La première mention de cette initiative apparaît dans le procès-verbal de l'assemblée du 21 novembre 1848; elle fut suivie de commentaires à intervalles irréguliers jusqu'en 1852. L'avenir des orphelins préoccupait les membres de la Société de Saint-Vincent-de-Paul; ainsi, lors de la réunion du 6 octobre 1850, il fut question de chercher des moyens de placer les orphelins dans les campagnes chez de «bons habitants» [63].

Dépendant de la charité publique, l'Hospice traversa une période difficile; les Irlandais le délaissèrent pour soutenir l'Orphelinat Saint-Patrice alors en construction. Finalement transformé en hôpital pour les Irlandais, l'édifice brûla en juillet 1852.

L'OEUVRE DES PERSONNES ÂGÉES ET INFIRMES

D'après les chroniques de l'Hôpital Général de Montréal et de l'Asile de la Providence, la clientèle de ces deux institutions différait beaucoup de celle des institutions françaises pour personnes âgées à la même époque. En France, les vieillards mendiants étaient «renfermés» à l'Hôpital Général depuis l'Édit du 4 mai 1656. À Montréal, la clientèle constituée de vieillards ayant mené une existence simple, faite de travail et de responsabilités familiales (ils n'étaient ni vagabonds ni clochards), se présentait d'elle-même à l'institution et semblait se plier de bonne grâce à ses règlements. Contrairement aux institutions françaises, qui étaient à la charge de l'État, à Montréal ces maisons vivaient de la charité privée. Les sœurs avaient la liberté de choisir leurs protégés, qui devaient se conformer aux règlements. Ceux qui refusaient ces contraintes choisissaient de vivre de mendicité.

L'urbanisation montréalaise bouleversa la tradition rurale qui permettait aux personnes âgées de vivre leur retraite auprès de leurs enfants. Les familles de cultivateurs ou de colons qui arrivaient en ville s'intégraient difficilement à leur nouveau milieu de vie. Comme l'explique, en 1849, le rapport sur l'émigration, les gens des campagnes étaient, en général, peu scolarisés et n'avaient pas de métier précis: à la ville, ils devenaient manœuvres, charretiers ou journaliers. Leurs maigres salaires ne leur permettaient pas d'avoir des logements assez spacieux pour héberger leurs vieux parents. À côté de ces vieillards, il y avait aussi, dans les institutions de charité, des veuves et des célibataires incapables d'assurer leur subsistance.

L'Hôpital Général

Situé sur un terrain d'environ six arpents de la Pointe-à-Callières, l'Hôpital Général de Montréal disposait d'un espace suffisant pour recevoir les vieillards. En 1831, l'édifice avait atteint des dimensions assez considérables. Par suite de l'augmentation des besoins, Mère Elizabeth McMullen fit construire une annexe, en 1847. L'agrandissement permit de répartir autrement les services et d'accroître le nombre des personnes accueillies.

L'espace réservé aux personnes âgées varia avec les années, on les déplaçait selon les nécessités du moment. L'édifice, hérité des Frères Charon et restauré par Mère d'Youville après l'incendie de 1765, avait été agrandi. Il fut constamment amélioré au cours des années 1831-1871 qui nous intéressent ici. Ainsi, le danger d'incendie étant très grand à Montréal, surtout dans la première partie du XIX e siècle, les sœurs firent exécuter des travaux en 1830 afin de rendre l'édifice à l'épreuve du feu; elles firent également construire un lavoir et établir des conduits de distribution d'eau, ce qui entraîna de meilleures conditions hygiéniques. Mais, à cet égard, la situation restait précaire. Les services publics d'égout et de ramassage des ordures, par exemple, n'existaient pas encore. Mère Marguerite Beaubien se plaignait ainsi en 1841 aux autorités municipales:

> Depuis plus d'un mois, nous sommes grandement incommodées par l'odeur infecte procédant des places privées des casernes qui adjoignent notre hôpital, ainsi que d'un réservoir dans la cour des dites casernes où l'on jette toutes les eaux et saletés imaginables. Ces places n'étant pas couvertes et n'ayant pas de canaux pour les décharger, exhalent une odeur tellement infecte que nous sommes obligées, dans des chaleurs excessives, de fermer les fenêtres qui se trouvent de ce côté, dans la crainte où nous sommes que les fièvres pestilentielles ne se mettent dans notre hôpital parmi nos pauvres et nos malades qui ont souffert et qui souffrent encore beaucoup de ce mauvais air [64].

À cette pollution de l'air il faut ajouter la vermine qui transportait des maladies. Les méthodes de conservation des aliments, jointes aux moyens primitifs d'évacuation des ordures, contribuaient à la multiplication des parasites.

Au fil des inventions du siècle, les Sœurs Grises améliorèrent l'organisation matérielle de l'hôpital. Ainsi, avec l'accroissement du nombre des protégés, la tâche des buandières augmenta, de sorte que, le 3 novembre 1843, il fut décidé de faire installer un «poêle à steam» afin de faciliter la tâche du repassage [65]. Dix ans plus tard, les administratrices décidèrent «que l'on ferait les waterclosets ou sièges à latrines, deux à l'infirmerie et un au dortoir [66]». Les cabinets de toilette sont indiqués par le terme «communs» sur le plan de 1871; ils étaient peu nombreux par rapport à la population de l'hôpital.

Parmi les inconvénients du premier Hôpital Général, signalons sa vulnérabilité aux inondations. À l'époque, les Sœurs Grises gardaient des animaux sur leur ferme de la Pointe-à-Callières, et elles n'acceptaient pas facilement d'exposer la santé et même la vie de ces bêtes au moment de la crue des eaux. Le sauvetage des animaux donna lieu, en 1838, à un récit tragicomique [67]: il avait fallu l'énergie de tous ceux qui en avaient pour contraindre les bêtes à pénétrer au rez-de-chaussée de l'hôpital, au lavoir, au dortoir des employés, etc. Le caractère imprévisible de la cru des eaux s'ajoutait aux autres inconvénients. Malgré les efforts déployés, les inondations causaient toujours des pertes matérielles sans parler de l'humidité qui régnait dans l'établissement après le retrait de l'eau. Mère Marguerite Lemaire est la première supérieure générale à avoir traité en profondeur des inconvénients majeurs reliés au site de l'Hôpital Général et à avoir proposé de vendre l'édifice et de relocaliser l'hôpital sur un terrain plus élevé. Ce vœu mit quinze ans à se réaliser en raison du manque de capitaux, et finalement Mère Jane Slocombe concrétisa le projet. Le déménagement fut effectué le 7 octobre 1871. L'ancien édifice, témoin de la fondation de la communauté, fut abandonné pendant plus d'un siècle. Le généralat des Sœurs Grises réintégra ces lieux en février 1981 après leur restauration partielle.

La progression du nombre de protégés de l'Hôpital Général, l'institution la plus ancienne de la communauté des Sœurs Grises, hébergea 6197 personnes entre le 1er janvier 1831 et le 31 décembre 1871, soit une moyenne annuelle de 154[68]. Le nombre de femmes excéda toujours celui des hommes: 3856 femmes, soit une moyenne annuelle de 96, par rapport à 2341 hommes, soit une moyenne annuelle de 58 pendant la même période. Par ailleurs, pendant ces quarante années, 1417 pauvres, hommes et femmes, furent admis, soit une moyenne de 35 par année. Parmi eux, les femmes étaient légèrement plus nombreuses que les hommes, soit 747, ou 18 par année pour les premières et 670, ou 16 par année pour les derniers. Les sorties étaient plus fréquentes que les décès: 835 dans le premier cas contre 501 dans le deuxième. Certains départs devaient être volontaires, d'autres attribuables à des renvois. Étant donné les principes en vigueur dans la maison, les sœurs préféraient exclure les déviants plutôt que de renoncer à l'esprit de l'institution.

La progression du nombre de protégés de l'Hôpital Général a été presque constante; la première décennie ne présente que de légères variations, mais les années 1841 à 1851 font état d'une augmentation de 57 % du nombre des occupants, ce nombre passant de 97 à 168 personnes. Cette augmentation s'effectua sous le supériorat de Mère Elizabeth McMullen (1843-1848) et celui de Mère Rose Coutlée (1849-1853): elle mena à l'agrandissement de la maison, décidé par le conseil en 1847. Elle est aussi attribuable à l'expansion du personnel religieux, le nombre des sœurs professes ayant doublé pendant la même période. De 1851 à 1861, les changements furent moins spectaculaires en dépit du transfert des vieilles de l'Hospice Saint-Joseph à l'Hôpital Général le 2 décembre 1858 [69]. La décennie de 1861 à 1871 connut deux sommets en 1865 et en 1869. Les demandes d'admission augmentaient du reste au même rythme que la population de la ville, surchargeant les services de l'Hôpital Général. C'est en 1869 qu'on prit la décision de construire une nouvelle maison mère. La diminution des admissions, en 1870 et 1871, est sans doute attribuable à la perspective du déménagement au Mont-Sainte-Croix.

Pour les raisons déjà évoquées, les Sœurs Grises acceptèrent de diriger l'Hospice Saint-Joseph qui devint une sorte d'annexe de l'Hôpital Général. À côté des orphelins et des enfants trouvés, on y accueillait des personnes âgées. De 1854 à 1858, il y en eut une moyenne de 32 par année dans l'établissement [70]. Après le déménagement de la salle des vieilles à l'Hôpital Général, le nombre des adultes diminua sensiblement; les hommes ne furent jamais plus de trois.

Les années 1860 furent marquées par la fondation de salles d'asile, dont l'Asile Nazareth. L'institution servit en même temps d'école élémentaire pour les petites filles pauvres, de centre de services pour les pauvres externes et de lieu privilégié pour les aveugles, surtout après 1870. Tout comme dans la plupart des maisons dirigées par les Sœurs Grises, les vieillards délaissés y trouvaient un refuge.

Le fait qu'il n'y ait eu que deux décès permet de penser que les personnes admises à l'Asile Nazareth étaient dans un état de santé relativement bon [71]. Il n'est pas irréaliste de penser que ces personnes étaient transférées à l'Hôpital Général lorsque leur santé requérait des soins plus assidus. L'Asile Nazareth a été, semble-t-il, un lieu de transition à l'intention de personnes se trouvant soudainement obligées de quitter leur domicile.

Deux autres institutions dirigées par les Sœurs Grises accueillirent des personnes âgées en petit nombre à la fin des années 1860: la Mission Notre-Dame-des-Neiges et l'Asile Bethléem.

Il y avait environ un siècle que les Sœurs Grises étaient au service des pauvres de Montréal lorsque M. Mathurin-Clair Bonnissant rédigea le coutumier de la communauté. Le premier article concernant les hospitalières insistait sur l'importance de leur rôle, et le dernier, sur l'esprit avec lequel les sœurs devaient aborder les indigents:

[...] qu'elles prennent donc garde de ne faire jamais

Tableau de Delfosse, réalisé pour illustrer les diverses œuvres des Sœurs Grises: Hôpital Général, enfants trouvés, orphelins, hommes et femmes âgés. (A.S.G.M., photo: Armour Landry)

paraître aucun dégoût et aucune tristesse en leur honorable emploi; mais bien au contraire qu'aux yeux de leurs pauvres comme à ceux de toutes les personnes qui visitent les salles, elles paraissent toujours contentes et satisfaites, conservant habituellement une sainte gaieté sur le visage et dans leur cœur [72].

La responsabilité matérielle des salles reposait sur l'hospitalière, qui devait se procurer meubles, vaisselle, lingerie nécessaires et faire en sorte qu'ils ne soient ni détériorés ni perdus. Elle devait veiller à la propreté des lieux. C'est à elle que revenait également l'obligation d'exécuter les ordonnances et prescriptions médicales, mais elle ne pouvait prendre aucune initiative sans l'avis de la pharmacienne ou de la supérieure.

La responsable de la salle accordait beaucoup d'attention au malade qui avait reçu les derniers sacrements. En cas de décès, l'hospitalière en avertissait l'économe qui confiait au menuisier le soin de fabriquer un cercueil. On portait le corps à la chapelle des morts (construite en 1844 à l'extérieur de l'hôpital, à l'arrière de la chapelle de la Sainte-Vierge). De 1799 à 1834, l'Hôpital Général avait eu la permission, par ordonnance, d'inhumer ses pauvres dans un terrain situé au nord-ouest de l'hôpital. En 1843, les Sœurs Grises obtinrent de faire bénir un nouveau cimetière derrière la sacristie. À compter de 1849, on enterra gratuitement les pauvres de l'hôpital au cimetière paroissial [73].

Le fonctionnement harmonieux de l'Hôpital Général reposait sur la discipline inscrite dans un horaire stable (réveil, prière, messe, repas, travail, etc.). Toutes les activités quotidiennes devaient se dérouler dans l'ordre en dépit des contraintes matérielles. Seuls les malades n'y étaient pas astreints. Le précepte du travail était clairement exprimé dans les règles concernant les hospitalières des hommes: «Les hospitalières des hommes doivent occuper tous les pauvres qui sont capables de travailler, à différents ouvrages, chacun selon sa capacité et sa force [74].» Une occupation à la mesure de leur santé et de leurs aptitudes leur permettait de conserver le sens de leur dignité et les valorisait.

Les femmes fabriquaient des scapulaires, des chapelets et des reliquaires qui étaient vendus dans le diocèse. Les moins adroites étaient employées à échiffer de la pénille destinée à la confection des matelas, ou à tailler des bandes de tissus pour le tissage des catalognes. Il est parfois question de chicorée apprêtée dans les salles des hommes. L'ingéniosité des personnes âgées servait aussi à des tâches qui ne rapportaient pas de bénéfices en espèces, tels la couture et le reprisage. Certaines dames tricotaient pour les orphelines comme elles l'avaient fait pour leurs enfants. En été, quelques vieillards donnaient un coup de main au jardin. Au moment de la récolte, des femmes préparaient fruits et légumes pour l'entreposage ou la mise en conserve. Il ne faudrait pas surévaluer le travail des pauvres de l'hôpital, car l'établissement engageait régulièrement des employés, hommes et femmes.

Mais l'emploi du temps des pauvres à l'Hôpital Général n'était pas fait que de travail et de prière. Le coutumier des hospitalières des hommes mentionne que les sœurs respectaient l'habitude de leurs protégés de fumer. Les femmes qui prisaient recevaient une pleine tabatière chaque semaine. Les moments de détente se déroulaient dans de confortables berceuses, comme aux meilleurs jours. Parmi les distractions, figurait aussi la visite de parents et amis restés fidèles. Au nombre des objets personnels jalousement conservés, il y avait probablement des jeux de cartes et des damiers, aucun règlement n'interdisant aux vieillards les jeux de société. À leur arrivée à l'Hôpital Général, les pauvres emportaient des objets familiers, même des meubles. Sur la table de chevet on mettait des photos d'êtres chers, des souvenirs, des objets de piété.

Une large part des articles de cette règle se rapporte à l'hygiène. Les normes établies tiennent compte du fait que les points d'eau étaient peu nombreux. Voici les recommandations faites aux hospitalières des hommes: «Elles les peigneront selon la nécessité, et les feront raser une fois la semaine. Elles doivent faire nettoyer leurs couteaux, cuillères et fourchettes tous les huit jours autant que possible. Elles leur font laver les pieds et changer de bas selon leurs besoins, au moins tous les mois [75].»

Parmi les articles de lingerie à la disposition des pauvres, il est question de rideaux aussi bien chez les hommes que chez les femmes. Cette mention indique que les lits étaient entourés, formant de petites cellules susceptibles de procurer à chacun une certaine intimité.

Afin de prévenir la surcharge du personnel de la buanderie, la fréquence du lavage des vêtements et de la literie était aussi réglée. Un passage des règles nous apprend que les lits étaient garnis de courtepointes ou de «confortables» fabriqués à même les retailles et les vêtements devenus inutilisables.

Le coutumier précise que chaque pauvre était pourvu de vêtements d'été et d'hiver, et de vêtements de rechange plus propres pour les fêtes et dimanches et les jours de communion. De plus, on prévoyait des tenues spéciales pour les malades. Les femmes portaient «des robes ou jupons avec des mantelets». Le règlement prévoyait que «les hommes malades qui ne pourraient se tenir habillés avec décence» porteraient des robes [76].

L'Asile de la Providence

La compassion de madame Gamelin pour les femmes âgées et infirmes orienta son engagement de laïque et de fondatrice d'une communauté religieuse. Membre de l'association des Dames de la Charité, elle collabora d'abord aux oeuvres paroissiales du curé Fay. Cet engagement lui permit d'observer un grand nombre de femmes pauvres auxquelles la paroisse fournissait du travail de couture afin qu'elles subviennent à leurs besoins. Ces dernières recevaient leur salaire en nature, sous forme de nourriture ou de bois de chauffage. Madame Gamelin comprit que ces personnes avaient un grave problème de logement.

Désireuse de leur venir en aide, elle fit aménager le rez-de-chaussée d'une école du boulevard Saint-Laurent et accueillit ces femmes à compter du 2 mars 1830 [77]. Elles furent confiées à la veuve Ouellet qui y résidait avec ses deux enfants. Sans habiter avec elles, madame Gamelin les visitait deux fois par jour. Une dizaine de femmes sans soutien profitaient ainsi du gîte et du couvert grâce à la générosité de leur protectrice, qui trouvait elle-même les ressources nécessaires à l'entretien de ce refuge.

Les pauvresses qui venaient ou étaient amenées à la maison du boulevard Saint-Laurent avaient traversé bien des malheurs, y compris l'incapacité de continuer à mendier en raison de leurs infirmités. Leurs habitudes s'accommodaient mal des contraintes de la vie en commun et ces pauvres femmes, croyant leur séjour provisoire, ne faisaient pas d'efforts pour s'adapter à la situation. Les conflits de personnalité étaient fréquents. Comme elle disposait de peu de ressources pour entretenir les lieux, madame Gamelin laissait ses protégées libres de vaquer à leurs occupations ordinaires au dehors, soit de travailler, soit de quêter. Le partage du fruit de ces initiatives causait de fréquentes disputes, chacune voulant garder pour soi ce qu'elle avait gagné ou recueilli; il y avait d'interminables disputes. Les protégées de madame Gamelin trouvaient le moyen de l'importuner même chez elle pour régler leurs différends [78].

La nécessité de se rapprocher de son œuvre, ainsi que les demandes d'admission qu'elle devait refuser faute de place,

L'Asile de la Providence vers 1943. Fondé par Émilie Gamelin en 1844, il abrita à l'origine des femmes âgées et infirmes et des orphelines. L'édifice fut démoli en 1963. (A.P.S.P.)

incitèrent madame Gamelin à chercher un local plus vaste. Elle trouva deux maisons contiguës, situées rue Saint-Philippe (devenue plus tard rue Benoît, disparue aujourd'hui), qui lui permirent de vivre près de ses protégées. Le nouvel aménagement s'avéra bénéfique pour la direction de la maison; madame Gamelin connut pourtant des embarras financiers.

Désireuse d'assurer la survie de ce début d'œuvre pour les femmes âgées et infirmes, madame Gamelin forma une association composée de parents et d'amis disposés à l'aider matériellement. En 1836, mademoiselle Madeleine Durand proposa à madame Gamelin de l'aider à soigner ses protégées. L'année suivante, Olivier Berthelet entendit parler du travail de madame Gamelin et décida de lui rendre visite. Devant l'exiguïté des lieux, il offrit une maison de bois à deux étages assez vaste, mais très délabrée. Mademoiselle Durand effectua les travaux les plus urgents. De vingt-quatre au refuge de la rue Saint-Philippe, le nombre des pauvresses s'éleva à trente à cette maison qu'on appelait la «maison jaune». Madame Gamelin, qui ne manquait pas d'amis, avait l'art de les convaincre de l'aider à soutenir son œuvre. Ainsi, Ludger Duvernay, propriétaire du journal *La Minerve* se faisait un devoir d'annoncer, gratuitement, les bazars de charité organisés au profit du refuge de madame Gamelin; il publiait aussi des comptes rendus détaillés du travail qui y était accompli. Il invitait la population à participer aux bazars de charité, à verser des dons ou à acheter les produits fabriqués et vendus au refuge de madame Gamelin. Les dames de la charité constituaient la clientèle assidue du comptoir de vente du petit refuge. C'est donc très modestement que débuta cette œuvre. Encouragée, madame Gamelin en obtint la reconnaissance officielle par son incorporation sous le nom d'«Asile de Montréal pour les femmes âgées et infirmes», appelé plus familièrement Asile de la Providence. Au fil des événements, l'œuvre commencée par madame Gamelin en qualité de laïque fut à l'origine d'une communauté de religieuses.

La nouvelle de l'inauguration à Montréal de l'Asile de la Providence se répandit dans le diocèse, tant et si bien que les demandes d'admissions vinrent de toutes parts. Embarrassée de ne pouvoir répondre favorablement à chacune, l'administration de l'asile pria la direction des *Mélanges Religieux* de diffuser un «communiqué» afin d'informer la population des priorités de l'institution.

Nous croyons donc urgent de prévenir que cet Asile est destiné spécialement aux pauvres de la ville, ce qui est grandement raisonnable et juste, puisque ce sont les aumônes de la ville qui l'ont élevé. Encore est-il loin de pouvoir suffire aux besoins et autres demandes de cette localité; car il n'y a que trente lits de fondés. [...] Si par la suite les dons faits à l'Asile de la Providence deviennent plus considérables, si ses ressources régulières deviennent plus abondantes, ou si les demandes des pauvres de la ville sont diminuées, on pourra secourir d'autres pauvres et d'autres infirmes; car c'est le but de l'établissement de venir au secours des pauvres, et il n'y a ici d'autres spéculations et d'autre souci que d'en secourir le plus grand nombre possible [79].

Ainsi on invita les curés des campagnes à détourner les pauvres de leurs paroisses de l'Asile de la Providence.

Le nombre des femmes assistées par madame Gamelin de 1831 à 1843, alors qu'elle était encore laïque, dépasse les trois cents. Le total des femmes accueillies à l'asile au cours des années 1830-1870 s'élève à 2879 personnes, soit une moyenne annuelle de 70 [80]. Ce petit nombre peut s'expliquer par le fait que la majorité des protégées de madame Gamelin étaient des octogénaires, qui ont représenté à elles seules 44% des décès. Les septuagénaires viennent en deuxième avec 30%. On compte ensuite 14% des personnes dont l'âge au décès varie entre 24 et 56 ans, et enfin de 90 à 101 ans représentant 11%. Le coutumier de la communauté laissait déjà entrevoir la vocation propre de la maison par l'importance accordée aux soins requis par les personnes âgées, malades ou infirmes.

Les modestes ressources des Sœurs de la Providence ne les empêchaient pas d'accomplir leur tâche dans un cadre matériel bien ordonné. L'hospitalière était responsable des objets à l'usage de son office. L'état de santé des femmes âgées ne leur permettant pas de se déplacer pour les repas, la salle commune leur servait à la fois de dortoir et de réfectoire. Il semble qu'une partie de la lingerie et des ustensiles provenait de l'apport personnel des protégées, ce qui obligeait l'hospitalière à faire l'inventaire quotidien de tout objet entré ou sorti de la salle. Elle était chargée de voir à la propreté et à l'aération des lieux. Il est même précisé qu'elle devait quelquefois «y faire brûler des parfums». De plus, l'hospitalière était responsable de l'éclairage qu'elle devait assurer à heure fixe.

Les tâches matérielles ne devaient pas distraire l'hospitalière de son rôle principal, le soin des femmes âgées et infirmes. On plaçait les plus handicapées dans une infirmerie où elles étaient l'objet d'attentions particulières. La supérieure de l'asile devait se tenir au courant de l'état de santé des personnes abritées dans la maison par des visites au cours desquelles l'hospitalière lui faisait un rapport sur chacune. À cette occasion, la supérieure décidait s'il était nécessaire de donner de l'aide à l'hospitalière. C'est l'hospitalière qui devait faire venir le médecin, prévenir ses compagnes et la sœur apothicaire afin qu'elles assistent à la visite, «afin que les unes et les autres puissent observer ce qui sera ordonné soit pour les remèdes soit pour les aliments, ce qu'elle [l'hospitalière] fera exécuter, autant qu'il se pourra [81]».

Ainsi, les Sœurs de la Providence se préparaient à ce qui devait être une de leurs grandes vocations, le service hospitalier. Le coutumier spécifiait qu'il fallait écrire les prescriptions du médecin; c'était le début des dossiers médicaux.

Au moment de l'aggravation de la maladie des personnes confiées à ses soins, l'hospitalière les préparait à recevoir les derniers sacrements. Entre le décès des femmes âgées et leur ensevelissement, deux heures devaient s'écouler. L'hospitalière était responsable des soins requis, de la mise en cercueil; on transportait la dépouille à la chapelle. À tour de rôle, on veillait le corps pendant vingt-quatre heures.

Aucune infirmité ne rebutait les Sœurs de la Providence, qu'il s'agisse du soin des aveugles, des sourdes et muettes ou des aliénées. La présence de ces dernières à l'Asile de la Providence est à l'origine de l'orientation que prit, au cours des années, la communauté, qui se consacra au soin de cette catégorie de malades. Parmi les femmes assistées dans la maison, il y avait aussi des paralytiques. Les commodités de l'asile étant restreintes, leur entretien imposait un surcroît de travail et de patience.

La santé chancelante des protégées des Sœurs de la Providence explique probablement le manque de précision concernant leur horaire quotidien. On connaît mieux la tenue vestimentaire des femmes âgées. Le budget de Mère Gamelin ne permettant pas d'acheter des tissus importés, on utilisait les produits du pays. De fabrication artisanale, les chaussures «du dimanche» n'en portaient pas moins le nom de «souliers français». Les protégées de l'asile chaussaient généralement des «souliers de bœuf» fabriqués à la cordonnerie de la maison. Les femmes âgées en état de sortir de l'asile en hiver portaient une longue «pelisse en camelot ou en flanelle sombre à grands carreaux, et grosse tête ou capeline froncée en coulisse, à volonté, autour de la figure[82]». Telle était en 1843 la garde-robe des dames de l'Asile de la Providence. Leur toilette varia au gré des administratrices. Malgré la coutume d'un certain uniforme pour les dames âgées, on ne dédaignait pas de faire porter les vêtements offerts par la population.

Mère Gamelin et ses compagnes ne ménageaient pas leurs efforts pour assurer le bien-être des femmes assistées. Ainsi, la fondatrice n'hésitait pas à mendier en leur nom. Un Montréalais charitable, monsieur Richard, mettait un cheval et une voiture à sa disposition. Accompagnée d'une sœur, Mère Gamelin quêtait de porte en porte, acceptant toute forme d'offrandes, y compris des restes de nourriture. Au hasard de la situation financière de la maison, la nourriture était plus ou moins raffinée, abondante et variée. En plus d'adapter la nourriture au goût des malades, le règlement prescrivait aux sœurs dépositaire et dépensière de se préoccuper de la régularité des heures de repas, de veiller à ce que les aliments soient sains et assez chauds. L'hospitalière devait surveiller les cadeaux offerts aux pauvres sous forme d'aliments afin qu'ils ne portent pas atteinte à leur santé.

La propreté et la décence étaient de rigueur à l'Asile de la Providence; ne disposant pas de chambres privées, les femmes se partageaient de grandes salles. L'exiguïté de l'espace réservé à chacune obligeait le personnel religieux à prendre des précautions supplémentaires. On distribuait les vêtements propres tous les samedis. Il était prescrit à l'hospitalière d'être intraitable sur ce point. La propreté était maintenue au prix de lourds sacrifices, l'Asile de la Providence n'étant pas pourvu d'eau courante. Autour de 1846, par exemple, les sœurs faisaient transporter les vêtements à laver au fleuve près de la ferme Saint-Isidore située à la Longue-Pointe. Chaque mois, une ou deux sœurs s'y rendaient pour faire la lessive qui durait une semaine.

> Étant rendues, elles lavaient au bord de l'eau, puis n'ayant pas d'hommes elles montaient les paniers de linge trempe pour l'étendre en haut de la côte, quelquefois par la terre glaiseuse et humide. Elles étaient mortes de fatigue, [soumises] à l'ardeur du soleil tout le long du jour, pour se reposer la nuit elles couchaient par terre sur des grabats [83].

La communauté ne disposait pas de personnel laïc engagé à qui confier cette tâche. Le règlement prescrivait deux grands ménages par année afin d'assurer des conditions d'hygiène adéquates aux malades.

Le coutumier de la communauté ne précise pas si les femmes âgées et infirmes accomplissaient de légers travaux, mais la plupart avaient l'habitude des travaux de couture, de tricot et de tissage.

Ayant observé que la plupart des femmes âgées étaient abandonnées de leur famille, Madame Gamelin établit un système de parrainage pour défrayer le coût de leur pension et rompre leur isolement; une famille bien nantie adoptait ainsi une personne de l'asile. Comme on voit, ce n'était pas seulement une aide matérielle et des soins physiques que les intervenants de la bienfaisance apportaient aux indigents inaptes au travail; mais aussi soutien et réconfort moral, tout en prenant les moyens nécessaires pour intéresser la population qui pouvait les aider au sort des malheureux. Ainsi, les enfants, les vieillards et les infirmes profitaient-ils d'une sécurité bienfaisante.

6

Services aux pauvres
aptes au travail

À la même époque comment les institutions s'occupaient-elles des pauvres en état de travailler, mais qui étaient temporairement réduits au chômage ou à la mendicité? D'une part, un service appelé «Maison d'industrie» hébergeait, nourrissait et incitait au travail chômeurs et vagabonds; d'autre part, divers services mis sur pied par les organisations que nous connaissons se chargeaient de trouver de l'emploi à ceux qui en cherchaient.

LA MAISON D'INDUSTRIE

La plus ancienne trace d'une Maison d'industrie, modèle canadien de la *Work House* britannique, remonte au 3 septembre 1808, date où les Juges de paix, administrateurs de la ville de Montréal, accusèrent réception d'une lettre de James Strother et Robert Gilmore. Les signataires, exécuteurs testamentaires de l'honorable John Conrad Marsteller, décédé le 17 mai 1808, y mettaient les autorités de la ville au courant que le défunt avait légué des biens estimés à environ 4000 $ afin d'établir une Maison d'industrie [1]. Plus d'une année s'écoula avant que les autorités ne donnent suite au legs de monsieur Marsteller. Elles décidèrent alors de soumettre le projet à l'Assemblée législative [2] qui promulgua, dix ans plus tard, l'«Acte pour établir une Maison d'industrie dans la cité de Montréal» [3]. Un document intitulé «Ordres, règles et règlements de la Maison d'industrie de la Cité de Montréal» [4], daté du 22 septembre 1819, indique qu'un établissement de ce nom fut ouvert probablement pour la première fois à l'hiver 1819-1820.

Comme nous l'avons déjà mentionné, il fallait un permis pour mendier dans les rues de la ville. Nombre d'indigents se voyaient refuser ce permis, ou passaient outre, sachant qu'ils n'avaient aucune chance de l'obtenir. En conséquence, autorisés ou pas, les mendiants étaient nombreux et la population en était ennuyée; elle était aussi consciente d'être souvent abusée. La Maison d'industrie devait corriger cette situation: elle devait procurer du travail à ces nécessiteux, les héberger et les réformer. Les mendiants qui refusaient et travail et réforme par le travail ou toute autre forme d'assistance devaient être considérés comme des escrocs et enfermés pour vagabondage à la Maison de correction. Ainsi est-il permis de faire une distinction entre la clientèle de la Maison d'industrie et celle de la Maison de correction: la première acceptait le travail, une forme de réadaptation par l'internement et une discipline imposée; la deuxième était tout simplement incarcérée pour avoir troublé la paix publique.

À différentes époques, les journaux dénonçaient la mendicité et sensibilisaient le public au risque de faire la charité sans discernement. Parmi les mendiants véritables se glissaient des imposteurs habiles à exploiter les honnêtes gens. *La Minerve* du 28 juillet 1836 développait ce propos:

> Tant que les pauvres auront à se supporter eux-mêmes, en mendiant de porte en porte, nous verrons à un degré effrayant le vice et la misère se propager parmi nous. En outre, l'impossibilité de distinguer le pauvre méritoire du fainéant et du méchant donne à beaucoup les moyens de mener une vie abondante à même les contributions extorquées au nom de la charité; et plusieurs de ces misérables qui errent dans les rues sous le nom de mendians, n'hésitent pas à insulter ceux qui leur refusent l'assistance, surtout quand ce sont des personnes du sexe [5].

Si l'on en juge par les commentaires des contemporains, francophones et anglophones de Montréal déploraient la montée et la perversion de la mendicité. Le journal *The Montreal Transcript* du 3 octobre 1837 consacra un long article à la Maison d'industrie dans lequel on mettait aussi la population en garde contre les mendiants qui s'assuraient une existence plus confortable que celles des travailleurs économes et prévoyants. De leur côté, les tenants de ce type d'établissement tentaient de faire comprendre à la population que, de toute manière, les pauvres étaient la responsabilité des nantis dans une société civilisée.

Les organisateurs déployèrent beaucoup de zèle pour encourager les indigents à s'y présenter. *La Minerve* du 16 janvier 1837 écrivait:

> La Maison d'industrie de Montréal a été établie dans la vue de soulager le public d'un fardeau qui en dépend déjà, en diminuant les frais de soutien des mendians, et en même temps pour augmenter le confort de leur situation. Les hommes sains de corps et capables de travailler aux chemins ne sont pas des objets de charité et ne dépendent pas nécessairement du public. Dans les saisons les plus mauvaises ils peuvent, par leurs propres efforts, se procurer les moyens de payer pour leur pain quotidien. Un petit nombre de cette classe a été admis à la Maison d'industrie, en partie parce que leurs services étaient nécessaires [6].

En somme, ce passage suggère que les hommes admis à la Maison d'industrie n'étaient pas des plus vaillants, sauf exception. Malheureusement, nous n'avons pu retracer d'archives susceptibles de nous fournir sur la clientèle de la maison des renseignements précis, sans doute à cause du caractère saisonnier de l'institution et des changements fréquents de sa direction. Des journaux de l'époque nous apprennent tout de même que de novembre 1836 à mars 1837, 519 personnes avaient fréquenté la maison; que, de novembre 1842 à mai 1843, il y en avait eu 1382; et que, de novembre 1845 à février 1846, elles furent environ 600 [7]. Ces sources ne précisent cependant pas la durée de leur séjour. La Maison d'industrie était ouverte à compter de novembre, au moment des premiers froids, et demeurait en activité jusqu'au printemps. Sa clientèle était, semble-t-il, mouvante et instable. Il est difficile, en effet, d'imaginer que la maison léguée par monsieur Marsteller, ou quelque autre local utilisé par la suite, ait pu héberger en même temps de 500 à 1500 personnes, ne serait-ce que pour une seule nuit. De plus, les diverses mesures en usage afin de réformer les mendiants étaient peut-être de nature à déplaire rapidement à nombre d'entre eux, qui préféraient l'insécurité dans la liberté à la sécurité dans la contrainte.

L'évolution de la Maison d'industrie de Montréal est difficile à suivre pour diverses raisons, d'abord parce qu'elle ne fonc-
tionnait que l'hiver et qu'il fallait la réorganiser tant bien que
mal chaque année. Des syndics étaient nommés pour la diriger.
De 1820 à 1835, il n'est pas question d'une Maison d'industrie
dans les procès-verbaux de l'administration de la ville de Montréal. Toutefois, il est mentionné à différentes reprises, notamment en 1821 et en 1822, que la municipalité accordait des crédits à la «Maison de correction» pour faire casser de la pierre.

Il est possible que cette Maison d'industrie ait été un genre
d'atelier où les mendiants devaient aller travailler. Ils y étaient
nourris, mais pas nécessairement logés. Leurs salaires leur
étaient versés en argent, et parfois en nature. Pour diverses raisons, notamment le manque de fonds, ses locaux ont pu, d'une
année à l'autre, être restreints, insuffisants, et son existence
même, temporairement compromise.

Quelle qu'ait été l'organisation d'une quelconque Maison
d'industrie (la situation d'internes ou d'externes de ses mendiants), une constante demeure: elle recevait, en priorité, les
contrats de concassage de la pierre nécessaire au pavage des rues
et au remplissage des ornières. C'était là une forme de subvention: l'établissement devait pourvoir à ses besoins à même le travail de ses pauvres, et compter peut-être aussi sur d'autres fonds
provenant des nantis de la ville, intéressés à son travail de
réforme et de prévention, comme l'avait été monsieur Marsteller en 1808, car la grande misère menait souvent à la délinquance.

Nous savons que la Maison d'industrie de Montréal fut
mixte jusqu'en 1854, en ce sens qu'elle était dirigée par des
anglophones et des francophones, des catholiques et des protestants et qu'elle accueillait sans discrimination les «mendiants»
des deux sexes et de toute origine ethnique. Du moins, c'est ce
que nous pouvons supposer, car les sources secondaires dont
nous disposons sont éparses et épisodiques.

Voici deux faits attestés indiquant que le problème du local
ne trouvait pas aisément de solution. En 1836, les Messieurs de
Saint-Sulpice préoccupés du sort des indigents, cédèrent dix
arpents de terre situés sur le chemin de la rivière Saint-Pierre
afin d'y construire une Maison d'industrie destinée aux pauvres
catholiques et protestants. Le contrat de donation comportait
une clause spéciale selon laquelle le terrain reviendrait au Sémi-

naire si l'établissement n'était pas construit. Le comité formé pour établir une Maison d'industrie remit le terrain aux Sulpiciens le 16 décembre 1839, le projet ayant échoué[8]. Par contre, durant l'hiver 1836-1837, le gouvernement offrit le bâtiment de l'ancienne prison pour les mêmes fins[9].

Le bail à cet effet se termina en janvier 1838, au moment tourmenté qui suivit les troubles politiques. La fermeture d'une Maison d'industrie n'avait pas de quoi soulever l'intérêt de la population, à preuve cette lettre de J.H. Maitland, adressée à la municipalité le 28 janvier 1843:

> Avant les troubles, j'avais ainsi que quelques autres la charge d'une Maison d'industrie considérable à la vieille prison. Si ce n'eût été que des événements d'alors elle serait devenue une institution permanente. Il est bien connu que tant que le public nous a supportés, les rues étaient devenues vides de mendiants. [...] Tout le monde convient que le plus grand mal actuel et par lequel les citoyens de Montréal souffrent, en tant qu'ils sont exposés continuellement aux demandes des mendiants qui bien souvent méritent un meilleur sort, c'est qu'il n'y ait nul autre moyen de venir au secours des infortunés que la charité particulière et l'assistance occasionnelle mais insuffisante des différentes Églises. Il faut apporter quelque remède à ce mal qui augmente en proportion de la population[10].

Même si de 1838 à 1843, la Maison d'industrie existante ne prenait plus de pensionnaires, elle recevait, comme l'indique une résolution du comité de voirie du Conseil municipal du 30 octobre 1840[11], une certaine somme de la municipalité sans doute pour le concassage de la pierre. Ce travail fut-il le seul organisé pour les indigents en 1840-1841? Une facture datée du 25 juin 1842 se lit ainsi:

> Reçu de Mr Dubois clerc de la fabrique de la paroisse de Montréal la somme de dix chelins pour deux matelas fais à la Maison d'industrie.
>
> Jacques-Victor Arraud
> Vice-procureur[12]

Ce document atteste qu'une certaine forme de Maison d'industrie, un genre d'atelier pour le moins, a existé cette année-là.

L'hiver 1942-1943 fut particulièrement difficile: tous les citoyens de la ville furent touchés et plusieurs hommes d'affaires firent même faillite. Les mendiants envahirent de nouveau les rues de Montréal. Le clergé protestant prit l'initiative d'organiser une Maison d'industrie avec internat dans l'Hôpital des immigrés mis à la disposition d'un comité de direction jusqu'au printemps. La population fut invitée à contribuer de ses deniers afin d'assurer la réalisation du projet au profit de tous les indigents, sans distinction. Un appel pressant fut lancé afin de recueillir provisions, vêtements, couvertures, etc. Les dons devaient être acheminés au bureau de monsieur Scholes, rue Vitré, près de la rue Saint-Urbain [13].

Cette initiative du clergé protestant semble avoir été temporaire. Nous n'en avons retrouvé aucune trace dans *La Minerve* des années 1844, 1845 et 1846. Le projet d'établir une Maison d'industrie permanente fut repris en 1847. Deux articles publiés dans *La Minerve* du 18 mars 1847 font état des débats entre catholiques et protestants sur la question. Une assemblée de citoyens fut tenue au Palais de justice en vue de rétablir une Maison d'industrie. Le maire y exposa son idée sur l'institution qu'il voulait «large et libérale». Il désirait offrir un refuge permanent aux pauvres, même s'il craignait que la maison ne se remplisse vite des fainéants venus des campagnes environnantes. M. Hincks annonça à l'assemblée que les Sulpiciens offriraient (pour la deuxième fois) un terrain de six acres, si l'on réussissait à trouver les ressources nécessaires afin de construire un édifice à l'usage des catholiques et des protestants. On proposa divers modes de financement pour un tel établissement qui serait à l'usage exclusif des Montréalais. Parmi les recommandations issues des délibérations, signalons celle de former un comité composé de laïcs de diverses congrégations protestantes et juives et d'un nombre égal de représentants des communautés catholiques, qui se chargerait de trouver les fonds nécessaires [14].

The Montreal Witness fait état, le 29 mars 1847, de divergences de vues entre catholiques et protestants sur le mode de financement de la future Maison d'industrie. C'est alors qu'on songea à l'organisation de deux établissements. En dépit des pourparlers et de cette commune bonne volonté, mais peut-être aussi à cause de tensions entre catholiques et protestants, on ne retrouve aucune trace de Maison d'industrie pour l'hiver 1847-1848.

Le nombre de mendiants ayant augmenté au cours de l'hiver 1848-1849, Mgr Bourget adressa à la municipalité, au nom de la jeune Société de Saint-Vincent-de-Paul, une demande d'emploi pour les pauvres. À cette époque, le Conseil municipal référait automatiquement les requêtes de ce genre au comité des chemins [15]. Le procès-verbal de la réunion du 6 janvier 1849 du Conseil particulier de la Société de Saint-Vincent-de-Paul de Montréal révèle que cette demande reçut un accueil favorable. Un comité, composé de Hubert Paré, Narcisse Valois, Ignace Leduc, Jacques Poitras, D. Perrault et Jos. Dufresne, fut formé afin d'organiser le concassage de deux cent cinquante toises de pierre, contrat que le Conseil de ville avait accordé à la Société [16]. Le 16 février suivant, une somme de 820 $ fut de nouveau votée pour une quantité supplémentaire de pierre, prolongeant ainsi la période de travail pour les pauvres. Nous interprétons l'engagement de la Société de Saint-Vincent-de-Paul comme un indice de l'absence de Maison d'industrie. Et ce fut encore celle-ci qui se préoccupa du sort des indigents à l'automne 1850. Elle forma même un comité qui se proposa, cette fois, de commencer une Maison d'industrie [17].

Le premier décembre 1850, les membres du Conseil particulier auxquels s'était joint Mgr Bourget se rassemblèrent, mus par une préoccupation commune. L'évêque de Montréal suggéra de faire des «essais en petit», des «expériences pilotes» dirait-on aujourd'hui. Quant à M. Léon-Vincent Villeneuve, aumônier de la Société, il proposa que chaque conférence établisse une telle «maison» dans sa localité. Mais le temps n'était pas venu de mettre ces projets à exécution. Rappelons ici que la majorité des membres de la Société de Saint-Vincent-de-Paul étaient des citoyens de condition modeste. L'établissement d'une Maison d'industrie requérait des fonds considérables qu'ils ne possédaient pas.

Après avoir envisagé diverses solutions aussi irréalisables les unes que les autres, les membres du comité de la Maison d'industrie de la Société de Saint-Vincent-de-Paul songèrent à aider seulement les hommes sortant de prison. Le succès de l'hospice de mademoiselle Bissonnette, consacré à la réhabilitation des femmes, inspira sans doute cette idée. Malgré toute la bonne volonté déployée au printemps 1851 et à l'été 1852 en vue d'implanter un tel établissement, on dut abandonner le projet car le local qui lui avait été destiné fut incendié [18].

La conflagration de l'année 1852 mobilisa toutes les ressources financières et les effectifs humains de la Société pour une assistance efficace aux sinistrés. Toutefois, périodiquement, l'hiver ramenait son cortège de chômeurs en quête de moyens de subsistance. La municipalité votait alors à leur intention des budgets spéciaux pour le concassage de la pierre nécessaire à l'entretien des rues et une éventuelle Maison d'industrie restait à l'état de projet.

À ce propos, les archives de la ville et les journaux de l'époque sont muets jusqu'au 16 février 1855 [19]. Ce jour-là, trois membres du conseil furent nommés afin de s'entendre avec les syndics de la Maison d'industrie en vue d'effectuer le transfert de ladite Maison à la corporation. Il s'agissait sans doute des syndics qui administraient le legs de 1800 et qui avaient mis sur pied la première Maison d'industrie.

Les démarches se sont poursuivies lentement jusqu'au 19 mai 1855, date à laquelle elles furent sanctionnées par un «Acte pour investir la Cité de Montréal des propriétés, droits et privilèges dont jouissaient ci-devant les gardiens de la Maison d'industrie dans la cité de Montréal, et pour d'autres fins» [20]. Le document rappelait qu'il s'agissait du legs de feu John Conrad Marsteller. Ce transfert légal avait imposé des «gardiens» (ou syndics) à la ville de Montréal; le vœu du donateur devait être respecté. Lors d'une séance du Conseil municipal, le maire nomma les membres d'un comité spécial de la Maison d'industrie.

Ce comité spécial avait le mandat d'examiner la situation et de faire des recommandations au Conseil municipal. Le 11 janvier 1856, il déposa un rapport qui déconseillait de faire des réparations à la bâtisse léguée par monsieur Marsteller parce qu'elle tombait en ruines, proposait de lotir le terrain et de vendre le tout afin d'acheter un terrain mieux situé, où pourrait être érigé un bâtiment adapté aux besoins d'une maison d'industrie, telle qu'on la concevait alors. Le Conseil municipal accorda l'autorisation de procéder lors de l'assemblée du 23 avril 1856 [21].

D'autres initiatives suivirent, toujours en vue de créer une Maison d'industrie permanente, notamment une requête au Conseil municipal adressée à la Législature afin d'obtenir un terrain et un octroi [22]. Demande qui essuya un refus.

Après deux années de silence au Conseil municipal, le sujet de la Maison d'industrie revint à l'ordre du jour le 5 février 1858, avec une proposition du conseiller Rodden, qui fut égale-

Le quartier du Champ de Mars, ravagé par l'incendie de 1852. 1100 maisons furent brûlées, totalisant 200 000 livres sterling en pertes matérielles, et laissant 8000 personnes sans abri. (*London Illustrated News*, 7 août 1852)

ment rejetée[23]. L'hiver terminé, la question du sort des indigents ne se posait pas avec autant d'acuité, la réouverture du port, entre autres, créant de l'emploi.

La municipalité demeurait liée par son engagement de 1855. Le sujet de la Maison d'industrie fut remis à l'ordre du jour le 24 novembre 1858[24]. Un nouveau comité fut mis sur pied, mais il n'a pas laissé de traces; il se peut qu'il ait collaboré avec le comité des chemins et qu'il ait ainsi procuré du travail aux pauvres, sans avoir procédé à l'organisation d'une Maison d'industrie. Au printemps 1859, le Conseil vota successivement plusieurs sommes d'argent pour des travaux de voirie, à l'intention des pauvres aptes au travail[25].

Malgré les difficultés rencontrées, le Conseil municipal — du moins certains membres de ce conseil — continuait à voir une Maison d'industrie comme étant la formule la plus propre à éliminer les mendiants des rues de la ville. Le 18 janvier 1860, le conseiller Rodden soumit la proposition suivante:

> Que l'avocat de la Corporation reçoive l'instruction de dresser une clause pour l'ajouter aux amendements proposés aux Actes et incorporation, pour obtenir la faculté d'acheter du terrain, élever des bâtisses et organiser un système de gestion pour une Maison d'industrie dans cette Cité; que le comité nommé pour cet objet et le

Comité des finances forment un comité conjoint pour donner à l'avocat les instructions qui lui sont nécessaires pour dresser la dite clause, et que cette dernière soit soumise à l'approbation du Conseil [26].

Cette proposition reçut l'assentiment du Conseil municipal; cependant, les circonstances ne se prêtèrent pas tout de suite à la réalisation du projet. Neuf mois s'écoulèrent avant la formation d'un «Comité spécial pour rechercher et indiquer les meilleurs moyens à adopter pour l'établissement d'une Maison d'industrie dans cette Cité». Périodiquement on ramenait aussi au Conseil municipal le sujet de la vente du terrain et des bâtiments légués par monsieur Marsteller. Après une mise en veilleuse de cinq ans, le sujet figura à l'ordre du jour de la réunion du 10 juin 1861. Le «comité spécial» formé l'année précédente suggérait dans son rapport de vendre la propriété de la rue Campeau qui ne convenait pas à l'usage auquel on la destinait. Le produit de la vente devait être versé à la municipalité et placé à intérêt jusqu'à ce que l'on eût trouvé un terrain convenable pour y ériger un établissement permanent [27]. On adopta ce rapport séance tenante; cependant il fallut attendre jusqu'au 11 mars 1862 la nomination des échevins chargés d'effectuer la vente projetée. Malgré la bonne volonté des membres du comité, leurs efforts tardèrent à se concrétiser. Le terrain de la maison Marsteller fut loti en juin 1862; six mois s'écoulèrent avant qu'une première vente ait été conclue.

Le comité spécial se plaignait du manque de collaboration du gouvernement qui refusait d'accorder son appui financier au projet. En désespoir de cause, il fut proposé que la Maison d'industrie ne relève plus de la municipalité et devienne autonome, administrée par les citoyens ayant parrainé la démarche [28]. Nous ignorons pour quelles raisons une telle proposition ne fut pas adoptée. Après avoir été mise à l'ordre du jour à deux reprises, elle fut écartée sans qu'aucune décision n'ait été prise [29]. Les tentatives diverses pour établir une Maison d'industrie permanente à Montréal, sous les auspices de la municipalité, se soldèrent donc par un échec.

Les Anglo-protestants résolurent de relever le défi et virent leurs efforts couronnés par l'incorporation d'un établissement de ce genre en 1863. On n'y accueillait que des hommes. Des services aux pauvres à domicile s'ajoutèrent au service d'hébergement. Mgr Bourget s'y intéressa tellement qu'il le cita en

Le Refuge Sainte-Brigitte, rue de la Gauchetière, inauguré en 1865 après l'échec de la Maison d'industrie. Il abritait un hospice pour les vieillards, un patronnage pour les servantes sans emploi, un refuge de nuit et un Dépôt des pauvres. (*Le diocèse de Montréal...*)

exemple dans une de ses lettres pastorales. De son côté, le Conseil particulier de la Société de Saint-Vincent-de-Paul de Montréal loua l'initiative des protestants, ce qui suscita une certaine émulation chez les catholiques. La direction de la Protestant House of Industry and Refuge soumit une requête au Conseil de ville le 16 décembre 1863, demandant le transfert d'une partie des fonds et du domaine légué par Conrad Marsteller[30]. Treize mois s'écoulèrent avant que le comité des finances ne recommande d'accorder la moitié du legs Marsteller à la Protestant House of Industry and Refuge et de réserver l'autre moitié pour une éventuelle Maison d'industrie destinée aux catholiques[31]. En attendant, l'établissement des protestants devait admettre les catholiques.

Selon sa formule originale, la Maison d'industrie répondait à deux objectifs: d'une part, réformer les habitudes de la clientèle de l'établissement, d'autre part, héberger les sans-abri. En fait, après 1860, deux établissements distincts furent ouverts: le Montreal Saint Bridget's Refuge destiné à loger les personnes itinérantes et la Maison de correction et d'industrie où l'on initiait les pensionnaires au travail.

L'analyse du fonctionnement saisonnier d'une Maison d'industrie révéla que le besoin prioritaire des indigents aptes au travail était l'hébergement, quitte à ce qu'ils soient laissés à eux-mêmes au cours de la journée. On constata que la majorité de la clientèle était d'origine irlandaise. Aussi, ce furent les Sulpiciens de la paroisse irlandaise qui prirent l'initiative de construire un refuge de nuit à leur intention et à celle des Canadiens. Les besoins de la communauté irlandaise étant multiples, l'établissement abrita diverses œuvres: un hospice (pour les vieillards), un patronage (pour les filles pauvres), un refuge de nuit (pour les sans-abri), un dépôt des pauvres (pour les pauvres assistés à domicile). Selon le *Register of the Montreal Saint-Bridget's Refuge*, le refuge de nuit fut inauguré le 21 décembre 1865. Ce document nous renseigne sur l'âge, l'origine ethnique, la religion et le sexe des personnes hébergées.

Un tract, publié à l'occasion du jubilé d'or de deux Sulpiciens qui ont œuvré au service de la communauté irlandaise, messieurs Patrick Dowd et Joseph Toupin, confirme la parenté qui a existé entre le concept du Saint Bridget's Refuge et celui de la Maison d'industrie. Le coût de construction de l'établissement incluant le mobilier s'éleva à 33 164 $. Les fonds requis pour la construction provenaient de trois sources: le legs laissé par M. Conrad Marsteller (dont une partie — 6000 $ — avait été attribuée en 1865 à la Protestant House of Industry and Refuge); la contribution du Séminaire s'élevant à 4000 $ et le reste provenant de quêtes spéciales [32].

Selon le *Register*, dans les années 1866, 1867 et 1868, respectivement 4703, 7849 et 8022 personnes auraient fréquenté le Saint Bridget's Refuge.

La difficulté d'établir une Maison d'industrie, mixte et permanente, fut un sujet de préoccupations au Conseil municipal qui, par ailleurs, avait délibéré, dès 1852, sur l'ouverture d'une «Maison de réforme» destinée aux délinquants de tous âges [33]. Ce projet fut repris en 1867, c'est-à-dire quinze ans plus tard. Le comité formé en vue d'ouvrir une Maison d'industrie «municipale» fut remplacé par un comité spécial pour l'établissement d'une «Maison de correction et d'industrie». Le 27 janvier 1868, ce comité faisait rapport [34]. Il exposait longuement les raisons qui justifiaient le choix de cette forme d'action, le mode d'administration souhaité, les objectifs poursuivis, la pédagogie préconisée et l'égalité des candidats quelle que soit leur allégeance religieuse. Une assemblée du Conseil de ville, du 11 novembre 1868, sanctionnait ces recommandations [35]. La tâche de réaliser ce projet devait être confiée aux Frères de la Charité, qui n'acceptèrent un arrangement que quatre ans plus tard. Le contrat entre les Frères de la Charité et le gouvernement fut signé le 11 janvier 1873 [36].

Il ne fait donc pas de doute qu'il y eut épisodiquement une Maison d'industrie à Montréal. La clientèle de l'établissement appartenait à trois catégories distinctes de personnes: les immigrants Irlandais, les Canadiens provenant des campagnes et les marginaux.

Depuis 1832 surtout, chaque printemps amenait des navires remplis d'immigrants, la plupart Anglais et Irlandais. Mue par la compassion, la population montréalaise accepta les nouveaux arrivants de bonne grâce. L'appartenance à la même Église rapprochait certes les Canadiens et les Irlandais, mais à mesure que la situation économique et sociale se détériorait, leur bienveillance se transformait en critique hargneuse. Un passage de *La Minerve* du 8 septembre 1836 reproche à la Grande-Bretagne de «se débarrasser des masses de mendiants qui inondent la métropole, font circuler parmi eux des rapports mensongers pour les allécher et les gagner à s'expatrier volontairement». On avait même soin de payer leur passage et de leur donner un peu d'argent pour leurs loisirs. Mais le dénuement dans lequel ces personnes se trouvaient à leur arrivée les réduisait à la mendicité et les exposait à la prostitution et au crime. Les journaux montréalais blâmaient donc le gouvernement britannique d'utiliser le Canada comme refuge pour ses pauvres [37].

En deuxième lieu, la situation économique étant désastreuse dans les campagnes en 1837, un nombre considérable de familles ruinées se réfugièrent à Montréal où elles vécurent temporairement de la charité publique. Les autorités politiques se demandaient alors s'il fallait ouvrir des «greniers publics», distribuer des vivres gratuitement ou établir une Maison d'industrie où les gens auraient à fournir un travail en échange du gîte et du couvert. Selon les contemporains, les greniers publics auraient pu flatter la fainéantise et conduire à la démoralisation. Il est difficile de savoir avec précision quelle solution fut retenue. Les journaux rapportent que trois cent treize personnes se trouvaient dans «la» Maison d'industrie le 13 mars 1837 [38]. Des quêtes effectuées à la paroisse Notre-Dame et à l'église Saint-Patrice permettaient de subvenir à leurs besoins.

Le compte rendu d'une réunion tenue le 7 septembre 1837 à la Maison d'industrie fut rapporté dans le journal *The Montreal Transcript* du 3 octobre 1837. On y trouve des informations sur les Canadiens venus des campagnes, les mendiants et les marginaux. Comment établir la distinction entre les pauvres désireux de travailler, les paresseux et les personnes incapables de se suffire à elles-mêmes, par défaut d'initiative? Parmi les comportements qui retenaient l'attention des observateurs, signalons le manque de discipline et l'inertie. Certains de ces pauvres étaient dans une telle détresse qu'ils étaient rendus à la dernière extrémité de leurs forces; plusieurs enfants étaient malades, certains atteints de la petite vérole. Au nombre des infortunés reçus dans l'établissement, on rapportait des personnes désœuvrées qui flânaient sur les quais et dans les marchés publics où ils vivaient d'expédients, des soldats réformés, des mercenaires au terme de leur contrat, des vendeurs itinérants, des vagabonds et des prostituées. On évaluait au tiers les personnes jugées indolentes. Parmi cette population miséreuse, il y avait des criminels en liberté et des ex-détenus. L'alcoolisme proliférait chez ces infortunés qui cherchaient à oublier leur déchéance. Certains fréquentaient les cabarets en quête d'abris chauffés.

L'abus de l'alcool engendrait un grand nombre de problèmes sociaux. De l'alcoolisme il n'y avait qu'un pas pour succomber à d'autres faiblesses, à l'immoralité et même à la criminalité. Montréal, ville portuaire, était ouverte à des personnes de toutes conditions. Un tel voisinage exigeait une certaine force morale pour résister aux influences perverses. Les promoteurs de la Maison d'industrie désiraient soustraire les pauvres à la tentation de voler pour survivre. Dans cet établissement, on s'attachait à consolider les santés chancelantes, à redonner la force et le goût au travail. L'habitude de la régularité, une fois contractée, avait sur certains d'entre eux d'heureux effets à leur sortie de l'établissement.

Enfin, outre les adultes des deux sexes, la Maison d'industrie comptait généralement bon nombre d'enfants. *La Minerve* du 28 juillet 1836 invitait la population à prendre conscience du vagabondage des enfants:

À présent dans l'absence de tout système un grand nom-

La Petite mendiante, tableau de M. Perrault. Même les enfants étaient mis à contribution lorsqu'il fallait trouver le pain quotidien. (*Le Monde illustré*, 12 octobre 1895)

bre d'enfants s'élèvent de manière à devenir le fléau de la société, et peut-être la terreur de la génération future. Qu'on examine la conduite de ces jeunes misérables et on reconnaîtra la nécessité d'avoir des institutions publiques pour leur réception, quelque en [*sic*] soient les frais.

Certains parents entraînaient leurs enfants à mendier, sans être d'aucune façon éveillés à l'importance de s'instruire. D'autres enfants nés de travailleurs honnêtes, suivaient l'exemple des premiers et mendiaient plutôt que d'aller à l'école. Des parents, peu consciencieux, prétextaient le manque de vêtements pour ne pas envoyer leurs enfants à l'école. Cette attitude, engendrant chez eux le désœuvrement et le manque de discipline, contribuait à perpétuer la pauvreté et la dépendance. Les journalistes dénoncèrent vigoureusement la pratique qui faisait qu'on envoyait au Canada de jeunes orphelins non accompagnés, les exposant à devenir les victimes d'adultes dépravés [39].

Les écoles étaient insuffisantes, les enfants commençaient très jeunes à travailler. L'analphabétisme était un phénomène courant, les administrateurs de la Maison d'industrie en étaient conscients. Aussi, des classes firent-elles, un certain temps, partie intégrante de l'établissement; les élèves y passaient des examens.

La version montréalaise de la Maison d'industrie trouve son modèle d'origine dans l'Angleterre du XVIIᵉ siècle. Elle fut implantée aux États-Unis, notamment à New York et à Boston. Dix ans après le legs testamentaire de John Conrad Marsteller, un «règlement» de la Maison d'industrie était imprimé. Les principes en étaient les suivants:

> [...] que toutes personnes qui y résideront, ou dépendront en manière quelconque de cet établissement soient de bonnes mœurs et se conduisent décemment et avec régularité, qu'elles entretiennent la propreté tant sur elles-mêmes que dans leurs appartements, qu'on les accoutume à l'Industrie et qu'on la leur fasse pratiquer; que cet établissement soit soutenu suivant l'intention et de manière à répondre aux vues de son bienveillant fondateur et que l'on rende justice à tous les parties [40].

Les indigents admis à la Maison d'industrie y recevaient le gîte et le couvert. Hommes, femmes et enfants dormaient dans des dortoirs séparés. Au cours de la journée chacun vaquait à ses occupations. Dès leur admission, les pauvres étaient informés de l'obligation de travailler selon leurs aptitudes et leurs capacités. Un horaire fixait le lever à six heures, d'octobre à mars. La journée de travail, ponctuée de repas et de récréations, se terminait à six heures du soir, sauf pour le congé du samedi après-midi au dimanche soir. L'heure du coucher était établie à neuf heures du soir. Toute personne résidant dans la maison était soignée gratuitement.

Il fallait la permission d'un syndic aux personnes hébergées par ladite maison pour recevoir des visiteurs ou sortir de l'établissement, ou pour faire usage d'alcool. Le règlement publié avait prévu l'assistance obligatoire aux services religieux les dimanches et jours fériés. Toute dérogation était punie par une privation de nourriture ou un surcroît d'ouvrage. Ce «règlement» de 1819 est le seul connu. Il est probable qu'il fut appliqué plus ou moins selon les circonstances jusqu'à la mise sur pied, en 1865, du Saint Bridget's Refuge.

Le principe de la Maison d'industrie était de réhabiliter les mendiants par le travail et une vie ordonnée. À Montréal, il semble que le principal travail confié aux hommes fut le concassage de la pierre pour les rues de la ville. Il est parfois question de fabrication de matelas et de vadrouilles, du travail du bois et d'effilochage de vieux cordages. Les femmes filaient la laine et exécutaient des travaux de couture.

Quelle conclusion tirer de ces notes éparses et parfois contradictoires que nous avons pu recueillir au sujet de «la» Maison d'industrie qui a existé à Montréal au XIXe siècle? Disons tout d'abord que l'idée en a été imposée par un anglophone, à une époque où la bourgeoisie anglophone était dominante à Montréal, non seulement dans les affaires mais aussi dans l'administration de la ville. Les Canadiens ont paru emprunter l'idée, mais ils n'auraient probablement pas songé à «enfermer de force» les mendiants, car avant l'arrivée des immigrants pauvres, les mendiants étaient eux-mêmes Canadiens: l'idée fut adoptée pour ses côtés positifs et même édifiants, mais elle était aussi teintée de mépris. Les années 1830-1840 furent marquées par des tensions politiques aiguës qui se reflétèrent dans les autres domaines de la vie quotidienne des Canadiens et des Anglais. Elles pourraient expliquer que la Maison d'industrie, ouverte à tous sans discrimination et administrée par des comités mixtes, ne put exister plus tard. Les clivages qui devaient se perpétuer au XXe siècle étaient déjà présents, sans compter que des tensions ne tardèrent pas à naître entre les Canadiens français et les Irlandais catholiques. En somme, pour comprendre le tout, les essais comme les quelques réussites, les silences comme les hésitations, les rapports de comités sans suite, les délais étonnants, il faut interroger toute l'histoire de cette époque, ce qui dépasse notre objectif.

LA CONFRÉRIE DU BIEN-PUBLIC

Alors que la Maison d'industrie hébergeait et incitait les pauvres au travail, la Confrérie du bien public, mise sur pied par les Sulpiciens, procurait directement aux pauvres un emploi rémunérateur: ou ils se rendaient à une sorte d'atelier, ou ils accomplissaient à domicile un travail qui leur était assigné.

Cette forme d'assistance aux pauvres aptes au travail assurée par le Séminaire remonte à 1827. Les principes qui la régissaient sont contenus dans le «Code de la Confrérie du bien public». La confrérie était une association de laïcs charitables travaillant en collaboration avec les «missionnaires des faubourgs» sous la direction du curé de la Paroisse. Ses objectifs étaient à la fois d'ordre spirituel et temporel. Elle devait soulager les pauvres tout en les incitant au travail. Dans certains cas, les missionnaires des faubourgs s'appliquaient à prévenir le vagabondage des jeunes et à contrer l'exemple néfaste que pouvaient leur donner des parents dépravés.

Les Sulpiciens prenaient des dispositions afin d'éviter d'être abusés. L'expérience avait démontré que le don pur et simple de biens de consommation ne faisait qu'épuiser les fonds sans autres résultats. On décida alors de procurer du travail aux pauvres qui attribuaient eux-mêmes leur indigence au chômage; lorsqu'ils venaient demander l'aumône, on s'informait de leur métier, de leurs aptitudes, du nombre et de l'âge de leurs enfants, etc. À cette époque, l'anonymat n'existait pas à Montréal, on vérifiait aisément les informations recueillies.

Le Séminaire fournissait des instruments de travail (broches, cardes, fuseaux, quenouilles, etc.) par l'intermédiaire des visiteurs responsables des divers quartiers de la ville. Ces derniers les confiaient aux membres de la Confrérie qui devaient promettre de les surveiller avec soin. Les chômeurs désignés les empruntaient pour faire le travail convenu; par contre le filage devait se faire chez le dépositaire des rouets aux heures déterminées.

La première condition d'admission aux services de la Confrérie était d'être résident de la ville depuis plus de deux ans. Les pauvres de toute croyance religieuse étaient admissibles. Après enquête, les indigents devaient donc se rendre chez un membre de la Confrérie, qui confiait d'abord une petite quantité de matériel à l'intéressé, appelé à démontrer son habileté. La rémunération consistait en bons échangeables chez le boucher ou le boulanger; elle prenait encore la forme de vêtements et de chaussures.

Parmi les pauvres inscrits à la Confrérie, on trouve des personnes habiles à transformer la laine et à tricoter, ainsi que des cordonniers, etc. Le travail confié aux hommes consistait parfois à scier du bois. Selon la qualité de leur ouvrage, ils recevaient louanges et récompenses ou réprimandes et même punitions. Toute dérogation au «code» en usage donnait lieu à un dossier «noir». Les missionnaires des faubourgs une fois informés de cas de délinquance, mettaient fin à leur aide. Les fautifs étaient toutefois invités à s'amender et une seconde chance leur était donnée. S'ils faisaient preuve de quelque bonne volonté, ils recevaient un billet de réadaptation.

Par la même occasion, une attention spéciale était apportée aux infirmes et aux malades indigents connus des membres de la Confrérie. Ces derniers se faisaient un devoir d'en informer les missionnaires des faubourgs. Partant du principe que l'adversité rend parfois attentif aux conseils, les malades pauvres étaient encouragés à prier et à recevoir les sacrements.

La Confrérie du bien public, après une enquête discrète, aidait aussi les épouses des ivrognes. Des arrangements étaient pris avec les bouchers, les boulangers et autres fournisseurs afin que leur soient fournis la nourriture, le bois de chauffage, etc., tout comme on le faisait pour les pauvres sans contrat de travail.

Le code de ladite Confrérie a servi de guide aux Sulpiciens responsables des pauvres des faubourgs. Il n'existe cependant pas de document sur ses quatre premières années d'existence. Le *Poor Register 1831-1842* permet de suivre l'évolution du service aux indigents aptes au travail assuré par la Paroisse. Il est mentionné que les hommes — des Irlandais pour la plupart — concassaient de la pierre tout comme à la Maison d'industrie, puis regagnaient leur domicile le soir venu. Le Séminaire les pourvoyait de biens de consommation en échange du travail accompli. Quant aux femmes, elles exécutaient à domicile des travaux de couture ou de tricot qui se conciliaient facilement avec leurs tâches domestiques. Parmi les biens fournis aux pauvres en échange de leur travail, signalons les denrées alimentaires (pommes de terre, soupe, etc.) distribuées à la Maison des Récollets.

L'aide accordée aux indigents par le Séminaire suivait l'évolution des besoins au fil des années. Ainsi, au cours de l'hiver de 1832-1833, la liste des personnes assistées se composait surtout de veuves et d'orphelines. Il n'est pas mentionné qu'on leur fournissait du travail, il est seulement question de petites sommes d'argent, et de pommes de terre, dont la quantité accordée variait selon le nombre d'enfants à nourrir. «The Emigrant Society» donna aux veuves des couvertures dont la distribution fut confiée aux membres de la Confrérie. Parfois, on procurait un poêle aux indigentes ou on leur distribuait des vêtements.

L'hiver 1834 vit défiler tout un cortège de miséreux parmi lesquels se trouvaient un grand nombre de femmes, veuves pour la plupart, ayant des enfants à charge. Parmi les denrées offertes, figure pour la première fois la farine d'avoine, produit qui semble appelé à devenir la base de l'alimentation des pauvres. On mentionne aussi une autorisation de s'approvisionner en gruau, notamment chez Arthur Nicholson [41], et même, à l'occasion, qu'une somme d'argent était accordée afin de payer le tarif d'un passage vers les États-Unis.

Après trois ans d'absence au registre, une liste de trente-trois pauvres engagés pour casser de la pierre apparaît en janvier 1835. Il n'est plus question d'eux par la suite. L'année 1836 s'écoula sans grands changements: les dons, généralement en argent, correspondaient au coût d'un logement ou d'autres besoins essentiels. L'hiver 1837-1838 sema la désolation. La liste des personnes assistées comporte cent noms de veuves, de femmes dont le mari était malade, ou de célibataires dans le besoin. Les fonds se seraient révélés largement insuffisants si l'on s'en était tenu à la formule employée à l'origine. C'est alors qu'on décida de distribuer de la soupe et du bois. La distribution des secours avait lieu tous les mercredis à midi à la maison attenante à l'église des Récollets. Les secours aux pauvres inscrits dans le *Poor Register* s'arrêtent en octobre 1842, avec l'ouverture du Bureau de charité dirigé à l'origine par M. Armand de Charbonnel.

LES SERVICES DE PLACEMENT

Un fait ressort des conditions socio-économiques, qui préva-laient à Montréal au XIXᵉ siècle: le surplus de main-d'œuvre par rapport aux emplois disponibles. Nous décrivons ici les moyens déployés afin de venir en aide aux chômeuses: les servi-ces de placement, d'accueil et de formation offerts aux jeunes fil-les sans travail.

Les revenus agricoles ont été plutôt médiocres pendant la première moitié du XIXᵉ siècle: mauvaises récoltes, mévente des produits, etc. [42] Les filles des campagnes, bien avant que leurs familles appauvries ne songent à émigrer vers les villes, ont été nombreuses à venir y travailler, surtout comme aides domes-tiques. Ce genre d'emploi fournissait gîte et couvert et leur per-mettait d'économiser une bonne part de leur salaire pour venir en aide à leur famille.

Les Dames de la Charité

Le service domestique était assez peu rémunéré. Mais le spectre du chômage chez les aides, le plus souvent sans famille et sans amis à la ville, risquait de leur faire accepter toutes sortes de compromissions. Sensibilisées à cette détresse, des Dames de la Charité (qui, ne l'oublions pas, se recrutaient justement dans cette bourgeoisie qui se payait des aides domestiques) mirent sur pied, le 26 mars 1829, ce qu'elles appelèrent un «Bureau d'enre-gistrement pour les filles qui vont en service» [43]. L'organisation de ce bureau ne devait pas être très compliquée. Sa fonction principale consistait à mettre en contact les jeunes filles cher-chant du travail avec les employeurs éventuels. Madame Julien Perrault assuma la direction du nouveau service, dès sa créa-tion. Ce bureau disparut trois ans plus tard, en 1832. Retenons que les Dames de la charité ont été probablement les toutes pre-mières à se préoccuper du sort des «servantes sans places».

Le Séminaire de Saint-Sulpice

Jusqu'à ce jour, aucun document ne permet de connaître avec exactitude le moment où la Confrérie du bien public cessa ses activités. Il est probable que cette association était disparue lors-que le Séminaire ouvrit un Bureau de placement à l'intention des chômeurs. Nous en avons retrouvé la trace dans les délibéra-tions des quatre consulteurs du 27 février 1844 [44].

En mai 1846, le nouveau supérieur du Séminaire de Saint-Sulpice, M. Pierre-Louis Billaudèle, souhaitait que les Sulpiciens de Montréal retournent à l'esprit de leur fondateur comme l'indique ce passage d'une lettre adressée au supérieur de la Compagnie à Paris:

> Tout en travaillant à ce saint renouvellement de toute notre communauté, j'ai à préparer la réforme de notre immense paroisse sur le plan adopté par M. Olier pour la Paroisse de Saint-Sulpice. Ce plan aussi bien que la réforme elle-même ont été reconnus utiles, nécessaires et indispensables dans la dernière assemblée générale[45].

Cette lettre permet de situer à cette époque le manuscrit intitulé «Projet du mode à suivre pour soulager les pauvres de la Paroisse», dans lequel il est proposé comme première recommandation de «fournir de l'ouvrage au pauvres en état de travailler — on pourrais donner aux femmes et à leurs filles à coudre; s'entendre avec les deux communautés pour l'établissement d'un bureau chargé de placer les engagères. Pour les hommes on pourrais avoir un bureau d'adresse sur la paroisse où l'on indiquerait de l'ouvrage à ceux qu'en manqueraient[46]». Ce document suggère des mesures concrètes pour diminuer les distributions faites par le Séminaire. Les Sulpiciens indiquaient aux indigents des moyens de conquérir ou de retrouver leur indépendance financière. M. Billaudèle se montra satisfait des résultats obtenus par sa réforme. Malheureusement, la situation économique se détériora, ralentissant les progrès. Le supérieur du Séminaire de Saint-Sulpice fut très touché par la situation, d'autant plus pénible qu'on n'avait pas réussi à établir une Maison d'industrie et de refuge dans la ville cette année-là. Les nouveaux arrivants irlandais s'ajoutèrent dans une large proportion aux chômeurs canadiens. Le service de placement du Séminaire était devenu un mécanisme très utile, sinon essentiel.

M. Eustache Picard, sulpicien bien connu pour son engagement social au siècle dernier, se consacra tout spécialement à l'amélioration du sort des domestiques. Il fonda, en 1859, l'«Association des Petites servantes des pauvres», dont le siège social se trouvait rue Saint-Urbain. Monsieur Picard profita de toutes les occasions pour faire la promotion de cette œuvre. Informé que Mgr Bourget devait prêcher une retraite aux curés du diocèse, il lui demanda de parler de l'Association à ses auditeurs. Les objectifs de l'œuvre étaient les suivants:

Ils [les curés] pourront compter sur le zèle et le dévouement des Petites servantes des pauvres qui les placeront
en lieux sûrs, les surveilleront, les protégeront, les enga-
geront à revenir quand elles changeront de place, en un
mot se feront comme des mères pour elles, et empêche-
ront par là qu'elles ne soient exposées à tous les dangers et
malheurs inévitables que courent celles qui sont sans
protection [47].

Étant donné les préoccupations connues de l'évêque de Montréal, il est permis de croire que Monsieur E. Picard trouva chez
Mgr Bourget un appui solide. Depuis 1843, des protestantes
anglophones avaient ouvert le Registry Office for Servants.

Les Sœurs de la Providence

Outre les initiatives des Dames de la Charité et du Séminaire de
Saint-Sulpice en faveur d'un service de placement pour les chômeurs des deux sexes, il convient de décrire la contribution des
Sœurs de la Providence dans ce domaine. Leur engagement se
situe dans le prolongement de l'action des Dames de la charité.

Attentive aux besoins nouveaux, la communauté naissante
s'engagea dans cette forme d'aide. La première trace du service
de placement destiné aux jeunes filles sans emploi remonte à la
fondation, par Mgr Bourget le 25 janvier 1842, de l'Association
diocésaine de charité qui tenait ses réunions à l'Asile de Montréal pour les femmes âgées et infirmes. Mgr Bourget savait qu'il
pouvait compter sur madame Gamelin entre autres pour l'organisation de ces réunions.

Dans un avis au clergé daté du 22 août 1843, le prélat
recommandait d'«avertir les filles qui viennent en ville pour
demander du service de s'adresser à la Maison de la Providence». Elles étaient neuf, le 9 juin 1845 [48], jour où on inaugura
officiellement l'accueil des jeunes à la recherche d'un emploi. Le
désir de poursuivre ce service spécialisé fut confirmé dans
l'avant-propos du règlement pour le service des pauvres daté de
1845.

Les religieuses chargées de la visite des pauvres à domicile
se rendirent compte qu'en allant quêter chez les bourgeois de la
ville, elles pouvaient servir de lien entre les employeurs éventuels et les servantes en chômage. On décida, à compter du 19
mai 1846 de tenir à jour des listes d'employeurs. Le souci de préserver la moralité des jeunes filles des campagnes, sans pied-à-

terre à Montréal lorsqu'elles étaient en chômage, n'était pas sans fondement. On en trouve une preuve dans la création, presque simultanée, par le Séminaire de l'«Œuvre des Servantes sans place» et l'établissement des œuvres de réadaptation de la femme par les Sœurs du Bon-Pasteur d'Angers et les Sœurs de la Miséricorde.

Jusqu'à 1846, les Sœurs de la Providence se limitèrent à offrir un service de placement à leurs protégées. L'origine de l'accueil aux servantes en chômage remonte à la troisième visite pastorale de Mgr Bourget, au cours de laquelle il demanda que les sœurs ouvrent une salle de refuge sous le patronage de sainte Blandine [49]. Tout en profitant d'une formation susceptible d'améliorer leur compétence, les jeunes filles rendaient d'appréciables services au personnel religieux débordé de travail. L'évêque de Montréal apporta par la suite des précisions sur la formation spirituelle de ces jeunes personnes. Tous les premiers dimanches du mois, elles devaient participer à des exercices spirituels ainsi qu'à une retraite annuelle.

Mgr Bourget, fondateur de la Banque d'Épargne, se préoccupa aussi d'initier les petites salariées à l'économie, l'épargne étant un bon moyen de prévenir l'indigence. Il était aussi convenu que l'épargne mensuelle des servantes constituerait un fonds de pension. De plus, elles furent invitées à constituer une caisse spéciale afin de subvenir aux besoins de leurs consœurs invalides. Pour ce faire, une cotisation annuelle d'un écu était placée dans un fonds commun, selon le principe de l'assistance mutuelle pratiquée à l'époque chez divers corps de métiers. Cette sécurité n'empêchait pas les servantes de pouvoir compter sur un gîte à l'Asile de la Providence en cas de chômage.

Les membres de l'Association de Sainte-Blandine s'engageaient par leur règlement à renoncer aux vêtements de luxe et à adopter une tenue simple et propre. Elles portaient un bonnet blanc tuyauté au fer italien en guise d'uniforme. Au début, les membres de cette association résidaient à l'occasion à l'Asile de la Providence. Plus tard, on aménagea des locaux à leur intention dans une maison située sur le terrain de l'institution. L'association rendit d'éminents services à un nombre impressionnant de jeunes filles; 2712 de 1847 à 1869, soit une moyenne annuelle de 142 filles [50].

Certaines années, l'âge des jeunes filles à la recherche d'un emploi était indiqué sur le registre, ce qui permet d'en dresser un portrait type. Par exemple, le relevé de l'année 1848 établit la moyenne d'âge des candidates à vingt ans, la plus jeune ayant douze ans et la plus âgée quarante-deux ans. Les sœurs désiraient offrir les meilleurs services possibles aux membres de l'association, malgré la médiocrité des conditions matérielles de la communauté. Les servantes furent autorisées à tenir leurs réunions au noviciat. L'Asile de la Providence fut même transformé en 1858 afin de leur aménager un dortoir à même l'institution.

Avec le temps, le statut de certaines «filles de Sainte-Blandine» changea. À leur demande, quelques-unes furent autorisées à se consacrer au service des pauvres de l'Asile de la Providence. Elles s'engageaient à servir les pauvres et à maintenir une attitude filiale à l'endroit de la religieuse chargée de les diriger. Un règlement fut élaboré à leur intention.

Les Sœurs Grises

Une chaîne de solidarité s'est formée autour des personnes en chômage à Montréal en cette période de préindustrialisation. L'année 1846 marque un tournant dans le service des pauvres. Enfin autorisées à visiter les pauvres à domicile, les Sœurs Grises constatèrent l'ampleur du chômage. Les directives dans le règlement concernant les Sœurs visitatrices des pauvres de l'Hôpital Général de Ville-Marie décrivent l'esprit dans lequel les Sœurs Grises envisageaient leur travail auprès des chômeurs [51].

Les Dames de la Charité qui accompagnaient les sœurs lors des visites à domicile rendaient sans doute de précieux services quant au dépistage des emplois. Les membres de la Société de Saint-Vincent-de-Paul travaillaient aussi en ce sens. De plus, les enquêtes sommaires en vue de découvrir les aptitudes des chômeurs permettaient aux employeurs éventuels de recruter des travailleurs.

Outre le service de placement mis sur pied par l'intermédiaire des sœurs visitatrices, les Sœurs Grises commencèrent en 1846 à recevoir des servantes en quête d'emploi dans leur Maison Saint-Patrice, appelée tour à tour asile, mission ou orphelinat et consacrée principalement au soin des orphelines.

Les services divers offerts aux immigrantes et à la population d'origine irlandaise furent souvent déménagés d'un local à l'autre. De 1846 à 1849, le Séminaire de Saint-Sulpice s'intéressa vivement au sort des Irlandais, notamment à celui des jeunes filles obligées d'assurer leur autonomie financière.

M. Pierre-Adolphe Pinsonnault eut la direction spirituelle de la Maison Saint-Patrice. Les Sulpiciens accordèrent leur appui financier à l'établissement jusqu'à l'automne de 1849, date où les servantes furent assistées par la religieuse chargée de la visite des pauvres à domicile, et cela jusqu'en 1856. Cette dernière leur procurait le nécessaire lorsqu'elles étaient en chômage.

À la demande des Sulpiciens, les Sœurs Grises ouvrirent à l'Hôpital Général une salle à l'intention des servantes sans emploi. En 1859, les Sulpiciens décidèrent d'offrir la maison dite de Rocheblave aux Sœurs Grises afin d'abriter l'œuvre des servantes[52]. Ces dernières y trouvèrent refuge jusqu'à 1870.

Le service était connu et efficace. Il aida 5608 filles irlandaises de 1857 à 1871, soit une moyenne annuelle de 374 accueillies à la Maison Saint-Patrice[53]. M. Patrick Dowd, curé de la paroisse Saint Patrick, rappelait régulièrement à ses confrères sulpiciens qu'il ne fallait pas négliger cette catégorie de personnes nécessiteuses. Le 18 novembre 1864, les consulteurs du Séminaire réunis en assemblée décidèrent de souscrire à la demande de M. Michel O'Brien, vicaire à la desserte Saint-Patrice. Le curé Dowd ne cessait de travailler à la solution aux problèmes de la population d'origine irlandaise. En 1870, le nouveau local du Saint Bridget's Refuge accueillit les servantes sans situation, secourues jusqu'alors par les Sœurs Grises. Ces dernières prirent en charge le service de l'établissement.

La Société de Saint-Vincent-de-Paul

Les membres de la Société de Saint-Vincent-de-Paul de Montréal saisirent clairement les besoins de leur époque. Un an après la fondation officielle de la Société, le problème des femmes sans emploi revêtait un caractère d'urgence. M. Michel-François Prévost, déjà connu pour son dévouement auprès des indigents, accepta de bonne grâce la coordination d'un registre des demandes d'emploi. Les membres des conférences l'informaient des places disponibles et des personnes à la recherche de travail.

Le Conseil particulier de la Société de Saint-Vincent-de-Paul a été le lieu où s'exprimaient les autorités ecclésiastiques en matière d'assistance aux pauvres. À la faveur de leurs excellentes dispositions, ses membres furent priés de voir à aider les chômeurs. Lors de l'assemblée générale du 8 décembre 1853, Mgr Bourget invita ceux qui œuvraient dans divers milieux de travail à faire un effort pour y intégrer des chômeurs[54]. Cette exhortation arrivait à un moment où la Société venait de renoncer au projet d'ouvrir une Maison d'industrie destinée aux catholiques. L'évêque de Montréal se préoccupait donc du sort des chômeurs, et tout particulièrement de celui des jeunes filles indigentes. Avec l'expansion de la Société, la suggestion de l'évêque de Montréal fut mise en application progressivement dans les paroisses situées près de Montréal.

LES SERVICES OFFERTS AUX PAUVRES À DOMICILE

Entre 1831 et 1846, les maisons de refuge sont surpeuplées. Les institutions doivent alors mettre sur pied des services externes destinés à rejoindre la population indigente dans ses propres quartiers. Graduellement, sont créés trois types de services aux pauvres hors institution. Tout d'abord, la «visite des pauvres à domicile» dont l'objectif est double: dépister les besoins et fournir un appui moral assorti de conseils; ensuite le «Dépôt des pauvres» destiné à répondre à certains besoins matériels exprimés lors des visites à domicile: nourriture, vêtements, articles ménagers et même bois de chauffage; puis, l'Œuvre de la soupe, qui s'adresse à une clientèle composée principalement d'hommes incapables de se préparer un repas, mais parfois aussi d'enfants venus chercher la pitance de leur famille.

Ainsi, sous la pression des besoins sociaux, les communautés ajoutèrent les services externes aux services offerts en institutions, et cela non sans risques ni difficultés. Dès sa création, toutefois, cette forme d'assistance s'avéra vite indispensable et connut un déploiement important.

7

La visite des pauvres
à domicile

LE SÉMINAIRE DE SAINT-SULPICE

De tout temps, les missionnaires furent des «visiteurs». Chez les Sulpiciens visiteurs de paroisse ou de faubourgs, on s'employa bien avant le XIXe siècle à procurer un travail approprié aux pauvres sans emploi et à inciter les parents à faire instruire leurs enfants. L'organisation de la charité «externe» semble se conformer à un certain modèle traditionnel, jusqu'à ce que soit mis sur pied un Bureau de charité en 1841. Selon un plan établi par M. de Charbonnel, ce Bureau avait entre autre rôle de dépister les cas de pauvreté: «Les pauvres secourus par le Bureau seront avant tout les infirmes, les honteux, les pauvres honnêtes et surtout bons parents. Pour les connaître, le Bureau règlera des boîtes à pétition, des heures d'audience et des visites à domicile[1].» Les pauvres honteux glissaient furtivement une note dans la boîte à pétitions, informant les Sulpiciens de leur détresse. Ces indigents étaient également détectés par les visiteurs des faubourgs lors des visites paroissiales, ou encore par les Dames de la charité.

C'est seulement lors d'une assemblée des quatre consulteurs (petit conseil) du Séminaire, tenue le 12 avril 1841, qu'apparaît pour la première fois la mention de «visiteur des pauvres» désignant plus spécifiquement la personne chargée des rencontres spéciales avec les démunis. Dans le plan de M. de Charbonnel, il est question de 5 visiteurs, 12 visiteuses titulaires, et 6 membres honoraires: trois hommes et trois femmes [2]. Puis, ce nombre varia avec les années; en 1851, 9 Sulpiciens étaient affectés aux visites des pauvres à domicile.

Les visiteurs devaient procéder à une enquête sur les individus et sur leurs besoins, ainsi qu'en témoignent les rubriques à compléter inscrites dans le projet du Bureau de charité:

> *Nom..............................Prénom......................*
> *Domicile...Âge............*
> *Marié ou veuf:*
> *Nombre d'enfants:...................Âges:........................*
> *École:*
> *Infirmité:*
> *Travail:*
> *Date de secours:*
> *12 mois nature:*   *Qualité:*
> *Observations:*
> *Billets de confession:*
> *Assiduité au prône:*
> *Lettre alphabétique de bon:*
> *Qui donne des fonds et quand?*
> *Tant par bons: ....viande....patates....pain....soupe....haricots* [3]

La mention des «billets de confession» donne à penser qu'il s'agissait d'une exigence requise pour bénéficier de l'aide du Séminaire. Les bons donnaient droit à des quantités de nourriture déterminées par les visiteurs.

Le budget affecté aux pauvres assistés à domicile fit l'objet de consultations variant avec les époques: du curé (jusqu'à 1841), du directeur du Bureau de charité (jusqu'à 1846) puis des aumôniers des pauvres (après cette date); il était fixé par l'assemblée des douze consulteurs. Le petit conseil était autorisé à voter des sommes supplémentaires en cas de besoin. Lors de son assemblée du 11 septembre 1843, il adopta les principes suivants: «Réglé que la communauté catholique parlant anglais recevrait le tiers de toutes les aumônes, et que les mêmes quêtes qu'à la paroisse seraient faites pour les pauvres dans leurs églises, que leurs visiteurs recevraient une part d'aumônes proportionnées à leur quartier; que sur le mode de distribution à adopter les visiteurs seraient assemblés et entendus par M. le Supérieur [4].» Cependant, quelques jours plus tard, le petit conseil stipula que la distribution des aumônes suivrait les critères fixés par le supérieur [5]. Mgr Bourget approuva la méthode préconisée par les Sulpiciens en matière de visite aux pauvres à domicile dans une lettre à M. Quiblier datée du 12 novembre 1843 [6].

Sous M. Billaudèle, on créa carrément au Séminaire des postes de visiteurs des pauvres, mais ces derniers n'étaient autorisés à faire aucune dépense sans l'avis du supérieur. Leur rôle devait s'inspirer des «règlements d'administration pour le soulagement des pauvres de la paroisse de Saint-Sulpice de Paris» dans lesquels on précise ainsi leur fonction de la façon suivante: «Les prêtres seront chargés de visiter les pauvres familles, de faire tout ce en quoi ils pourront contribuer à leur soulagement spirituel et temporel: et ils auront chacun un état par écrit des pauvres confiés à leur vigilance [7].» Une lettre de M. Villeneuve témoigne du sérieux de l'engagement pris par les Sulpiciens:

> Les sacrifices immenses que la maison fait chaque année pour le soulagement des pauvres et les mesures déjà adoptées, prouvent qu'on s'en occupe sérieusement. Notre bon supérieur vient d'organiser les Dames de la Charité, qui assistées par les Sœurs Grises et les Sœurs de la Providence, aideront l'aumônier des pauvres à s'acquitter d'un devoir si cher à nos cœurs [8].

Dès lors, un plus grand nombre de Sulpiciens furent nommés pour la visite des pauvres à domicile, mais l'administration du budget revenait aux aumôniers, fonction qui fut renforcée au moment du démantèlement du Bureau de charité et par la suite.

Le rôle des visiteurs fit l'objet d'un règlement spécifique à la suite de la visite de M. Michel Faillon, représentant du Séminaire de Paris. Dans le *Règlement pour Messieurs les Prêtres préposés aux quartiers et aux côtes de la Paroisse*, on préconisait un retour aux principes établis par le fondateur de la compagnie. La visite des paroissiens y était considérée comme un moyen d'épurer les mœurs et d'améliorer la pratique religieuse, tout en servant à recueillir des renseignements sur les pauvres. Leur nombre, l'état des personnes de chaque demeure et la nature de leurs problèmes tant spirituels que matériels devaient être consignés dans le «grand livre des paroissiens». Les «lieux scandaleux soit par rapport aux femmes, soit par le jeu ou par le vin» étaient identifiés, afin d'être évités. Dans un esprit de réserve et de prudence, on précisait à l'article 8: «Lorsqu'en entrant dans une maison on n'y trouve que de jeunes personnes ou de jeunes femmes, on doit se retirer aussitôt qu'on le peut honnêtement [9].» Par ailleurs, le rôle des visiteurs était réduit à celui de simples informateurs des aumôniers: «Il n'est pas expédient que Messieurs les visiteurs fassent eux-mêmes l'aumône aux personnes qui dans ces visites leur exposent leur pauvreté. Ils se contenteront de leur promettre de les recommander à M. l'aumônier des pauvres; mais dans ce cas ils ne négligeront pas de les lui recommander afin que M. l'aumônier ayant pris, par lui même ou par d'autres, les informations nécessaires, puisse leur procurer les secours dont ils ont besoin [10].» Ainsi, à compter de 1855, les visiteurs n'avaient plus à évaluer les besoins ni à distribuer les bons. Ils conservaient toutefois la liberté d'offrir des lits simples afin que les enfants des pauvres puissent coucher dans des lits séparés. La réconciliation des ménages restait, par contre, leur responsabilité. On leur recommandait d'intervenir avec circonspection et, dans la mesure du possible, de demander l'avis du supérieur. Le *Règlement* allait jusqu'à mettre les Sulpiciens en garde contre les «visites inutiles», faites au détriment des pauvres et des malades.

Dans l'esprit du même *Règlement*, les Sulpiciens affectés à un même quartier devaient être solidaires et se partager les tâches désagréables. On consacrait deux jours par semaine à la visite des pauvres, et si nécessaire les visiteurs étaient autorisés à diminuer le temps de confession pour ce faire. Les moments jugés les plus favorables aux visites étaient le matin, de neuf heures à onze heures, et l'après-midi de une heure à quatre heures. La visite des quartiers rapprochés du Séminaire se faisait à pied; pour la tournée des faubourgs et des côtes éloignées on utilisait les voitures peintes aux couleurs du Séminaire. Les caprices des saisons, rendant les chemins boueux ou enneigés, contribuaient à compliquer la tâche des visiteurs. Chaque famille devait être visitée au moins une fois l'an. L'aumônier des pauvres transmettait les demandes des visiteurs des faubourgs aux sœurs visitatrices des communautés religieuses qui assumèrent également ce service pour aider les Sulpiciens trop peu nombreux et qui ne voulaient pas négliger les services religieux. La confiance qu'on témoignait aux visiteurs en faisait des conseillers privilégiés. Selon les circonstances, ils sympathisaient, encourageaient et quelques fois admonestaient leurs interlocuteurs pour les aider à sortir de l'impasse. Ainsi, compte tenu du personnel restreint du Séminaire, la visite des pauvres à domicile représentait une tâche énorme. Mais les Sulpiciens consentirent de bonne grâce

Une visite chez les pauvres. Les Dames de la Charité distribuaient les «bons» échangeables contre de la nourriture ou tout autre produit nécessaire. (*Le Monde illustré*, 1888)

les efforts nécessaires, car il s'agissait d'un moyen efficace de se rapprocher de la population indigente et de lui venir en aide.

Depuis, 1827, ils s'étaient associés des Dames de la Charité encouragées par un jeune Sulpicien d'origine irlandaise,

M. Patrick Phelan, qui coordonnait sans doute leur travail sur le territoire de la Paroisse.

En 1827, on dénombre vingt-deux dames visiteuses qui exerçaient leur bénévolat par groupes de deux. On notera ici qu'il s'agit des premières femmes à faire ces visites et qu'elles sont supérieures en nombre aux Sulpiciens et religieuses affectés au même travail. Les visites étaient exigeantes en raison des conditions précaires d'hygiène, d'aération, de chauffage et de confort chez les indigents. De plus, les visiteuses devaient trouver elles-mêmes les fonds qu'elles distribuaient.

Ces visites des pauvres à domicile furent particulièrement utiles au cours des trois premières années. Pendant l'épidémie de choléra de 1832, les Dames de la charité hésitèrent à poursuivre leurs visites car souvent elles devaient braver la contagion. Elles résolurent néanmoins de continuer leur action lors d'une assemblée tenue le 19 juillet 1832. Un nouveau partage du territoire fut établi et seize volontaires acceptèrent d'affronter l'épidémie pour secourir les indigents. Elles avaient d'autant plus de mérite que la peur de la contagion avait fait fuir la plupart des gens aisés vers les campagnes. Peu après cette période héroïque, l'association patronnée par les Sulpiciens changea d'orientation pour se dédier aux enfants de l'Orphelinat catholique.

Cependant, selon la tradition orale des Sœurs de la Providence, certaines de ces dames auraient poursuivi la visite des pauvres à domicile à titre de collaboratrices de madame Gamelin et se seraient regroupées dans une association dite «anonyme». On peut présumer que leurs visites ont été plutôt épisodiques, car, à cette époque, madame Gamelin avait peine à subvenir aux besoins des femmes âgées et infirmes qu'elle avait recueillies.

LES SŒURS DE LA PROVIDENCE

Le souci des démunis ne laissa cependant pas de préoccuper Mme Gamelin. Aussi, trois mois après l'incorporation civile de l'Asile de Montréal pour les femmes âgées et infirmes, les Dames de la corporation décidèrent «qu'en attendant l'arrivée des Filles de la Charité, [...] l'on formera une association pour visiter les pauvres et leur porter des secours à domicile [11]». Mme Gauvin, Gamelin, Cuvillier, Delorme, Nowlan, Beaudry, Cypiot, Saint-Jean, Tavernier, (Charles) Brault, Berthelet, Lévesque,

Le typhus, tableau de Théophile Hamel, 1850. Cet ex-voto fut réalisé à la demande de Mgr Bourget pour la cessation du fléau qui avait fait 4000 victimes.

Lonion, Castonguay, Deschamps, demandèrent à appartenir à cette association anonyme. L'Asile de la Providence inscrivit dès lors la visite des pauvres au nombre de ses services.

Les membres de l'Association devaient avoir une réputation de vertu et de sagesse pour être jugées dignes de porter le nom de «servantes des pauvres». À l'origine, on limita leur nombre à vingt-quatre, tout comme saint Vincent de Paul l'avait fait pour la ville de Châtillon. Le conseil d'administration se composait d'une supérieure et de deux assistantes élues en présence du supérieur du Séminaire de Saint-Sulpice. Leur règlement stipulait que les malades devaient être nourris et soulagés en priorité. Il revenait à la supérieure de faire cesser les secours aussitôt qu'ils n'étaient plus requis. La première assistante de la supérieure était en même temps trésorière et principale conseillère, la seconde assistante et conseillère avait la charge de l'entretien des vêtements, de la lingerie et des meubles mis à la disposition des malades. Enfin, le conseil devait avoir un procureur masculin, séculier ou ecclésiastique, responsable des fonds sous la direction du supérieur du Séminaire et des officières de l'association. Le procureur avait voix au chapitre au même titre que les autres membres du conseil. Chaque troisième dimanche du mois, ces Dames de la Charité se réunissaient après s'être confessées et avoir assisté à une messe commune. Elles visitaient les malades pauvres à tour de rôle, veillaient à leurs soins physiques et, s'ils venaient à mourir, elles assistaient à leur enterrement.

La communauté des Sœurs de la Providence, de son côté, devait se charger uniquement des pauvres qu'elle était en mesure de soulager efficacement, donnant la priorité à ceux de son quartier. Les visites aux familles indigentes pouvaient se faire toutes les semaines ou tous les quinze jours, et même plus souvent si le soin des malades l'exigeait. La sollicitude des sœurs s'exerçait sous forme de conseils ou de travail qu'on essayait de trouver aux sans emploi; on se préoccupait également de leur assiduité à la messe dominicale et de leur fréquentation des sacrements. Ainsi, les pauvres étaient conviés les lundis à la messe de huit heures à la chapelle de l'Asile de la Providence et invités au salut du Saint-Sacrement le quatrième dimanche du mois, alors qu'ils faisaient l'objet d'une bénédiction spéciale.

À l'Asile de la Providence, les demandes de secours affluaient. La communauté encore jeune et peu nombreuse envisagea aussi, lors des délibérations de son Conseil des 28 et 29 mai 1845, d'inciter la sœur visitatrice à faire «son possible pour agréger à l'Association de charité des dames et demoiselles dans toutes les rues pour s'entendre avec elles pour le soin des malades [12]». Les sœurs Caron et Parizeau furent les premières affectées à la visite des pauvres à domicile. Devant l'augmentation des demandes d'aide, le Conseil fut amené à recruter des membres pour l'Association des Dames de la Charité, leurs collaboratrices traditionnelles. En décembre 1845, deux nouvelles sœurs visitatrices furent ajoutées à ce service [13].

Notons en passant que les collaboratrices de mère Gamelin répondaient non seulement aux demandes des indigents, mais également à celles des gens aisés de Montréal qui réclamaient leur présence. Ceci constituait un échange de bons procédés, puisque la bourgeoisie contribuait à financer la communauté. Ces contacts fournissaient aussi l'occasion d'orienter les personnes en quête d'emploi qui s'adressaient à la communauté.

L'épidémie de typhus de 1847 suscita la participation des Sœurs de la Providence à la mise sur pied de services d'urgence. Après consultation de Mgr Bourget, M. Billaudèle confia l'est de la ville aux Sœurs de la Providence. On ne possède aucune statistique sur les soins prodigués dans les hangars, aux malades du typhus et à l'Orphelinat Saint-Jérôme-Émilien. Il apparaît cependant que malgré les demandes, on ne put affecter qu'une seule religieuse aux services des rescapés du typhus. Quatre ans plus tard, les effectifs étaient de neuf personnes pour les soins à domicile. En 1851, on compte 3528 visites de divers types effectuées par les Sœurs de la Providence [14]. L'incendie de 1852, qui frappa la population du faubourg Québec situé dans l'est de la ville, suscita une augmentation des besoins et les Sœurs de la Providence effectuèrent alors 8895 visites.

Si l'on considère les effectifs de la communauté à cette époque, l'effort qu'elle déploya pour venir en aide aux miséreux fut remarquable. On sait que d'autres épidémies frappèrent la population en 1849 et en 1854. Quoique moins meurtrières que celle de 1847, elles expliquent quand même la recrudescence des demandes auprès des Sœurs de la Providence. Ces années-là, les statistiques rapportent un total respectif de 3543 et 12 520 visites à domicile. La population montréalaise augmentait rapidement et avec elle le nombre d'indigents; le nombre des visites d'assistance ne cessait de croître.

LES SŒURS GRISES

Constatant les besoins croissants d'une population indigente et, parallèlement, les bienfaits et l'urgence de services à domicile, Mgr Ignace Bourget intervint à différentes reprises auprès du

Séminaire de Saint-Sulpice et des Sœurs Grises afin d'engager celles-ci à visiter les pauvres de l'ouest de la ville [15], en majorité des Irlandais miséreux abandonnés. Il faut rappeler que les Sœurs Grises avaient déjà accepté de visiter les malades et de veiller les défunts à domicile. Mais à la suite de l'imprudence d'une des sœurs, Mgr Bourget leur avait imposé de refuser toute visite sans sa permission expresse. Cette contrainte embarrassait la communauté. Aussi, les Sœurs Grises attendirent l'entrée en fonction du nouveau supérieur du Séminaire pour étudier la possibilité de visiter régulièrement les pauvres. Chargé de remplacer Mgr Bourget en voyage en Europe, M. Billaudèle rencontra les sœurs de l'Hôpital Général le 30 septembre 1846, et il proposa aux conseillères de la communauté de prendre position sur le sujet. Après réflexion, les administratrices résolurent d'accepter l'œuvre proposée. Un mois plus tard, le 20 octobre 1846, le supérieur des Sulpiciens, accompagné de M. Louis Mussart, donnait lecture de la «règle» des sœurs visitatrices [16]. Peu après, les Sœurs Grises se voyaient confié le territoire suivant: «Toute la partie ouest de la ville, ayant pour limites à l'est, la rue Saint-Laurent, depuis l'ancienne barrière, jusqu'à la rue Craig; de la rue Craig jusqu'à la rue Champ de Mars; suivant la rue Champ de Mars jusqu'à la rue Saint-Denis, et de la rue Bonsecours jusqu'au fleuve [17]», qui correspondait à une partie des faubourgs Saint-Laurent, Saint-Antoine, Saint-Joseph, des Récollets et Sainte-Anne [18]. Leur «Règle» comportait dix-huit articles, rédigés autour de quatre thèmes principaux: l'esprit qui devait animer les sœurs chargées de ce service; l'attitude convenable dans cette circonstance; la préparation immédiate aux visites à domicile; et, enfin, les service à rendre sur place. Voyons un peu le contenu de quelques articles. On y recommandait d'abord de gagner la confiance et l'estime des pauvres, puis de les inciter à la confession régulière et à la fréquentation des sacrements, et d'intervenir auprès des parents afin que chaque enfant ait son lit, la promiscuité étant jugée moralement malsaine. Dans l'ordre des soucis d'ordre moral, on ajoutait les admonestations relatives aux «mauvais discours» et aux «fréquentations dangereuses».

L'article 18 leur recommandait de faire leurs visites toutes empreintes des mystères de la Visitation de la Vierge, avec des dispositions de générosité, d'abnégation et d'amour, vertus sans doute nécessaires pour réprimer la répulsion instinctive devant des galetas infects, de même que les comportements hautains,

Scène d'éviction due à l'impossibilité de payer le loyer. (*Le Monde illustré*, 3 mars 1888)

incompatibles avec la charité chrétienne.

Les visitatrices devaient obéir aux directives de la supérieure et ne rien entreprendre d'important, comme la visite générale d'un quartier, sans en avoir obtenu la permission. De même, elles devaient non seulement rapporter les situations extraordinaires qu'elles rencontraient, mais rendre un compte détaillé de leur travail à la supérieure, au moins une fois par mois, et dans les cas difficiles, accepter ses suggestions. Elles ne pouvaient se rendre chez les pauvres dont la visite n'avait pas été prévue, sauf en cas d'urgence. Il fallait éviter de flâner dans les maisons ou de parler de choses anodines, afin de préserver un certain recueillement.

L'efficacité des visites à domicile reposait sur un protocole soigné. Après s'être renseignées sur les besoins connus des pauvres, les visitatrices prévoyaient le nécessaire. Elles devaient se munir de «bons» à distribuer aux nécessiteux, qui les échangeaient contre des biens de consommation entreposés dans les Dépôts des pauvres. Lorsque les dons consistaient en meubles ou en bois de chauffage, un employé de la maison se chargeait du transport. Une courte adoration à la chapelle précédait les visites effectuées aussitôt après le déjeuner ou le soir après la lecture. Les sœurs devaient toujours être accompagnées d'une autre religieuse ou encore d'une personne séculière de la maison ou d'une Dame de la Charité.

En effet, des Dames de la Charité s'étaient associées aux Sœurs Grises dès le début. Dans une lettre datée du 15 décembre 1846 adressée à sœur Marie-Louise Valade en mission à la Rivière Rouge, Mère McMullen explique ainsi le rôle de ces nouvelles auxiliaires: «Ces dames sont pour veiller sur les pauvres de nos faubourgs et nous avertir lorsqu'ils sont malades, ou dans le besoin, ou encore lorsqu'ils ne se comportent pas bien; elles viennent chercher une Sœur pour les visiter [19].» Après avoir dépisté des cas de maladie ou de pauvreté, elles avertissaient les sœurs, qui établissaient la liste des visites à effectuer. Les dames accompagnaient les religieuses aussi bien chez les pauvres que chez les malades. Les quêtes faites à l'occasion de leurs réunions mensuelles servaient à l'achat de médicaments pour soigner les malades.

On comptait ainsi 35 bénévoles lors d'une première réunion tenue le 4 décembre 1846. Ces Dames de la Charité se réunissaient chaque semaine le mercredi après-midi et une réunion mensuelle statutaire était tenue le premier vendredi de chaque mois; Pour répondre aux besoins des familles irlandaises, une association de Dames irlandaises fut également mise sur pied.

Munies d'un carnet, les visitatrices devaient noter au fur et à mesure les observations afin d'adapter les secours aux besoins des indigents: la taille des vêtements, la pointure des chaussures et autres détails utiles étaient minutieusement inscrits.

Quatre articles de la règle des visitatrices traitaient de l'attitude convenable à l'endroit des malades dont aucune catégorie n'était laissée de côté. Les voyageurs surpris par la maladie pouvaient compter sur les Sœurs Grises, de même que les contagieux, abandonnés de tous. Les visitatrices devaient intéresser des personnes charitables au sort des malades pauvres, leur trouver de l'aide et, au besoin, les veiller la nuit. Lorsque la gravité de leur maladie l'exigeait, les sœurs se chargeaient de faire admettre les indigents à l'Hôtel-Dieu où elles continuaient à les visiter lorsqu'il était jugé opportun de le faire. Tout comme elles le faisaient pour les malades de l'Hôpital Général, les sœurs prêtaient leurs secours aux mourants. Les visitatrices étaient tenues d'emporter avec elles un crucifix, de l'eau bénite et un livre de prières adaptées aux circonstances.

En plus des malades, les visitatrices comptaient parmi leurs protégés ceux qui avaient besoin d'intervenants extérieurs dans l'éducation de leurs enfants. Il n'était pas rare qu'elles dispensent quelques moyens pratiques d'éducation des enfants lorsqu'il semblait évident que les parents étaient dépourvus en cette matière. Le catéchisme et les préceptes fondamentaux du christianisme étaient enseignés. Les conditions de travail des jeunes adultes et le climat moral dans lequel ils devaient baigner faisaient l'objet de préoccupation, si bien que lorsque le milieu de travail était jugé déficient, les sœurs intervenaient afin de leur procurer un emploi convenable dans un environnement honnête.

Le service des pauvres à domicile, adopté sous le supériorat de Mère McMullen, n'alla cependant pas sans difficultés. Après son départ, en 1848, l'ardeur initiale s'atténua en raison d'expériences difficiles vécues par de jeunes religieuses. Ainsi, sœur Catherine Forbes, maîtresse des novices et sœur de l'ex-supérieure, n'hésita pas à confier ses craintes à Mgr Bourget. «Ni les sœurs, ni la supérieure, écrivait-elle en effet, n'étaient partisanes de la visite des pauvres à domicile[20].» Il est vrai qu'une épidémie sévissait alors à Montréal et qu'on pouvait légitimement craindre pour la santé et la vie des membres de la communauté au nombre de soixante-cinq à cette époque. Jugeant la visite des pauvres aussi importante que les soins offerts en institution, sœur Catherine Forbes, profitant de la révision du coutumier, enjoignit l'évêque de Montréal d'intervenir: «Si votre Grandeur voulait appuyer sur le service des pauvres dans notre Sainte règle et s'étendre sur les devoirs envers les pauvres du dehors c'est là l'esprit de notre règle [...] que de bien nous pourrions faire avec de la bonne volonté [...] s'il ne se fait pas un changement dans ce moment nous perdrons l'esprit de notre règle [21].» La mentalité des anciennes religieuses et celle des jeunes s'opposaient. Était-ce la crainte de la contagion ou le dégoût à la pensée qu'on pouvait ramener de la vermine à l'Hôpital Général? Il reste que ce nouveau service aux pauvres du dehors n'avait pas la faveur unanime de la communauté, à cause des dérangements d'horaire que cela provoquait, à en juger par cette lettre de sœur Caron à Mgr Bourget:

> Cette bonne Mère [Deschamps] n'entre pas dans les différents besoins que les pauvres peuvent avoir, d'abord elle m'a toujours dit que je sortais trop souvent [...] c'était pour les pauvres Irlandais. Cette année je suis chargée des pauvres Canadiens et je suis seule ce qui fait que très souvent je suis obligée d'aller à l'extrémité du Faubourg Saint-Laurent pour visiter des malades et en même temps à l'autre extrémité du Griffintown ou du Faubourg Saint-Joseph, je ne puis faire tout dans un seul voyage sans retarder l'heure de mon dîner et pour cela on m'a souvent reproché que je perdais mon temps et que je me fatiguais inutilement [22].

L'avenir du service des pauvres à domicile se joua au cours de l'année 1849. Dans une lettre adressée à Mgr Bourget, sœur Elizabeth McMullen exposait son opinion sur la question, à titre de membre du conseil. Selon elle, quatre conseillères seulement étaient favorables au service des pauvres à domicile; alarmée par la situation, elle s'adressait à Mgr Bourget en ces termes: «Si Votre Grandeur ne lui donne pas un bon élan en nous faisant comprendre que c'est notre œuvre, puisque nous l'avons embrassé unanimement, il tombera à rien car la Supérieure ne l'encourage pas. [...] Les jeunes Sœurs qui en sont chargées sont trop gênées de toute manière, de sorte que l'œuvre se fait difficilement, misérablement. Il nous manque du zèle pour le service des pauvres et pour les pauvres qui fréquentent notre maison [23].» En période d'épidémie et de crise économique, les demandes d'assistance devaient surcharger les sœurs visitatrices. Les services aux pauvres en institution étant déjà lourds à porter, il se peut que la supérieure ait voulu épargner la santé des religieuses en restreignant leurs activités extérieures.

L'augmentation des effectifs de la communauté permit à la communauté de s'engager plus résolument dans le service des pauvres à domicile. La congrégation se chargea de l'Hospice

Saint-Joseph en 1854, décentralisant ainsi les services de l'Hôpital Général. Il y eut plus de religieuses, plus d'espace d'accueil, un plus grand nombre de sœurs visitatrices. Ainsi, en 1855, on nomma huit religieuses à la visite des pauvres et des malades à domicile [24]. De 1858 à 1861, le nombre de visitatrices passa à dix sœurs [25]. Le rapport présenté au gouvernement en 1861 nous renseigne sur le travail accompli par les sœurs visitatrices:

> Le nombre des pauvres ainsi secourus et recevant journellement de la nourriture (outre du bois et des étoffes pour vêtements) montait à la fin de décembre à 135 familles canadiennes et 440 familles irlandaises, faisant un nombre de 1500 individus [26].

Bien que les visites aient commencé en 1846, les Sœurs Grises de l'Hôpital Général effectuèrent 58 527 visites entre 1850 et 1871, et plus de 73 000 si on leur ajoute celles que firent leurs consœurs d'autres institutions. Et encore il ne s'agit là que des seules visites aux pauvres canadiens car les pauvres irlandais furent à eux seuls l'objet de 84 140 visites [27]. L'importance des visites faites aux familles irlandaises s'explique largement par la localisation du territoire confié aux soins de la communauté, soit l'ouest de la ville qui leur était plus accessible et dont la majorité de la population était anglophone. Ces statistiques restent cependant approximatives, les archives de la paroisse Saint-Patrice n'étant pas présentement accessibles. Quatre sœurs de l'Hôpital Général étaient affectées à la visite des pauvres canadiens à raison de cinq jours par semaine. D'autres religieuses de la mission Saint-Patrice visitaient les Irlandais. Au-delà des imprécisions, les visites effectuées chez les pauvres d'origine canadienne connurent une augmentation continue, de 906 en 1850 à 6005 en 1871, l'urbanisation progressive des faubourgs de Montréal et l'incapacité des industries naissantes à absorber toute la main-d'œuvre venue des campagnes canadiennes et des îles Britanniques amenant un nombre croissant d'indigents.

Au rythme même du développement des faubourgs de la ville, les Sœurs Grises ouvrirent de nouvelles maisons, soit, de 1861 à 1872, la Mission de Saint-Henri-des-Tanneries, l'Asile Nazareth et la Mission de Notre-Dame-des-Neiges. Bien que l'objectif principal de ces maisons ait été l'éducation, les religieuses y ajoutèrent la visite des pauvres afin d'accommoder les indigents des quartiers éloignés de l'Hôpital Général. Ainsi, la visite aux pauvres fit constamment partie de leurs œuvres partout où les Sœurs Grises acceptèrent de s'établir.

LA SOCIÉTÉ DE SAINT-VINCENT-DE-PAUL

Inaugurées dès la fondation de la Société de Saint-Vincent-de-Paul en 1848, les visites aux pauvres à domicile ont constitué le fondement de son action et ont largement contribué à son développement, ne serait-ce qu'en raison des effectifs importants qui s'y sont engagés. On poursuivait deux objectifs: secourir matériellement les indigents et leur fournir un support d'ordre moral et religieux[28].

À la différence des précédents organismes, la Société de Saint-Vincent-de-Paul ne tenait pas le compte exact des visites effectuées dans les familles indigentes; seul le nombre des familles secourues annuellement nous est connu.

Ainsi, de 1854 à 1871, la Société a assisté 8993 familles[29]. Notons que si les statistiques officielles datent de 1854, cela ne signifie aucunement qu'on se soit abstenu de visites à domicile auparavant. Hubert Paré mentionne que quatre-vingt-une familles furent secourues au cours de la première année de fondation. Mais les incendies majeurs des années 1850 et 1852 bouleversèrent le fonctionnement de l'organisme, si bien que, dans le tourbillon de l'action, on n'a pas tenu compte du nombre de familles secourues. Seule nous est parvenue une mise en garde des visiteurs contre les abus possibles de la part de personnes déjà secourues par d'autres institutions de charité. Pour éviter la surprotection de certaines familles connues personnellement des visiteurs, on leur attribua des visiteurs qui leur étaient étrangers.

Les conséquences de l'incendie de 1852 se firent sentir pendant deux ans et 635 familles furent assistées. On voulut pendant ce temps assurer l'efficacité des secours matériels en incitant les membres à effectuer des visites d'information préalables à l'envoi de secours. Comme un grand nombre des membres étaient illettrées, il est probable que la consigne des visites à deux avaient pour but, entre autres, de permettre qu'au moins un membre soit en mesure d'utiliser les formules d'information sur la situation des personnes nécessiteuses.

La Société, comme les Sœurs Grises, connut des résistances internes ainsi qu'en atteste le rapport de M. Muïr, délégué du Conseil supérieur de Québec, pour faire enquête sur le fonctionnement de la Société à Montréal. Il rapporte que, dans quelques conférences où les membres étaient les plus nombreux (probablement les conférences Sainte-Marie, Saint-Pierre et peut-être Saint-Jacques), plusieurs des membres de la Société ne désiraient pas faire de visites à domicile, laissant au président le soin de distribuer les secours selon son jugement dans les quartiers ravagés par l'incendie de 1852. Ce relâchement donna lieu à des exhortations de Mgr Bourget, qui dut rappeler le sens et l'importance des visites.

À l'hiver 1855 les indigents étaient devenus si nombreux que le Conseil particulier décida que deux conférences inaugureraient ce qui fut appelé l'«Œuvre de la soupe» afin de nourrir un plus grand nombre de personnes avec les ressources disponibles. Les appels de Mgr Bourget et du président Leblanc ont été retenus puisque 762 familles furent visitées et assistées l'année suivante.

En dépit du fait que deux cent familles de moins furent secourues en 1857 (soit 462), le président se montra satisfait de l'application des consignes lors des visites et de la plus grande régularité avec laquelle les membres s'acquittaient de leurs tâches[30]. Après une baisse notable du nombre de familles assistées en 1858 (soit 204), une vigoureuse reprise fut observée en 1859 (452). L'esprit de charité fut ravivé par les fréquents appels du clergé.

Le nombre de familles assistées demeura assez élevé de 1863 à 1866, les revenus des conférences se chiffrant à environ 3500 $ et 5000 $ en 1865. Au cours de ces dernières années, une moyenne de 653 familles furent l'objet des soins attentifs des membres de la Société de Saint-Vincent-de-Paul. Les restrictions imposées par le conseil en 1867 sur les activités lucratives, tels les concerts et les bazars, eurent pour effet de diminuer de 270 le nombre de familles secourues en 1866 et 1867. Cette tendance à la baisse s'est accentuée les années suivantes. Toutefois, il ne faut pas attribuer cette diminution au seul désenchantement des membres, mais au nombre moins considérable de miséreux dans ces années relativement prospères qui suivirent la Confédération.

Le rôle de la Société de Saint-Vincent-de-Paul était d'apporter une aide à court terme, suppléant ainsi à la famille traditionnelle que la ville avait déjà affaiblie. On rendait service en tirant les familles d'une impasse et on tâchait de les acheminer vers l'autosuffisance. Quelquefois, les visites consistaient à réconforter des malades et à veiller des mourants. En somme, les laïcs, comme les religieux, apportèrent de précieux secours aux familles démunies de Montréal et la Société de Saint-Vincent-de-Paul leur offrit l'encadrement nécessaire.

QUELQUES CAS D'INDIGENCE

Afin de bien se représenter la visite aux pauvres au siècle dernier, nous rapportons quelques exemples des misères rencontrées par les Sœurs Grises.

La majorité des pauvres assistés par les Sœurs Grises étaient, comme nous l'avons déjà dit, d'origine irlandaise. Rien d'étonnant à ce que les seuls documents qui ont subsisté s'y rapportent principalement. Parmi eux, il y eut aussi des anglophones protestants, qui furent secourus avec la même sollicitude que les catholiques. Voici un cas pathétique rencontré en janvier 1847:

> On a été demander pour visiter une pauvre femme malade, et dont le mari était protestant. Nos Sœurs y furent plusieurs fois, lui portèrent de la soupe, et nous lui envoyâmes du bois. Elle était étendue par terre sur de misérables haillons mais elle était trop faible pour se nettoyer.
>
> Le 10 janvier, deux sœurs furent la veiller. Vers les 10 heures de la nuit, elle mourut dans des sentiments de religion. Nos Sœurs ne trouvaient rien dans la maison pour l'ensevelir. Elles allèrent de nuit quêter le drap et la chemise. Elles n'obtinrent pas du premier coup ce qu'elles demandaient. Lorsqu'il fut question de l'ensevelir, elles n'eurent pas grand'peine à lui ôter sa chemise, elle était pourrie et tombait par lambeaux; mais ce qui était le plus terrible, c'est que la pauvre femme était sur une espèce de fumier; on ne sait depuis quel temps elle avait été changée de place, mais ce que l'on sait, c'est qu'elle n'avait pas changé de linge depuis le mois d'août [31].

Après cette description, Mère McMullen évoque le travail répugnant accompli par les sœurs afin de nettoyer la maison dont elles retirèrent presque un tombereau (environ un mètre cube) d'ordures. L'ensevelissement de la morte posait des problèmes, car il n'y avait ni couchette ni planche dans la maison. Une sœur eut la présence d'esprit de décrocher la contre-porte de la maison et de la poser sur deux chaises empruntées afin d'y déposer le corps. L'indignation atteignit son comble lorsque les sœurs constatèrent que le mari de la défunte lui avait retiré ses vêtements pour les vendre afin de se procurer de l'alcool.

D'autres visages de la pauvreté causée par l'intempérance sont signalés au cours des visites chez les indigents. Les visitatrices utilisaient parfois des moyens radicaux pour corriger les buveurs intempérants, comme en témoigne ce récit:

> Une autre famille dont le père est Canadien, la mère Irlandaise, demeuraient dans un appartement tellement en démense qu'il leur fallut durant tout l'hiver, pelleter la neige comme dans la rue. Après donc plusieurs mois de souffrance, et livré entièrement à la boisson, nous les avons visités de nouveau, et trouvé des bouteilles remplies comme à l'ordinaire, nous les avons vidées, et cassées, après quoi on profite du moment qu'ils étaient sobres, et les avons conjuré, si non pour le bien de leur âme au moins pour celui de leurs enfants de suivre notre avis, à l'instant le bon Dieu leur donna la force, et le courage de s'aller enrôler sous la bannière de la tempérance [32].

Une intervention si sévère exigea des sœurs une force de caractère peu commune car elles auraient pu s'attirer des représailles. Fort heureusement, dans ce cas leur initiative se solda par un succès. Le récit ajoute en effet que lorsque ces gens eurent obtenu une carte de tempérance, témoignant de leur volonté de cesser de boire, les sœurs mirent tout en œuvre pour les secourir. La situation économique de la famille s'améliora, de sorte qu'après plusieurs mois leur demeure était si bien aménagée que les sœurs ne la reconnurent pas. Quelqu'un de la maison leur fit signe d'entrer. Les visitatrices crurent d'abord qu'on les appelait auprès d'un malade. Tel n'était pas le cas: «Ils disaient regardez regardez mes Sœurs... et ouvraient les armoires, coffre, etc., regardez nous avons des lits, du linge, nos enfants vont à l'école c'est à vous que nous devons tout cela depuis longtemps on voulait vous remercier, venez dans la cour voir notre provision de bois pour l'hiver [33].»

Comme la famine sévissait dans leur pays, la plupart des Irlandais étaient totalement démunis à leur arrivée à Montréal. De plus, les privations, le manque d'hygiène dans les bateaux et leur état de faiblesse les prédisposaient aux maladies épidémiques telles que le choléra et le typhus. Plusieurs centaines en moururent. Les survivants mirent toute leur énergie à s'établir dans leur pays d'adoption. On rapporte le cas d'une famille qui, après avoir séjourné quelques jours dans les hangars où les malades étaient amenés, se réfugia dans un grenier d'une seule pièce. C'était l'hiver, des bouchons de papier et des haillons remplaçaient les vitres des fenêtres. Il n'y avait pas de poêle, mais pour toute pièce d'ameublement, un coffre. Le père et les enfants étaient malades et gisaient sur de la paille au milieu du désordre. Un témoin oculaire raconte:

> Le plus jeune des enfants âgé de 3 ans n'était pas aussi malade que les autres, il ne fut pas moins digne de compassion mais il pleurait en s'écriant sans cesse du pain... du pain... la pauvre mère n'avait pour toute réponse, que ses larmes, et ses baisers fréquents envers ce pauvre enfant. Nous leur avons procuré le plus nécessaire à l'instant, après quelques jours nous avons pu leur procurer un poêle [34].

Le père mourut et la mère reçut l'assistance des sœurs tout l'hiver. Avec à peine le minimum vital, elle parvint à rétablir la santé de ses quatre enfants. Son histoire émouvante ressemble à celle de centaines d'immigrants pauvres et malades qui furent secourus par les visitatrices.

8

Les Dépôts des pauvres

La prise en charge des indigents suscita dans chaque institution une forme d'aide un peu moins immédiate que les services à domicile. Les Sulpiciens, les Sœurs de la Providence et les Sœurs Grises créèrent en effet chacun leur dépôt des pauvres, compléments nécessaires à l'insuffisance des ressources humaines et au mode d'identification des besoins.

CHEZ LES SULPICIENS

Nous avons cherché en vain chez les Sulpiciens une règle écrite concernant l'assistance aux pauvres inaptes au travail dans les années 1830. Les livres de comptes et les carnets de dépenses nous ont permis de constater que la Paroisse était un centre de distribution de biens. Nous tenons d'un petit registre intitulé *Dépenses diverses 1829-1847* les renseignements suivants.

La clientèle du Dépôt des pauvres était constituée surtout de veuves et de quelques vieillards. L'aide était généralement versée en espèces, indice de la confiance qu'on leur témoignait. On peut distinguer trois périodes caractéristiques quant à cette forme d'assistance: de 1829 à 1831, de 1832 à 1835 et de 1836 à 1847. Au cours de la première période, les noms des mêmes bénéficiaires reviennent régulièrement. Dans la plupart des cas, une somme de £ 0.5.0 était accordée. Ce montant semble correspondre à un loyer mensuel. Des dons en nature apparaissent aussi, surtout du bois de chauffage, en hiver. Parmi les noms qui reviennent fréquemment, on remarque ceux de veuves à qui l'on versait une pension pour le soin de vieillards ou d'orphelines, à raison de £ 0.7.6. par mois. Quelquefois, le Sulpicien responsable des veuves payait leur voyage vers d'autres villes du Canada ou les États-Unis. On a rarement accordé de l'argent pour acheter des vêtements au cours de cette première période. En somme, la forme d'aide la plus courante était celle de dons en argent correspondant vraisemblablement aux frais de logement ou de pension.

L'épidémie de choléra de 1832 vint perturber ce mode d'assistance, relativement bien établi. De juin à septembre, on trouve une liste de veuves irlandaises auxquelles la Paroisse versait chaque mois, et selon le nombre d'enfants à charge, le montant maximal de £ 0.10.0. Quelquefois, une veuve recevait une pension mensuelle pour soigner des orphelins; le cas était peu fréquent, car les orphelins de père et de mère étaient généralement placés en institution. Une veuve voulait-elle déménager aux États-Unis pour une raison ou l'autre, le curé lui payait une partie du voyage, soit une somme de £ 5 (soit environ 20 $).

En 1833, une nouvelle catégorie d'assistés apparaît dans le registre des pauvres: il s'agit des femmes de prisonniers et d'ex-prisonniers. À quelques reprises aussi, le budget du curé servit à payer le voyage de malades mentaux vers une institution de Québec. Toutefois, l'aide financière aux veuves constituait encore le principal déboursé. En cas d'urgence, une somme d'argent était accordée pour l'achat de vêtements. On s'étonnera de voir que des sommes aient été versées à un maître d'école régulièrement entre 1832 et 1835: s'agissait-il d'un vestige des «Écoles de fabrique» dont la loi fut votée en 1824? Les subventions versées pour les écoles faisaient généralement partie des dépenses du Séminaire et non de la Paroisse.

L'assistance versée aux veuves et quelquefois aux veufs prit diverses formes. Ainsi, le 5 février 1834, une somme de trente dollars fut prêtée sur gage et un poêle fut laissé en garantie [1]. En 1834, on note à différentes reprises des sorties d'argent envoyé à des personnes vivant aux États-Unis: était-ce à d'anciens paroissiens en détresse? Des sommes sont versées à des médecins, sans doute des honoraires pour soins donnés à des vieillards, des veuves ou des orphelins. Puis apparaissent des dépenses extraordinaires: ainsi le curé paie £ 10 (soit 40 $) pour un métier à tisser acheté chez les Sœurs Grises; il s'agissait peut-être de fournir à quelque veuve un moyen de subsistance. Hors des dépenses que nous qualifierons d'exceptionnelles, le secours aux veuves en numéraire constitue le principal déboursé effectué par le curé de la Paroisse de 1832 à 1835.

Entre 1836 et 1847, on remarque, toujours au même registre des dépenses du curé, une diminution des sommes versées aux veuves. Le curé paya le coût du loyer d'un certain monsieur Lanierre pendant dix-huit mois; ce dernier remboursa le curé en fabriquant des bancs-lits et quelques cercueils pour les pauvres. Régulièrement des sommes d'argent furent expédiées à d'anciens paroissiens vivant aux États-Unis.

À partir de 1841, les veuves disparaissent pour ainsi dire du registre des «dépenses diverses» et les déboursés pour aide directe aux pauvres sont occasionnels. Il est vrai que la Confrérie du bien public s'occupait alors des pauvres aptes au travail et que les Sulpiciens formèrent dans ces années-là le Bureau de charité, sorte de carrefour où les nécessiteux pouvaient s'adresser et recevoir l'aide appropriée à leurs besoins.

Il est probable que M. de Charbonnel, arrivé à Montréal en 1838, ait dès ce moment suivi de près les changements qui se produisirent dans le service des pauvres. D'après les deux registres des distributions de secours dont nous disposons, celui du curé de la Paroisse et celui de la Confrérie du bien public, il n'y a plus guère de distinction entre les nécessiteux aptes ou non au travail, à partir des années 1840. Il y a chevauchement du côté du Séminaire et du curé, du curé et de la Confrérie du bien public. Par ailleurs, les laïcs de la Confrérie avaient peut-être vieilli, ou s'étaient retirés sans avoir été remplacés. Il y avait, semble-t-il, plus de pauvres, en particulier plus de veuves nécessiteuses. La Confrérie sembla modifier son orientation afin de s'adapter à ces conditions nouvelles. On peut le constater en étudiant le *Poor Register 1831-1842*.

Le Bureau des pauvres

M. de Charbonnel présenta au supérieur du Séminaire, le 7 octobre 1840, le plan de ce qu'il appelait un «Bureau des pauvres», aussi nommé «Bureau de charité». Ce plan proposait d'abord d'unifier ou de centraliser les deux catégories de services, puis d'en transférer la direction du curé de la paroisse au Séminaire. Il semble qu'une telle réorganisation répondait à un besoin; cependant, ce projet de M. de Charbonnel ne fut

approuvé par l'assemblée des quatre consulteurs que le 23 septembre de l'année suivante [2]. Le futur Bureau des pauvres fut
ainsi défini: «Les œuvres de ce bureau seront d'alimenter, vêtir,
loger, chauffer, médicamenter, procurer travail, instruction et
piété. Pour les secours corporels, ils se feront en nature tant que
possible; pour les spirituels, seront exigés des billets de confession trimestriels et l'assistance à la messe, réunion hebdoma-
daire avec lecture du prône ou avis sur les devoirs des pauvres[3].»
La clientèle visée était composée d'infirmes, de pauvres honteux, de pauvres notoires mais honnêtes parmi lesquels la plupart étaient de «bons parents». La direction de ce bureau fut confiée à un prêtre du Séminaire (M. de Charbonnel de 1841 à
1843, M. Arraud de 1844 à 1845, M. Mussart de 1846 à 1848)
lui-même assisté des prêtres visiteurs des faubourgs nommés par
le Séminaire, d'un trésorier, d'un secrétaire, d'un commissaire
et de trois dames, occupant les fonctions de trésorière, de sous-
trésorière et de quêteuse, nommées par le Séminaire la première
fois, élues par leurs compagnes par la suite. En somme, le plan
de M. de Charbonnel établissait les structures et le fonctionnement d'un «Bureau de charité» et il attribuait des responsabilités
bien définies au conseil d'administration.

Il ne fut pas facile de loger le Bureau de charité. On lui
attribua deux maisons dont on ne peut savoir si elles furent
d'égale importance et à son usage exclusif. L'une était située rue
Barré et l'autre rue Saint-Laurent [4]. Des démarches entreprises
en vue d'un changement de local révèlent l'existence d'une certaine insatisfaction dès 1842. Le Séminaire refusa de céder un
terrain sur la ferme Saint-Gabriel afin d'y établir une «espèce de
Dépôt de mendicité» (le 16 février 1842) [5]. Par la suite, le 2 octobre 1846, il s'opposa à l'achat d'une maison de distribution
d'aumônes[6]. Ce deuxième refus étonne moins, vu la nouvelle
orientation que prit le service cette année-là. En somme, le
Bureau de charité situé rue Barré appartenait au Séminaire, tout
au moins jusqu'au 12 mars 1856, date où le procureur fut autorisé à vendre la propriété qui menaçait de tomber en ruines.

Le registre des recettes et dépenses du Bureau de charité
permet d'évoquer son fonctionnement quotidien. Nous consta-
tons qu'il a poursuivi les modes d'assistance déjà en vigueur,
tout en centralisant les services. L'achat de rouets, de laine et de
pièces de tissus, d'étoffe et de toile témoigne du souci qu'on avait
de faire travailler les pauvres qui en étaient capables. À diverses

reprises, il y est dit clairement que des couturières recevaient de l'argent pour leur travail. En somme, on fournissait un emploi aux uns et l'on distribuait des biens de consommation aux autres; on stimulait le goût du travail et l'on tâchait de préserver cette dignité qui ne quitte pas toute personne subvenant à ses besoins. Cette petite entreprise faisait-elle quelque profit, il servait à secourir d'autres indigents inaptes au travail.

Comme on l'a vu, les besoins des indigents étaient identifiés par des Sulpiciens visiteurs des faubourgs et les dames associées au Bureau de charité qui leur distribuaient des «bons» précisant la nature et la quantité de biens de consommation qu'ils pouvaient ensuite réclamer au dit Bureau. Les livres de cette époque font état de la distribution d'une plus grande quantité de biens en nature que les cahiers de comptes du curé de la Paroisse. On voit apparaître régulièrement le nom de fournisseurs, contrairement aux premiers registres qui mentionnaient, presque exclusivement, des noms de bénéficiaires. Les dépenses du Bureau consistaient surtout en achats de pain, de vêtements, de chaussures, de bois et en paiements de loyers.

Un survol des dépenses effectuées d'octobre 1846 à novembre 1847 donne une idée de l'ordre de grandeur des principaux postes budgétaires; par exemple, pour l'achat du pain, le bureau versa environ 2744 $ à divers boulangers: ce fut la somme la plus élevée. Viennent ensuite les achats de bois de chauffage (648 $), d'articles de base (538 $) et de chaussures (400 $). 96 $ furent versés pour secourir les orphelins de la Maison Saint-Joseph, et environ 64 $ pour loyers, voyages, etc. [7]

En plus des dons faits aux Bureaux des rues Barré et Saint-Laurent, le Séminaire offrait régulièrement, de 1841 à 1857 (donc même après la fermeture du Bureau de charité), du pain aux pauvres par l'intermédiaire de l'Hôtel-Dieu. Cette distribution n'est pas notée dans la comptabilité du Bureau; peut-être s'agissait-il d'une ancienne tradition seigneuriale. Certaines dépenses qui ne figuraient pas en 1846-1847 reviennent, par contre, périodiquement dans les comptes. Tout comme dans l'ancien registre, on retrouve l'installation de poêles, à l'approche de l'hiver, surtout chez des veuves indigentes. Le Bureau distribuait également des meubles. Certaines sommes étaient aussi consacrées au paiement de médicaments.

L'analyse du registre permet de constater que la clientèle du Bureau de charité était constituée en majorité de femmes seules et de femmes chefs de famille: on les aidait en nature plutôt qu'en argent. Notons que la population irlandaise immigrante a beaucoup profité de ce mode d'aide.

Sans doute pour éviter que les indigents demeurant à proximité des dépôts ne les monopolisent, on établit un horaire selon les divers faubourgs: «Les pauvres du faubourg Saint-Antoine, des Récollets, Saint-Joseph, Sainte-Anne ou Griffintown, des côtes, y seront soulagés chaque semaine le lundi. Ceux de la Cité et du faubourg Saint-Laurent, le mercredi, et ceux du faubourg Québec, le vendredi, depuis 9 heures jusqu'à 11 h. A.M. [8]»

Rappelons que le Bureau de charité, en plus d'être un centre de distribution, offrait un service de placement gratuit dont le fonctionnement était assuré par le Séminaire [9].

La réforme du service des pauvres

Élu à la tête du Séminaire de Montréal le 24 avril 1846, M. Pierre-Louis Billaudèle, poussé par les interventions répétées de Mgr Bourget et inspiré par les écrits du fondateur de la compagnie, résolut de réformer le service aux pauvres de la Paroisse. On trouve parmi les documents qu'il a laissés un «Extrait des règlements d'administration pour le soulagement des pauvres de la paroisse de Saint-Sulpice de Paris». C'est à partir du mode de fonctionnement du Bureau de charité qui existait depuis 1841 que la réforme fut envisagée.

Le document de M. Olier qui inspira M. Billaudèle comporte deux parties: les principes d'action et l'administration proprement dite. On y faisait d'abord appel à la clairvoyance des personnes désireuses de secourir les pauvres. Compte tenu de l'expansion démographique de la ville et de l'augmentation des miséreux, les réflexions du fondateur ne manquaient pas de pertinence; ainsi, disait-il, il faut éviter d'encourager la paresse chez les indigents. Une telle mise en garde incita M. Billaudèle à accentuer la distinction entre les pauvres aptes et inaptes au travail, et à préciser la manière d'organiser les secours aux personnes aptes au travail:

> Pour l'ouvrage des femmes, on pourrait s'entendre avec des magasins. L'ouvrage serait donné par un billet du bureau d'administration sur lequel le maître du magasin inscrirait leur nom avec la quantité d'ouvrage qui leur serait donné. Sur un certificat délivré au magasin, on leur

donnerait une gratification au-dessus du prix du magasin et proportionnée à la quantité d'ouvrage fait ainsi qu'à la manière dont il aurait été exécuté. Ceci encouragerait les mères et les filles au travail. Il pourrait y avoir pour les hommes, comme on l'a dit, ci-dessus, un bureau d'ouvrage où un des membres laïques du bureau d'administration serait chargé d'indiquer de l'ouvrage aux hommes qui en manqueront, également sur un billet de la paroisse on pourrait également donner en gratification s'il était nécessaire, au-dessus du prix de la journée [10].

Ce procédé était une sorte de prime au travail, ou supplément de revenu offert aux personnes acceptant de travailler, même à un salaire très bas. On se préoccupait constamment d'encourager le goût du travail autant chez les hommes que chez les femmes. Il s'agissait, pour celles-ci, de travaux de couture ou de tricot qu'elles exécutaient à domicile pour le compte des magasins. Elles étaient rémunérées à la pièce et non à l'heure. Malheureusement, le livre des comptes du Bureau de charité ne permet pas de vérifier l'extension que prit ce service.

Le projet de M. Billaudèle suggérait également diverses façons d'aider les pauvres inaptes au travail: vendre le pain à moitié prix aux pauvres, verser une petite pension aux vieillards et aux infirmes, etc. Il est aussi question de l'assistance aux malades non admissibles dans les hôpitaux, que l'on devait faire visiter à domicile et soigner par des sœurs. Le Séminaire s'engageait à pourvoir à leurs dépenses nécessaires. M. Billaudèle songea à payer les honoraires de médecins soignant des malades indigents. Le projet du supérieur ne contient rien de particulier au sujet des veuves qui formaient, semble-t-il, la majeure partie des personnes assistées. Est-ce à dire qu'elles étaient pour la plupart des personnes aptes au travail? Il semble que ce soit le cas. Le document mentionne la possibilité de fournir du lait et de la farine aux petits enfants et aux orphelins. Toutes les formes d'aide, notamment le don de meubles et d'outils, étaient centralisées au Bureau de charité.

Outre l'assistance aux pauvres, M. Billaudèle voulait prévenir la pauvreté dans la mesure du possible. Selon son projet, des dispositions seraient prises en vue de placer les jeunes garçons des familles pauvres en apprentissage, lorsque leurs parents ne s'en souciaient pas. Deux ou plusieurs Dames de la Charité étaient chargées de les visiter et de faire rapport aux assemblées des dirigeants du Bureau de charité.

Le dernier des services proposés était celui du prêt d'argent sans intérêt moyennant le dépôt d'un gage, en somme un genre de mont-de-piété. Toutefois, M. Billaudèle semblait douter de l'opportunité d'offrir un tel service. A-t-il existé de fait? A-t-il pu diminuer les demandes d'assistance gratuite? Nous l'ignorons.

La réforme du service aux pauvres avait pour but de décentraliser le Bureau de charité par l'organisation de Dépôts des pauvres chez les Sœurs Grises et l'approvisionnement de celui des Sœurs de la Providence. Le Bureau de charité subsista jusqu'en 1847.

La décentralisation des services appelait une forme de coordination prévue par M. Olier. «Cette administration sera composée de Prêtres et de la Communauté, nommés pour la visite des quartiers, de plusieurs Dames, de la Sœur supérieure des Filles de la Charité pour les malades. Le Curé de la Paroisse, l'aumônier et son suppléant, et deux laïques seront de toutes les administrations [11].» Nous avons cherché en vain la trace d'une semblable administration à Montréal. Lorsque le classement de tous les documents contenus dans les Archives du Séminaire de Saint-Sulpice sera complété, peut-être trouvera-t-on un écrit qui confirmera son existence. Dans l'état actuel des choses, nous pouvons affirmer qu'à défaut d'un bureau de coordination composé de plusieurs personnes, les aumôniers des pauvres eurent un rôle important à jouer quant à la coordination des ressources fournies par le Séminaire aux dépôts des pauvres des communautés religieuses mentionnées. Par suite des changements amorcés par M. Billaudèle, le Bureau de charité tel qu'organisé par M. de Charbonnel fut démantelé.

Des circonstances imprévues, telles que la situation économique déplorable et l'épidémie de typhus, accélérèrent la fermeture du Bureau de charité et ralentirent le changement amorcé par M. Billaudèle. L'implantation du système qu'il préconisait fut ainsi rendu plus difficile et le rôle de premier plan dans le réseau d'assistance aux miséreux fut désormais dévolu aux aumoniers des pauvres.

Le titre d'aumônier des pauvres apparaît pour la première fois en 1846, parmi les fonctions attribuées au personnel du Séminaire. Son rôle dans les rouages de l'assistance aux pauvres se résumait à l'administration du budget voté par le Séminaire à l'intention des indigents, à l'animation spirituelle des bénévoles

M. Léon-Vincent Villeneuve, p.s.s.
(1808-1873), s'est illustré comme
aumônier des pauvres et aumônier de
la Société de Saint-Vincent-de-Paul de
1848 à sa mort. (A.P.S.P.)

et à la coordination de l'ensemble des services. Selon les périodes, il y eut deux ou trois aumôniers. Ils devaient établir des
priorités à partir des besoins exprimés par les diverses institutions choisies par le Séminaire et voir à certains approvisionne-
ments.

Il incombait à l'aumônier des pauvres d'encourager les
Dames de la Charité à poursuivre leur engagement social, tout
en les guidant dans leur cheminement spirituel, lors de journées
de récollection. Il lui revenait également de coordonner l'aide
fournie au moins à trois endroits différents et d'exercer un contrôle pour éviter que certains bénéficiaires ne soient comblés au
détriment d'autres peut-être plus nécessiteux. Il devait être
attentif aux divers besoins comme aux ressources disponibles
dans la société montréalaise sans perdre de vue le fait que le
meilleur moyen d'aider un indigent capable de travailler était de
lui trouver un emploi.

On ne peut s'empêcher d'évoquer ici, même brièvement,
la mémoire de M. Léon Villeneuve, qui consacra trente-cinq
années de sa vie au service de la Paroisse et du Séminaire, dont

Léonard-Vincent-Léon Villeneuve
(1808-1873)

Né à Tulles (France), Léon Villeneuve joignit la compagnie de Saint-Sulpice en 1830. En 1838, le Séminaire de Saint-Sulpice de Paris le désigna pour la Paroisse de Montréal. Il occupa les fonctions d'économe, de professeur et de supérieur du Petit Séminaire. Très estimé dans le milieu de l'éducation, il fut pendant vingt-sept ans membre du Bureau des examinateurs pour les maîtres et les maîtresses des écoles catholiques. Membre du Conseil des Douze dès 1840, il fut également substitut et quatrième consulteur au Petit Conseil de 1851 à 1871.

Aumônier des pauvres de 1850 à 1873, il fut pendant onze ans (1850-1861) responsable de la distribution des secours alimentant les Dépôts des pauvres de l'Hôpital Général et de l'Asile de la Providence; de 1861 à 1866, sa tâche fut limitée au service des pauvres chez les Sœurs Grises, puis, de 1867 à 1873, il assura le service chez les Sœurs de la Providence également. Non seulement fut-il soucieux de bien administrer les fonds du Séminaire, mais encore il les augmenta largement par des quêtes et des dons.

Devenu aumônier de la Société de Saint-Vincent-de-Paul, il persuada diverses conférences de venir en aide à des institutions moins bien pourvues. Il usa de son autorité de directeur des fermes du Séminaire et de responsable de diverses constructions, notamment celles des églises de Notre-Dame-de-Grâce, de Sainte-Anne et du Grand Séminaire de la montagne, pour procurer de l'emploi à quantité d'indigents.

Les relations entre Mgr Bourget et M. Villeneuve furent d'abord excellentes, et les deux hommes se souciaient également des œuvres de réhabilitation de la femme. Mais la question de la division de la paroisse en fit des opposants. M. Villeneuve fut solidaire du Séminaire, prônant le maintien de l'unique paroisse de Notre-Dame, tandis que Mgr Bourget lutta pendant une trentaine d'années pour la subdiviser.

vingt-trois à titre d'aumônier des pauvres, poste qu'il occupa après bien d'autres qui lui avaient permis de s'intégrer à la société montréalaise. Lorsqu'il mourut, en 1873, Mère Élisabeth Dupuis écrivit au supérieur du Séminaire: «La mort est donc venue enlever aux pauvres et aux malheureux de cette ville un de leurs meilleurs amis, et leur plus généreux bienfaiteur: perte qui se fera longtemps sentir, et qui ne pourra être que difficilement réparée [12].»

CHEZ LES SŒURS DE LA PROVIDENCE

La distribution des aumônes en nature devenant une corvée très onéreuse pour le curé de la paroisse de Montréal, le supérieur du Séminaire de Saint-Sulpice confia à madame Émilie Gamelin le soin de distribuer des denrées alimentaires aux pauvres. Dès 1836, M. Quiblier autorisa aussi madame Gamelin à nourrir ses protégées à même les provisions fournies par le Séminaire. À cette époque, le refuge de madame Gamelin était logé dans une modeste demeure connue sous le nom de «maison jaune» et subsistait uniquement de dons; un tel apport de nourriture, étant de nature à fournir à l'œuvre une certaine sécurité matérielle, ne pouvait être refusé.

   Ainsi s'élargit l'œuvre de madame Gamelin qui suscitait déjà l'admiration de la population montréalaise. Si bien qu'il fallut bientôt songer à la construction d'un nouvel établissement car les demandes d'internat augmentaient de même que la fréquentation du dépôt. Celui-ci fut maintenu dans la «maison jaune» jusqu'à la fin de la construction. À compter du 21 décembre 1841, les distributions informelles prirent une tournure mieux structurée et on parla d'un Dépôt des pauvres où on devait se présenter le jour, et à des heures fixes. Deux Sulpiciens responsables de la visite des faubourgs furent chargés de la supervision des dépôts: le dépôt de l'Asile des femmes âgées et infirmes situé dans le faubourg Québec fut confié à M. Arraud; le second, situé dans le faubourg Saint-Antoine, fut confié à M. Saint-Pierre. Les besoins relatifs à cette forme d'assistance étaient tels qu'on eut recours également aux Dames de la Charité pour recueillir des aumônes en espèces ou en nature. Après l'instruction donnée par «Monseigneur ou quelqu'un de ses prêtres», chaque lundi matin, elles distribuaient le fruit de leur cueillette: nourriture ou vêtements, tels que pains, patates,

viande, poisson, oignons, farine d'avoine, pois, hardes, chemi-
ses, jupes, robes, pantalons, capots, souliers, chapeaux, bas,
paillasses, etc. [13]

Le Dépôt des pauvres palliait l'insécurité des travailleurs
saisonniers et toute autre source d'indigence. Que représentaient les secours distribués? Si l'on pouvait chiffrer en argent la
valeur des dons offerts au Dépôt de l'Asile de la Providence
(bois, pain, viande, légumes, vêtements), on obtiendrait certainement une somme importante [14]. Mgr Bourget ne manquait
pas d'inciter la population aisée à réserver la part des pauvres,
surtout à l'époque où chaque famille faisait ses provisions pour
l'hiver; sa contribution s'ajoutait aux généreux dons du Séminaire de Saint-Sulpice. À l'approche de l'hiver, les Dames de la
corporation de l'Asile de la Providence se dépensaient double-
ment pour approvisionner le dépôt pour la saison froide. Ainsi,
le 2 novembre 1843, certaines des résolutions qu'elles votèrent
étaient directement liées à son financement [15]. Ce financement
d'appoint, ajouté aux collectes d'argent et de produits en nature
faites dans les faubourgs, permit au Séminaire de Saint-Sulpice
de constater que le Dépôt était sur la voie de l'autofinancement,
et explique probablement une décision des consulteurs du Séminaire de retirer de l'Asile de la Providence les sommes consacrées jusqu'alors à la distribution du pain [16].

L'Asile de la Providence perdit ainsi une source importante de revenus puisqu'une partie des sommes attribuées
depuis 1836 par les Sulpiciens avait aidé à nourrir les protégées
de madame Gamelin. Nous savons que Mgr Bourget partagea la
déception de la communauté naissante d'après une lettre adressée à M. de Charbonnel le 25 septembre 1846.

Cette décision du Séminaire n'empêcha pas les Dames de
la corporation de poursuivre leur œuvre. Lors de leur assemblée
du 2 novembre, elles décidèrent que les pauvres des faubourgs
Saint-Louis et Québec seraient assistés à l'Asile de la Providence. On se soucia aussi de desservir les pauvres irlandais
recommandés par MM. Patrick Morgan et James McMahon.
Compte tenu du personnel restreint affecté au Dépôt des pauvres, il fut décidé de recevoir ces derniers certains jours spécifi-
ques et à une maison appartenant à madame Louis Cypihot,
située dans le faubourg Québec.

Durant l'hiver 1843-1844, les dépôts ouvrirent leurs portes
du 4 décembre au 29 avril. Lors de l'assemblée générale des

membres de la Corporation de l'Asile de Montréal pour les femmes âgées et infirmes, tenue au printemps suivant, on livra en détail la liste des dons faits à la population indigente au cours de l'hiver. La quantité des denrées distribuées est impressionnante, de même que leur variété: 7080 livres de viande, c'est-à-dire 4080 de plus qu'en 1842-1843; le poisson, par contre, n'apparaît plus; parmi les produits alimentaires de base, on observe une diminution de 200 livres de pain (625 en 1842-1843), de 36 minots de pois (100, précédemment), en même temps qu'une augmentation de 1000 minots de patates (850, l'année précédente). Des produits font leur apparition: la farine d'avoine, le thé, le beurre, le sucre et les confitures de même que les chandelles, d'importance certes non négligeable à l'époque. La quantité de bois de chauffage est mince, les vêtements sont plus variés que l'année précédente et comptent un bon nombre de survêtements d'hiver pour hommes, des robes, des mantelets et des bas. Pour la première fois, il est question de literie: paillasses, draps et couvertures [17]. En cet hiver 1843-1844, cent dix familles furent secourues, dix de plus que l'année précédente [18], et la valeur totale des bien offerts constituait une somme importante pour l'époque.

Il ne faudrait pas perdre de vue que ces œuvres ont été à l'origine du regroupement des Sœurs de la Providence, érigé canoniquement en 1844. En plein début d'organisation, elles alliaient les soins auprès de leurs protégées de l'intérieur au service de la clientèle du Dépôt des pauvres. C'est seulement en 1845 que les premières nominations officielles aux différents postes de la maison eurent lieu, suivant le principe de la rotation du personnel préconisé par les autorités ecclésiastiques; ceci avait pour but de permettre aux sœurs d'acquérir une expérience diversifiée afin de servir indistinctement dans les offices de la communauté. L'officière du Dépôt des pauvres ne fit pas exception à la règle et changea chaque année.

La crise économique de 1849 amena aux dépôts les chômeurs, les veuves sans ressources, les chefs de familles à revenu insuffisant. Mais, en raison de l'ampleur des besoins, on ne put suffire à toutes les demandes. Nous ignorons cependant combien furent refusées, car les statistiques ne parlent que des pauvres qui ont reçu assistance.

Ainsi, de 1845 à 1871, le nombre de familles secourues passe de 125 à 845 [19]. Les dépôts des pauvres étaient fréquentés surtout de novembre à avril mais les relevés étaient faits sur une base annuelle. En 1849, Mère Gamelin, désemparée devant le peu de moyens dont elle disposait, confia son désarroi à son protecteur et conseiller, Mgr Bourget. Il décida de faire une collecte dans la cathédrale et se chargea lui-même d'informer la population de l'embarras de l'Asile de la Providence afin de stimuler la générosité de l'assistance. En 1852, on observa une augmentation d'un tiers des familles pauvres par rapport à l'année précédente, accroissement attribuable à l'incendie, survenu justement dans le territoire spécialement confié aux Sœurs de la Providence. Les ressources habituelles du Dépôt des pauvres ne suffisant plus, un mouvement de solidarité fut organisé et l'aide afflua de toutes parts, même des campagnes, ce qui permit à l'Asile de la Providence de répondre aux demandes les plus pressantes.

La statistique des assistés au dépôt des pauvres de l'Asile de la Providence présente globalement le nombre de familles secourues, sans préciser le nombre d'individus ni les sommes distribuées chaque année. Cependant, si nous examinons le budget des pauvres du Séminaire de Saint-Sulpice et spécialement la partie du budget dévolue aux pauvres secourus par les Sœurs de la Providence, nous pouvons constater à la reddition des comptes faite lors de l'assemblée annuelle du Conseil des assistants du 10 novembre 1863, qu'une somme de 6023 $ fut octroyée au dépôt des pauvres des Sœurs de la Providence, montant incluant quatre cents cordes de bois restant de l'année précédente. En outre, l'aumônier des pauvres, M. Villeneuve, en acheta pour une valeur de 1145 $ [20]. Les sommes votées ont permis d'assister 478 familles comprenant 2300 personnes [21]. À la suite de ce rapport, le Conseil des assistants vota pour l'année 1864 une allocation de 3200 $ pour «l'aumônier des pauvres du côté de la Providence avec recommandation de ne pas dépasser cette somme; cependant s'il se présentait des circonstances extraordinaires le Petit Conseil pourrait voter une augmentation pour lui et les autres aumôniers [22]».

Selon un rapport que sœur Philomène (Victoire Bourbonnière), supérieure générale de la communauté, fit à Mgr Bourget, l'Asile de la Providence soutenait 2874 pauvres à domicile au 30 octobre 1864 [23]. Ce nombre ne cessa d'augmenter; on trouve au rapport annuel des Sœurs de la Providence de 1868 que 11 452 pauvres étaient assistés par l'intermédiaire des dépôts et du dispensaire[24]. Ainsi, on peut constater que les dépôts eurent à jouer un rôle essentiel auprès de la population indigente de Montréal.

CHEZ LES SŒURS GRISES

Comme nous l'avons vu, la décentralisation du Bureau de charité du Séminaire fut décidée à l'automne de 1846. Ce changement se fit simultanément à l'acceptation des Sœurs Grises de s'engager à visiter les pauvres à domicile. Elles acceptèrent d'abord de préparer et de distribuer les biens de consommation fournis par les Sulpiciens, en d'autres termes de se charger d'un dépôt des pauvres qui fut inauguré le 4 novembre 1846. Des Sœurs Grises assurèrent d'abord le service au Bureau de charité situé au 60 de la rue Saint-Laurent où les Canadiens et les Irlandais indigents furent invités à s'y présenter alternativement.

Devant l'affluence des pauvres qui se présentèrent à l'Hôpital Général en 1847, les administratrices songèrent à la construction d'une rallonge à la partie la plus ancienne du bâtiment afin d'y loger les services externes, notamment le Dépôt. Les nouveaux locaux, terminés à temps pour l'hiver, furent inaugurés le 3 décembre 1847 par une distribution de farine d'avoine.

Visités par les sœurs préposées au service des pauvres à domicile et jugés admissibles aux secours en nature, les indigents étaient invités à se présenter, munis de leur «bon», le jour convenu, au Dépôt des pauvres de l'Hôpital Général situé à la Pointe-à-Callières, non loin de la rivière Saint-Pierre. Après avoir franchi l'enceinte de l'hôpital par la porte centrale, ils se dirigeaient vers l'extrémité de l'aile droite du bâtiment (dit de Mère Elizabeth McMullen) où se trouvait «l'entrée des pauvres»[25]. Ils longeaient le corridor, du côté de la cour des orphelins pour atteindre la pièce spacieuse où on avait logé le dépôt. Ce local, voisin de la cuisine de la communauté, comprenait un âtre de pierre où mijotait la soupe destinée aux affamés qui s'y présentaient. Cette pièce servait aussi de salle d'attente et de réfectoire pour les miséreux. En face de ce local se trouvait une pièce plus petite comprenant un espace de rangement pour les divers produits destinés aux pauvres assistés hors de l'institution. Cette petite pièce donnait sur un escalier près de la cave où l'on entreposait les stocks d'aliments dans des barriques, des jarres, etc.

Les Sulpiciens, à titre d'aumôniers, de confesseurs et de conseillers des Sœurs Grises, avaient maintes fois eu l'occasion d'apprécier leur esprit d'économie et leur sens de l'organisation. Aussi, c'est en toute confiance qu'ils leur confièrent chaque année la part de leur budget destiné aux pauvres assistés à domicile, que les sœurs économe et dépensière administraient.

Selon leurs Actes capitulaires, les Sœurs Grises étaient chargées de la préparation des denrées alimentaires et des vêtements à fournir aux pauvres de l'extérieur. En dépit de la rareté des documents au sujet de ce service, il est possible de retracer certaines grandes lignes de son fonctionnement. Les responsables de l'administration du Dépôt des pauvres étaient tenues d'observer certains principes généraux d'économie et de diététique et de considérer la valeur alimentaire des denrées en regard de leur prix. On choisissait de préférence les aliments qui se conservaient facilement, des produits secs à forte teneur nutritive (farine, gruau, pois et haricots), du pain et vraisemblablement des pommes de terre. La communauté avait, du reste, sa propre boulangerie construite tout près de l'hôpital. Quelquefois on distribuait aussi de la viande; le thé, le café, le sucre, le riz et le beurre, jugés luxueux étaient réservés aux malades. On offrait toutefois de la chicorée séchée ou du son grillé, bases de boissons chaudes couramment employées à l'Hôpital Général. Chaque semaine, les aumôniers des pauvres y donnaient du bois à ceux qui en avaient besoin et en guidaient le chargement, sur brouettes ou traîneaux, selon la saison. Un grand nombre de veuves sans soutien venaient y recevoir une somme correspondant au montant de leur loyer.

Des bougies et du savon, fabriqués par la sœur dépensière à partir des matières grasses inutilisables en cuisine, étaient régulièrement distribués aux pauvres du dehors. Ceux-ci recevaient en outre des vêtements et des chaussures que les religieuses confectionnaient, aidées de leurs pensionnaires et de leurs employés.

Tous les travaux de couture étaient exécutés à la main jusqu'en 1856, année où M. Victor Rousselot fit don à la communauté d'une machine à coudre. On peut juger de l'émoi causé par l'arrivée de cette invention à ce passage de la chronique de l'Hospice Saint-Joseph:

Aujourd'hui grande excitation à l'Hospice. Une machine à coudre vient d'arriver, c'est une invention des temps modernes, ainsi il faut voir tout le monde accourir pour voir cette merveille, ce n'est plus la main qui guide l'aiguille, c'est le pied qui la met en mouvement, nos yeux ne sont pas assez grands, notre bonne Sœur Versaille maîtresse des ouvrages, ne se possède pas de joie, maintenant dit-elle: nous ne refuserons plus d'ouvrage, cette machine tiendra lieu de plusieurs couturières. Ainsi voyons-nous que depuis cette époque, le produit de l'ouvrage a augmenté de moitié [26].

Comme on peu l'imaginer, la dite machine à coudre facilita grandement la confection de vêtements destinés aux pauvres et servit également à accroître les «petites industries» qui aidaient l'hospice à survivre financièrement.

L'attitude des usagers, plus nombreux en hiver qu'en été, variait sans doute autant que les individus. Ils ne passaient pas inaperçus dans une maison où l'on s'affairait le plus silencieusement possible. Craignaient-ils de voir les réserves s'épuiser, de ne pas avoir leur part? Montraient-ils de la reconnaissance? Certainement, mais à des degrés divers: il semble que les indigents de fraîche date ou les occasionnels appréciaient davantage l'aide accordée; par contre, certains miséreux exprimaient carrément leur mécontentement devant une ration jugée insuffisante; d'autres oubliaient trop facilement que la responsable du Dépôt devait faire un partage équitable. Et sans doute y avait-il aussi de l'indifférence chez certains.

De 1850 à 1871, le nombre des pauvres d'origine canadienne visités à domicile et assistés au Dépôt des pauvres de l'Hôpital Général s'élève à 11 325 [27]. Cette population d'indigents ne représentait qu'environ la moitié de la clientèle secourue par l'institution, l'autre moitié étant d'origine irlandaise. Sur la moyenne annuelle de 514 personnes canadiennes secourures, (soit 159 familles) on compte 364 enfants. La plupart des familles assistées étaient constituées de veuves avec enfants; les hommes venaient ensuite, suivis d'un petit nombre de femmes célibataires. Outre les visites à domicile effectuées à partir de l'Hôpital Général, les Sœurs Grises de l'Hospice Saint-Joseph et de la mission Saint-Patrice rendaient des services similaires aux pauvres de leur quartier. Malgré l'imprécision des données tirées de plusieurs sources entre lesquelles il n'y a pas d'uniformité de classement, nous avons estimé à 9822 le nombre de familles que les Sœurs Grises secoururent sur une période de

L'Asile Bethléem, situé face au carré Richmond dans le faubourg Saint-Antoine. L'établissement, fondé par l'avocat Charles-Séraphin Rodier, fut offert aux Sœurs Grises en 1868. (*Le diocèse de Montréal...*)

vingt-cinq ans, soit une moyenne de 392 familles par année[28].

Nous avons recensé un total de 36 140 personnes dont la subsistance était assurée par les Sœurs Grises, soit une moyenne annuelle de 1445 personnes. Outre les secours distribués à l'Hôpital Général, la communauté fit aussi des distributions, difficiles à chiffrer, dans d'autres établissements tels que l'Asile Nazareth, la mission Saint-Henri-des-Tanneries et dans les divers locaux de la mission Saint-Patrice qui finit par être centralisée au Refuge Sainte-Brigitte. Parmi ces institutions, le Refuge Sainte-Brigitte reçut la plus importante part de l'aide directe offerte à des pauvres de l'extérieur, dont la majorité était d'origine irlandaise. Dans les trois autres maisons, (l'Asile Nazareth, l'Asile Bethléem et la Mission Saint-Henri-des-Tanneries), le Dépôt des pauvres était une œuvre mineure, ces institutions étant vouées principalement à l'éducation. Malgré le petit nombre de familles aidées directement par ces maisons, les dépôts avaient leur raison d'être, car ils permettraient à certaines familles d'être secourues à proximité de leur lieu de résidence.

À LA SOCIÉTÉ DE SAINT-VINCENT-DE-PAUL

Comment aider les pauvres, avec des ressources limitées, tout en contrôlant de près le bon usage des secours donnés? L'aide en nature résout ce problème et l'adoption généralisée de cet usage explique la multiplicité des dépôts des pauvres dont ceux de la Société de Saint-Vincent-de-Paul.

Les sommes mises à la dispositions de la Société provenaient en partie du Séminaire, mais surtout des collectes faites auprès des membres et du public. Il nous a été possible de mesurer la générosité des membres d'une manière quantitative à partir des rapports annuels de 1854 jusqu'à 1871 [29], et de mettre en parallèle la nature des services et le nombre de personnes secourues.

Les activités de la société étaient saisonnières quoique beaucoup plus nécessaires l'hiver, cauchemar annuel des pauvres. L'alimentation figurait au premier rang des besoins; nous avons relevé la distribution de 364 991 livres de pain aux indigents, de 1854 à 1871, représentant une moyenne annuelle de 20 277 livres. C'est la conférence Saint-Pierre qui distribua la plus forte quantité de pain, soit 51 939 livres, une moyenne annuelle de 2885 livres représentant une valeur totale de 1487 $, ou une moyenne annuelle de 82 $. Vient ensuite la conférence Saint-Joseph avec un total de 49 813 livres de pain distribuées; suivent la conférence Sainte-Marie avec 44 553 livres, la conférence Notre-Dame avec 39 939 livres, et les autres. Si l'on considère le total des personnes assistées (43 278), on obtient une moyenne de huit livres de pain distribuées par personne secourue. Cette denrée alimentaire était probablement la base de l'alimentation des pauvres, mise à part la soupe distribuée par les conférences.

Le chauffage en hiver fait partie intégrante des conditions minimales de survie au Québec. La majorité des pauvres habitaient de froides maisons de bois, à une époque où les techniques d'isolation étaient rudimentaires. Les poêles, encore rares, étaient souvent loués par les pauvres, du moins dans la première moitié du XIXe siècle. Le bois coûtait cher: la température, l'état des routes, qui compliquait le transport, et la spéculation, contribuaient à en hausser le prix. Sans ressources, ou avec un revenu minime, les pauvres avaient peine à se procurer ce combustible. Aussi, tous les Dépôts des pauvres dont nous avons parlé en faisaient-ils la distribution, y compris ceux de la Société de Saint-Vincent-de-Paul qui remit 7481 cordes de bois aux pauvres, sur une période d'environ 17 ans, soit une moyenne annuelle de 415 cordes, totalisant une valeur de 20 490 $ pour une moyenne annuelle de 1138 $. Afin d'être en mesure d'aider sur ce point le plus de familles possible, le Conseil particulier s'approvisionnait l'été, alors que le bois était meilleur marché, et, par la suite, les conférences pouvaient puiser à ce dépôt sans avoir à subir les fluctuations du marché. Les conférences Saint-Jacques et Sainte-Marie furent les plus grandes distributrices de bois, la première avec un total de 1143 cordes d'une valeur de 2734 $, soit une moyenne de 67 cordes par année et une valeur de 160 $. La conférence Sainte-Marie distribua 1137 cordes de bois qu'elle avait payées un peu plus cher, soit 2891 $, pour une moyenne annuelle de 66 cordes d'une valeur de 170 $. La contribution de la Société de Saint-Vincent-de-Paul, quant à ce produit essentiel, a donc été importante au cours des années 1854-1871.

Pour des raisons d'économie et de prudence, l'assistance sous forme de dons en argent a toujours été restreinte tant à la Société de Saint-Vincent-de-Paul que dans les autres Dépôts des pauvres. Si un chef de famille était trop porté à boire, il était sage que l'assistance ne lui soit pas donnée en espèces. C'est pourquoi des sommes peu importantes apparaissent dans les relevés des dons de la Société, soit 1238 $, pour une moyenne annuelle de 68 $, répartis dans les onze conférences, parmi lesquelles Saint-Antoine et Sainte-Marie furent les plus généreuses.

Le secours en nature exigeait une participation importante des membres de la Société; il aurait été moins onéreux, en termes de temps et d'énergie, de distribuer tout simplement de l'argent comme le fait l'État aujourd'hui. Si l'on avait opté pour cette solution au siècle dernier, seul un petit nombre de personnes auraient pu être assistées. Il faut donc mesurer l'importance de l'assistance fournie par la Société de Saint-Vincent-de-Paul à la générosité des membres qui consacrèrent une large part de leurs loisirs à leurs compatriotes nécessiteux.

Souvent, les enfants s'absentaient de l'école faute de vêtements ou de chaussures convenables; dans certaines familles, les écoliers allaient en classe à tour de rôle. La Société de Saint-Vincent-de-Paul a distribué en dix-sept ans pour une valeur totale rapportée de 703 $ de vêtements, mais cette somme ne représente qu'une partie de l'aide fournie: il est en effet impossible d'évaluer la quantité de vêtements usagés qui ont pu être distribués. Chaque conférence tenait un vestiaire où les pauvres pouvaient s'approvisionner particulièrement en vêtements chauds pour l'hiver. À quel point la Société a-t-elle ainsi contribué à réduire l'absentéisme scolaire et le taux de maladie que peut engendrer une protection inadéquate contre le froid? Il est impossible de le dire, mais c'était certes là un effort au profit de la santé des citoyens pauvres les plus vulnérables. C'est la conférence Saint-Jacques qui accorda la plus grande place dans son budget à la rubrique des vêtements avec un total de 306 $, soit une moyenne annuelle de 17 $. La conférence Saint-Laurent suit de loin avec un total de 148 $ et une moyenne annuelle de 8 $, puis la conférence Saint-Henri pour un total de 134 $, et une moyenne annuelle de 13 $. Les autres conférences n'ont dépensé que des sommes minimes à ce sujet.

La part considérable des secours de nature diverse offerts n'est malheureusement pas détaillée, bien qu'elle totalise 12 419 $, soit une moyenne annuelle de 689 $. La conférence Sainte-Marie est la première avec un total de 3470 $, soit une moyenne de 192 $. On sait que cette conférence est celle qui assista le plus grand nombre de pauvres de 1853 à 1871, soit un total de 8 041 personnes et une moyenne annuelle de 446 individus. Elle comptait aussi le plus grand nombre de membres actifs et de membres honoraires. Parmi les autres conférences qui ont rapporté le plus de ces secours divers offerts en nature, la conférence Saint-Joseph vient en deuxième avec un total de 1960 $, soit une moyenne annuelle de 108 $, tout en se plaçant troisième quant au nombre de personnes assistées (5610, une moyenne annuelle de 311); la conférence Saint-Jacques rapporte une somme totale de 1881 $ et une moyenne annuelle de 104 $. Cette conférence, la plus ancienne, se plaçait pourtant au deuxième rang quant au nombre de personnes assistées, soit un total de 7311, représentant une moyenne annuelle de 406 personnes. Parmi les secours divers en nature offerts par cette même conférence, nous avons pu faire un relevé précis de quantités de viande de bœuf à partir des comptes rendus des assemblées générales. Nous savons, par exemple, qu'au cours du mandat de Hubert Paré, cette conférence a fourni un total de 14 465 livres de boeuf de 1864 à 1871, soit une moyenne annuelle de 1808 livres pour cette période. Compte tenu du coût de la viande et de

Hubert Paré, marchand de la ville, premier président du Conseil particulier de la Société de Saint-Vincent-de-Paul de Montréal en 1848. Il dirigea ensuite la conférence Saint-Jacques jusqu'à sa mort en 1869. (A.S.S.V.P.M.)

son importance au point de vue alimentaire, c'était une contribution exceptionnelle à la santé de la population indigente. La conférence Saint-Antoine a fourni pour sa part 5198 livres de bœuf de 1865 à 1871, soit une moyenne annuelle de 743 livres. Signalons une dernière grande contribution, celle de la conférence Saint-Pierre avec un total de 2505 livres de bœuf, représentant une moyenne annuelle de 358 livres. Ces renseignenents donnent une idée plus précise de l'importance relative des Dépôts des pauvres de la Société. Sans pouvoir en chiffrer les quantités, nous savons que les aliments le plus fréquemment distribués étaient les pois, le maïs et la farine. Il est possible que, sous cette rubrique générale de secours divers, on ait englobé les dépenses occasionnées par l'Œuvre de la soupe puisqu'il n'en est pas autrement fait mention dans les dépenses de la Société. Nous traiterons de cette œuvre particulière dans le prochain chapitre.

Les formes d'assistance offertes par la Société de Saint-Vincent-de-Paul varièrent beaucoup au cours des années. Selon les besoins, on a trouvé des formules adaptées aux situations; par exemple, la société a payé des pensions à des pauvres incapables de subvenir à leurs besoins; elle a également payé des loyers. Ces deux déboursés regroupés totalisent 3039 $, soit une moyenne annuelle de 178 $. Les conférences Saint-Jacques et Saint-Laurent sont celles qui ont le plus souvent accordé cette forme d'aide. La multiplicité des besoins obligea la Société à ajouter d'autres «dépenses diverses» à sa comptabilité, pour un total de 3039 $, soit une moyenne annuelle de 178 $. Qu'est-ce qui entrait sous cette rubrique? Des meubles de première nécessité, des outils, des médicaments, etc. La Société décida d'appuyer financièrement les dispensaires des Sœurs Grises et des Sœurs de la Providence dès leur création en 1863 et cet encouragement tangible fut maintenu au moins jusqu'en 1871. Indirectement, la Société contribuait ainsi à réduire le nombre de pauvres dont l'état d'indigence était causé par la maladie. C'est la conférence Saint-Jacques qui s'est le plus prévalu de ce type de secours, ayant totalisé chez elle une somme de 592 $. Rien d'étonnant à cela puisqu'elle figure au deuxième rang pour le nombre de personnes secourues, soit 430 annuellement.

Ainsi, les Dépôts des pauvres jouèrent-ils un rôle complémentaire et nécessaire aux visites à domicile effectuées par laïcs et religieux. Ils témoignent à leur façon d'une certaine conscience collective relativement à l'indigence.

9

L'Œuvre de la soupe

Un règlement municipal interdisait la mendicité sur les places publiques: un certain nombre de vagabonds étaient incarcérés, d'autres, à l'approche de l'hiver, se rendaient coupables volontairement de délits mineurs afin d'obtenir gîte et couvert... Restaient les autres. Ne valait-il pas mieux les nourrir que d'être importuné par leurs sollicitations «pour l'amour du bon Dieu»?

L'INITIATIVE DES DAMES DE LA CHARITÉ

Ce sont des femmes bénévoles qui prirent l'initiative à Montréal d'organiser à l'intention des pauvres un service qu'on appela l'Œuvre de la soupe. Celle-ci fut bien accueillie. Les personnes charitables de la ville trouvèrent l'idée ingénieuse et n'hésitèrent pas à confier leurs aumônes aux Dames, qui acceptaient aussi des dons en nature [1]. Selon la tradition orale, des cultivateurs des environs auraient prélevé chaque année sur leurs récoltes et sur leurs boucheries de novembre la part des pauvres qu'ils remettaient à des institutions reconnues.

À qui ces Dames voulaient-elles surtout rendre service? Peut-être d'abord à ces familles qui, faute de provisions ou d'économies, devaient se résoudre à quêter leur subsistance à certains moments de l'année? À des errants, des personnes seules qui avaient bien un gîte quelque part, mais rien de plus? À des personnes âgées, physiquement autonomes mais démunies, qui n'étaient pas prioritairement admises à l'Hôtel-Dieu ni à l'Hôpital Général. À des chômeurs saisonniers ou occasionnels, sans doute aussi des familles nouvellement arrivées à Montréal et mal pourvues pour l'hiver, ou mal équipées pour la préparation des aliments.

À l'hiver 1827-1828, la population de Montréal fut informée du démarrage de l'Œuvre de la soupe installée dans une maison fournie gratuitement par Olivier Berthelet, rue Saint-Éloi. Afin d'assurer une distribution équitable du potage, on avait quadrillé la ville en autant de faubourgs qu'il y en avait à desservir. «Les pauvres des faubourgs H et D recevront leur part le même jour; les pauvres des faubourgs B et C, le jour suivant [2]», et ainsi de suite, avait-on décidé. À ce souci d'ordre matériel, les Dames de la Charité joignaient des préoccupations plus spirituelles. Ainsi, à compter du 17 janvier 1828, entre un *Veni Sancte* et un *Sub tuum*, elles se faisaient faire des lectures édifiantes pendant leurs rencontres par des jeunes filles canadiennes ou irlandaises [3].

Pendant trois hivers consécutifs, les Dames de la Charité secoururent une moyenne de six cents pauvres chaque jour [4], soit un peu plus de deux pour cent de la population de Montréal en 1830. *La Minerve* du 29 octobre 1832 nous renseigne sur la composition du potage que les dames préparaient: «La dépense pour cette soupe se montait chaque jour à deux cent livres de bœuf, six pains, deux minots de pois, et deux cents gallons d'eau [5].» Cette recette exécutée journellement servait à nourrir les 600 indigents à raison d'une pinte par personne. Trois fois la semaine, la soupe était accompagnée de viande et de pommes de terre à raison d'une quantité de vingt-cinq minots. Il en coûtait vingt-cinq chelins par jour pour les provisions, le combustible et le salaire des domestiques qui préparaient la soupe. La distribution se poursuivait pendant les cinq mois de l'hiver.

L'Œuvre de la soupe fut suspendue le 15 avril 1830 car on avait observé une baisse de la clientèle. Elle devait être reprise après la fondation de l'Orphelinat catholique et s'appeler «Comité de la soupe», animé indépendamment de l'institution au même titre que l'Association de charité pour l'instruction des filles appartenant à l'école Saint-Jacques. Ce comité prenait la relève l'hiver, lorsque les institutions ne suffisaient pas à nourrir les indigents qui mendiaient leur susbsistance.

Furent particulièrement associés à cette œuvre deux philanthropes, Olivier Berthelet et Paul-Joseph Lacroix, quelques

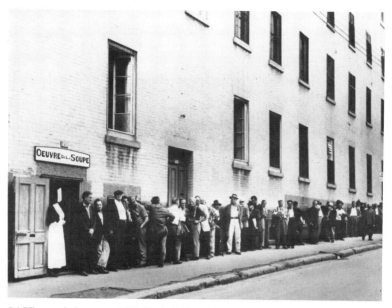

L'Œuvre de la soupe à l'Asile de la Providence, vers 1955. Cette œuvre, qui débuta dans la «maison jaune», se poursuivit jusqu'en 1963 et réapparut en février 1983, à la maison de la Providence, rue Fullum. (A.P.S.P.)

Dames de la Charité et certains protestants désireux d'aider leurs coreligionnaires. En somme, la préoccupation de soulager les miséreux dépassait les barrières linguistiques et religieuses.

CHEZ LES SŒURS DE LA PROVIDENCE

La Maison de la Providence fut au cœur de divers services organisés pour ainsi dire à la pièce et selon les besoins du jour, sans que des statistiques ou des comptes rendus circonstanciés en aient été conservés, à supposer que madame Émilie Gamelin ait fait autre chose que des rapports verbaux aux personnes charitables qui supportaient ses œuvres de leurs aumônes. Nous savons que, à compter de 1836, on y distribuait des aliments selon la formule des Dépôts des pauvres, la «maison jaune» étant un carrefour bien connu des indigents, autant que des membres de l'Association anonyme.

Il semble qu'on peut attribuer à une demande faite par les dames du Comité de la soupe à madame Gamelin de tenir leur service à la Maison jaune, l'origine d'un engagement vu comme occasionnel par le groupe de madame Gamelin.

L'OEuvre de la soupe déménagea comme les autres services en mai 1844 dans les nouveaux locaux de l'Asile de la Providence. Au moment de la fondation officielle de la communauté des Sœurs de la Providence, l'OEuvre de la soupe faisait partie des œuvres de la maison. Le réfectoire de la rue Sainte-Catherine fut de plus en plus fréquenté, confirmant la jeune communauté dans sa décicion de poursuivre cette forme d'aide.

Les archives de la communauté ont conservé un relevé statistique de 1843 à 1871 d'après lequel il y aurait eu 40 418 personnes nourries par les Sœurs, soit une moyenne annuelle de 1393 [6]. Ces statistiques sont générales, en ce sens qu'il s'agit probablement d'une moyenne calculée sur douze mois, car l'œuvre était ouverte toute l'année, même si elle était fréquentée surtout l'hiver. Nous ignorons, cependant, si elle l'était chaque jour de la semaine et pour un, deux ou trois repas. Nous savons que le personnel de l'asile, étant surchargé, devait être surtout soucieux de satisfaire les besoins essentiels des pauvres, plutôt que de comptabiliser leur générosité.

À l'hiver 1843 les faillites se multiplièrent laissant les Montréalais aux prises avec une situation économique difficile. La situation ne s'améliora guère en 1844. *La Minerve* rapporte: «On ne peut se faire une idée de la détresse et de la misère qui règnent partout et surtout dans nos faubourgs. Il faut le dire plusieurs familles sont absolument sans pain et sans feu. D'autres ont brûlé jusqu'à leurs meubles les plus nécessaires: tables, couchettes, chaises, etc. [7]». L'OEuvre de la soupe fut donc maintenue et le réfectoire de l'Asile de la Providence, de plus en plus fréquenté. La jeune communauté ne pouvait que continuer un service qui répondait à un réel besoin.

Pendant la décennie 1843-1853, il y eut progression constante des repas dont le nombre (326) était déjà en 1847 trois fois supérieur à celui de 1843. La situation s'est peu améliorée au cours des années qui ont suivi: la fréquentation toujours croissante de l'OEuvre de la soupe de 1847 à 1851 en témoigne, de même que les 1500 repas servis l'année de l'incendie dévastateur qui ruina des centaines de familles.

L'Asile de la Providence fut une des quatre maisons qui reçurent une part d'une subvention de 1000 $ attribuée par la municipalité aux institutions de charité catholiques au cours des années 1854-1855. On sait que les indigents protestants y étaient accueillis moyennant un laissez-passer de leurs autorités religieuses. Les journaux anglophones réagirent négativement devant cette exclusivité. Malgré leur protestation, le maire de la ville appuyé de son conseil renouvela la subvention en 1855, ayant constaté les bienfaits appréciables de la première subvention. Un article de *La Minerve* du 16 février 1855 expose les raisons de cette initiative:

> Souvent, des parents vicieux ont vendu le pain ou la viande que leur donnait la charité publique, pour acheter des liqueurs spiritueuses, privant, de cette manière, leurs enfants de la nourriture nécessaire. Mais, avec le système des Soupes publiques distribuées à certains établissements de bienfaisance, on n'a rien à craindre de semblable. Cette soupe est d'ailleurs très nourrissante [...] tous les pauvres, sans distinction d'origine ou de croyance, sont servis avec une égale attention [...] des protestants se sont présentés chez les Sœurs de Charité avec des billets de leurs ministres, et ils ont été servis avec une extrême bienveillance par les Sœurs.

Il est probable que la contribution de la municipalité ne couvrit qu'une fraction des coûts réels des services et qu'elle ne fut apportée que sous forme de secours tout à fait exceptionnels, car nous n'en avons trouvé la mention que pour les hivers 1854 et 1855.

Un examen de la courbe des statistiques de fréquentation de la cuisine publique de l'Asile de la Providence montre des temps forts suivis de périodes qu'on pourrait qualifier de plateaux. L'année 1858 émerge à nouveau comme la première d'une période particulièrement aiguë de pauvreté où l'Œuvre de la soupe accueillit 1267 personnes indigentes; elle fut suivie de trois autres années semblables. Une deuxième période du même genre surgit en 1862 et 1863 où on secourut de plus 3000 personnes. À l'accroissement de la clientèle de la soupe des sœurs de l'Asile de la Providence correspond un phénomène identique du côté de la Société Saint-Vincent-de-Paul. Une lettre de R. Bellemare, du Conseil supérieur de Montréal, en date du 25 juillet 1863, explique les raisons de la détresse observée:

> Les mauvaise récoltes qui se sont succédé depuis quelques saisons ont fait perdre courage à un grand nombre de cultivateurs; et mal informés sur les faux avantages de leur

résidence dans les villes, ils ont abandonné les champs pour venir s'établir dans nos faubourgs soit comme manœuvres, soit comme charretiers. Pas n'est besoin de dire qu'un surcroît de population ajoute toujours beaucoup plus à la somme de misère qu'à la prospérité d'une ville. J'ai dit, à l'assemblée générale que je vous fais une réponse dans ce sens, et l'assemblée a paru concourir dans ma pensée. Il a même été dit pour la corroborer, qu'une seule paroisse de ce district nous avait envoyé dans cette façon l'année dernière jusqu'à quarante familles [...] c'est la cause la plus apparente de l'augmentation des misères que nous avons dû soulager dans notre ville, l'année dernière [8].

La clientèle de la soupe atteignit un record en 1865 et 1866 avec 4800 personnes reçues à la seule table de l'Asile de la Providence. Après ce sommet, le taux de fréquentation de l'œuvre fléchit considérablement et se stabilisa autour de 2300 personnes pour une période de trois ans. Enfin, on note une autre baisse en 1870 et 1871, années où l'on accueillit 1247 personnes.

Mises à part ces statistiques, on doit évoquer la tâche énorme que représentait la préparation des légumes et de la viande. Que de corvées n'a-t-on pas dû organiser chez les pensionnaires, les amis, les bénévoles? Mais les Sœurs de la Providence n'étaient pas les seules à se charger des corvées de cuisine...

CHEZ LES SŒURS GRISES

Les Sœurs Grises se laissèrent aussi toucher par la détresse des gens qui venaient frapper à leur porte. Sans avoir été mandatées par le Séminaire, elles estimèrent dès 1842 que le meilleur moyen de venir en aide à ces gens était de leur offrir une nourriture substantielle. Cette forme d'assistance ne prêtait à aucun abus, tandis que des vivres donnés sans contrôle pouvaient être détournés de leurs fins par un père ivrogne, par exemple. Un ancien registre de la congrégation relate le début de cette œuvre comme suit: «En 1842, la misère a été très grande parmi les pauvres de notre quartier; les Sœurs comptant sur le secours de la Divine Providence ont ouvert leur cuisine journellement pendant cet hiver à une centaine de familles. Depuis plusieurs années, les sœurs ont donné annuellement le couvert, année

Des Sœurs Grises font le service à la table des hommes. (Musée McCord, Archives photographiques Notman)

moyenne à mille personnes étrangères, et quatre mille repas, année moyenne[9].»

Aucun document d'archives ne fait mention de la chose entre 1842 et 1847. Cette forme d'hospitalité faisait-elle partie du quotidien à l'Hôpital Général au point où elle n'attirait pas l'attention de la responsable de la chronique de la maison? Faut-il croire que le Bureau de charité organisé par les Sulpiciens était à ce point efficace? L'Œuvre de la soupe chez les Sœurs de la Providence avait-elle attiré les clients éventuels de l'Hôpital Général? Autant de questions qui pour nous sont restées sans réponse.

La visite des pauvres à domicile acceptée par les Sœurs Grises depuis l'automne 1846 leur révéla la misère profonde qui était le lot de la population irlandaise, notamment en 1847. Les visitatrices étaient tenues par le règlement d'informer Mère McMullen de ce qu'elles observaient dans les familles indigentes. Après consultation avec la supérieure gagnée à la cause des miséreux, il fut décidé que sœur Brault, visitatrice des pauvres canadiens, accompagnée d'une Dame de la Charité, madame Châlut, parcourrait la ville afin de recueillir les aumônes de la population charitable en vue de faire de la soupe pour les indigents. Cette première collecte permit à la maison de mettre l'œuvre sur pied. «D'après le témoignage des dépensières, quatre-vingt-deux gallons de soupe suffisaient à peine pour la distribution de chaque jour. Le service se faisait régulièrement. Rien de plus touchant comme d'y voir accourir aux heures marquées, nombre de femmes et de jeunes enfants munis de leur petite chaudière [10].»

La préparation d'une aussi grande quantité de soupe exigeait des heures de travail. Pour épargner de la fatigue aux cuisinières qui nourrissaient déjà quelques centaines de personnes et ne disposaient que d'ustensiles rudimentaires, la communauté entière était mise à contribution: les sœurs décortiquaient les pois tout en se récréant, chaque soir, et ce fut ainsi tant et aussi longtemps que la distribution de soupe fut maintenue.

On meubla d'une longue table la pièce attenante au dépôt des pauvres qui servait de salle d'attente. Un certain nombre de pauvres s'y installaient pour prendre leur repas. Selon l'état de la caisse réservée à la soupe, les sœurs y ajoutaient plus ou moins de viande, ce qui en faisait un plat nourrissant et économique. Le plan du premier étage de l'Hôpital Général tracé par sœur Saint-Jean-de-la-Croix (Anne Falardeau) indique deux immenses «chaudrons à soupe» suspendus dans un âtre imposant. Une sœur était chargée d'entretenir le feu et de tourner le mélange pendant qu'il mijotait. Un peu avant le repas, les indigents se rendaient à l'Hôpital Général; en rangs serrés, ils attendaient leur tour, les uns les mains vides, les autres tenant un seau qu'ils faisaient remplir afin de nourrir leur famille.

L'Hôpital Général étant situé dans l'ouest de la ville, les Irlandais pauvres étaient nombreux à profiter de ce service. Des enfants avaient souvent la responsabilité d'aller chercher la soupe à l'Hôpital Général. Les sœurs ne furent pas sans remarquer l'un deux, B. Tansay, pour son «air ouvert, intelligent et plein de réserve tout à la fois». Trente ans après l'épidémie de 1847, devenu un citoyen bien établi de la ville, il rencontra sœur

Martine Reid: «Me reconnaissez-vous? lui dit-il, tout heureux de lui donner la main. — Mais non, fit sœur Reid, étonnée. — Je suis l'un de vos protégés de 1847. Chaque jour, j'allais alors chez vos sœurs chercher la soupe, une petite chaudière au bras, en culotte de toile trouée aux genoux. Quelle misère alors, et que vous étiez bonne pour nous! ... En vous revoyant, il me semble revoir ma mère [11].» Reconnaissant envers les sœurs qui avaient aidé sa famille aux heures de détresse, il fut lui-même soucieux d'aider les siens. L'Orphelinat Saint-Patrice bénéficia tout spécialement de sa générosité.

À l'hiver 1847, les Sœurs Grises servirent 1600 pauvres à l'Œuvre de la soupe sans que la communauté ne s'appauvrisse par cette distribution généreuse. L'hiver suivant ramena son cortège de miséreux, obligeant les sœurs à recourir de nouveau à l'Œuvre de la soupe: on rapporte qu'entre le 3 février 1848 et le 16 du même mois, 1600 personnes se présentèrent et qu'on prépara, servit ou distribua en moyenne 72 seaux de soupe chaque jour [12]. D'année en année, la demande pour ce genre de service se maintenait. Les centaines d'Irlandais qui débarquaient au printemps sur les rives du fleuve étaient toujours aussi démunis, surtout lorsque l'hiver arrivait. Il semble qu'il y ait eu à certains moments des tensions entre pauvres canadiens et irlandais et même chez le personnel religieux de l'Hôpital Général: les francophones se plaignaient de la présence envahissante des Irlandais. Sœur Reid, préoccupée de soulager ces derniers, rapporta le fait suivant à Mgr Bourget dans une lettre du 9 novembre 1849: «On a retranché jusqu'aux restes de la cuisine aux pauvres Irlandais, on leur en donnait que lorsque les Canadiens étaient tous servis, s'il en restait, ils avaient une chance [d'en avoir]. Voilà la charité de quelques-unes de nos Sœurs pour les pauvres malheureux, le seul mot d'Irlandais suffit, il y en a toujours trop pour eux [13].» Cette sorte de discrimination à l'endroit des Irlandais suscita probablement une mise au point de la part de Mgr Bourget à la supérieure générale, Mère Coutlée. La vigilance des sœurs McMullen, devenue son assistante, et Forbes, la maîtresse des novices, contribua sans doute à un changement d'attitude.

Après trois années de fonctionnement intense et bien établi, les archives restent silencieuses sur ce service de 1850 à 1855, ce qui ne signifie pas nécessairement que l'Œuvre de la soupe ait été interrompue. Nous savons, par exemple, que les Sœurs

Grises sont intervenues afin d'aider les sinistrés de 1852: «Notre Mère Supérieure envoya une grande quantité de pain aux pauvres incendiés, dont la plupart n'avait rien pris de la journée. Le lendemain matin elle partit accompagnée d'une des Sœurs pour aller visiter ces pauvres infortunés et voir ce qu'elle pourrait faire pour les soulager [...] elle ordonna sur-le-champ qu'on fit une aussi grande quantité de soupe que possible qu'elle continuât à leur faire distribuer pendant plusieurs jours [14].»

Quelques années plus tard, elles distribuèrent leur part de la subvention municipale à la population de Montréal très affectée par l'augmentation sensible des prix des denrées alimentaires et du bois [15].

Les «Actes capitulaires de l'Institut des Soeurs de la Charité» révèlent que l'Œuvre de la soupe a fait partie de la vie quotidienne de l'Hôpital Général de 1855 à 1870. Il n'est pas précisé si les pauvres mangeaient ou non sur place. D'anciens documents mentionnent des indigents qui prenaient les trois repas à l'Hôpital Général aux frais de la communauté. S'agissait-il d'hommes seuls qui vivaient dans des garnis? De personnes dépourvues de tout moyen de subsistance? Il est possible qu'ils aient été des itinérants connus pour leur propension à abuser de l'alcool; l'aumône sous forme de repas ne risquait donc pas d'être détournée de sa fin.

Pendant les treize années écoulées de 1850 à 1863, les Irlandais furent treize fois et demie plus nombreux que les Canadiens à fréquenter l'Œuvre de la soupe chez les Sœurs Grises (en moyenne 1403 contre 112) [16], d'où sans doute certaines attitudes négatives à leur égard. Le décalage entre le nombre des Irlandais et des Canadiens s'atténua sensiblement entre 1863 et 1868, les premiers n'étant plus que deux fois plus nombreux que les Canadiens. Un total de 33 501 personnes reçurent le secours du potage de 1850 à 1871, soit une moyenne de 1522 personnes accueillies annuellement.

L'habitude de servir de la soupe aux indigents se poursuivit dans d'autres établissements des Sœurs Grises. Pauvres en revenus, l'Hospice Saint-Joseph et l'Asile du même nom situé sur un terrain adjacent, se contentèrent de fournir de la main-d'œuvre et des locaux. Les membres des conférences Saint-Antoine et Saint-Joseph de la Société de Saint-Vincent-de-Paul se chargeaient de fournir des fonds nécessaires à la distribution du potage. On y servait des repas non seulement aux adultes indigents, mais aussi aux enfants qui fréquentaient la Salle d'asile. Le président de la conférence Saint-Laurent de la Société de Saint-Vincent-de-Paul, Albert Lupien, demanda et obtint la collaboration des Sœurs Grises pour distribuer de la soupe à l'Asile Nazareth; cette coopération débuta en 1866 et se poursuivait encore en 1871 [17].

Bien que la mission Saint-Henri ait été renommée pour son extrême pauvreté, les indigents du quartier y trouvèrent un refuge où l'on pouvait s'alimenter en cas de détresse. On a relevé un total de 5320 repas servis aux pauvres à partir de sa fondation en 1861 jusqu'en 1863, et un total de 5475 repas offerts au cours des cinq années suivantes [18]. Il n'existe pas d'indications attestant que la conférence Saint-Henri ait soutenu cette œuvre, toutefois l'hypothèse n'est pas exclue.

Le refuge Sainte-Brigitte, issu de la maison Saint-Patrice, fut reconnu pour les services offerts aux servantes sans situation, aux personnes âgées des deux sexes et aux itinérants accueillis pour la nuit. En 1869, on rapportait qu'une moyenne de 13 400 repas y avaient été servis aux pauvres chaque année depuis 1865 [19]. Du premier octobre 1868 au premier octobre 1872, 8657 repas furent servis gratuitement à des indigents, majoritairement d'origine irlandaise [20].

À LA SOCIÉTÉ DE SAINT-VINCENT-DE-PAUL

À la Société de Saint-Vincent-de-Paul, il semble que la formule des Dépôts des pauvres adoptée dès les débuts fut assez rapidement perçue comme étant non seulement onéreuse, mais aussi inadaptée aux besoins des indigents. Pour diverses raisons, la distribution de denrées alimentaires, en particulier, n'était pas dans tous les cas la meilleure forme d'aide. Les poêles n'existaient pas dans toutes les maisons; on manquait souvent d'équipement pour cuisiner, peut-être aussi d'aptitudes; puis, la maladie pouvait tout compromettre. Il apparut qu'une bonne façon de venir en aide à la plupart des indigents était de leur servir une soupe nourrissante bien chaude [21].

Selon les calculs faits par la Société, ce procédé était avantageux du point de vue financier, en ce sens qu'on arrivait ainsi à répondre aux besoins alimentaires d'un plus grand nombre d'indigents sans augmenter beaucoup les coûts. Les rapports annuels des conférences ne font pas état de services de ce genre qu'elles auraient organisés et dirigés, toutefois nous avons retrouvé des indications qu'elles y ont été mêlées de près, à intervalles réguliers pour certaines conférences et irréguliers pour d'autres. Nous tâcherons de situer ces faits dans leur contexte, en autant que les documents nous le permettent.

Une première indication de l'existence d'une œuvre de la soupe relevant de la Société de Saint-Vincent-de-Paul remonte à 1855. On peut voir aisément un lien direct entre l'augmentation du nombre des pauvres et l'organisation de cette forme d'aide. Le rapport global de la Société pour l'année dénombre un total de 3295 personnes assistées, ce qui constitue un record! En janvier 1855, le nombre des indigents inquiéta la municipalité autant que la Société de Saint-Vincent-de-Paul, apparemment dépassée par les événements. On trouve dans le procès-verbal de l'assemblée du Conseil particulier du 15 janvier la résolution suivante:

> Qu'une circulaire soit adressée aux Ministres des différentes congrégations, les informant que des dépôts pour la distribution de la soupe ont été établis aux endroits mentionnés dans cette lettre; que toutes personnes pauvres, sans distinction d'origine ou de secte, munies d'un certificat d'aucun ministre de la religion dans cette cité, seront fournies de soupe, en faisant application aux dépôts, et qu'avis public en soit aussi donné dans les journaux anglais [22].

Voilà qui nous renseigne sur les formalités requises pour être admis à la soupe, de même que sur la collaboration qui existait entre les différentes Église établies à Montréal. Le fait que la Société de Saint-Vincent-de-Paul ait probablement été en quelque sorte à la tête du service indique sans doute que la majorité des pauvres se recrutaient dans son entourage.

À l'hiver 1853-1854, les conférences Sainte-Marie et Saint-Pierre firent l'acquisition d'une maison située rue de la Visitation (dans le faubourg Québec) afin d'y loger plusieurs familles pauvres. En 1855, l'indigence prit de telles proportions que le supérieur des pères Oblats et les responsables de ces deux conférences demandèrent aux Sœurs de la Providence d'administrer l'établissement et d'y distribuer les aumônes. C'est ainsi qu'on y établit un Dépôt des pauvres et une Œuvre de la soupe. Il est difficile toutefois de faire le partage entre ces deux œuvres. L'établissement prit le nom d'Asile Saint-Vincent-de-Paul. En

La *Charité chrétienne*, gravure française du siècle dernier, résumant les opérations liées à l'Œuvre de la soupe. En France également on avait mis sur pied ce soutien vital des pauvres.

plus de voir à la distribution des aumônes des deux conférences, les sœurs s'occupèrent d'enfants renvoyés des écoles, qui, sans les soins des religieuses, se seraient livrés au vagabondage. Leur entretien était assuré par les conférences Sainte-Marie et Saint-Pierre. À partir de 1860, les sœurs ouvrirent dans le même établissement une salle d'asile accueillant les enfants des deux sexes, de deux à sept ans; plus tard, elles ajoutèrent un jardin d'enfants destiné aux enfants de sept ans jusqu'à l'âge de la première communion. La Société de Saint-Vincent-de-Paul venait en aide aux enfants, selon les besoins, fournissant quotidiennement, outre les vêtements, un repas et une collation.

Les premiers bénéficiaires de l'Œuvre de la soupe à l'Asile de Saint-Vincent-de-Paul étaient donc des enfants protégés par la maison. De plus, des pauvres étaient nourris à l'établissement même, où ils étaient servis dans le grand réfectoire. Des familles venaient chercher la quantité de soupe proportionnée au nombre de personnes qu'elles devaient nourrir. Il est possible que des membres des conférences Sainte-Marie et Saint-Pierre aient porté eux-mêmes, après leurs journées de travail, la soupe à des malades ou à des gens incapables de se déplacer. L'expérience de l'hiver 1855, humanitairement satisfaisante pour la Société, ne fut pas une réussite financière, puisqu'elle accuse un déficit d'environ 720 $. Le Conseil particulier combla en grande partie ce déficit à même le produit de la quête de la neuvaine à saint François-Xavier.

Il est difficile de suivre l'évolution de l'Œuvre de la soupe à l'Asile Saint-Vincent-de-Paul. Nous n'en avons trouvé aucune trace pour ce qui est des années 1856 et 1857 où le nombre d'assistés par les deux conférences Saint-Pierre et Sainte-Marie a diminué. Il est possible qu'on se soit limité à la distribution de biens en nature selon la formule des dépôts des pauvres. Par contre, nous connaissons les sommes confiées aux Sœurs de la Providence de l'Asile Saint-Vincent-de-Paul par ces deux conférences de 1858 à 1862, sans toutefois pouvoir affirmer que l'Œuvre de la soupe y ait été maintenue sans interruption: les indications précises ne concernent que les années 1855-1856, 1858 à 1862 et 1868 à 1871. Cette pénurie d'informations vient en partie du fait que des livres de comptes sont disparus lors de l'incendie partiel de l'Asile en 1867 [23]. Une autre raison pour laquelle nous ne pouvons connaître avec certitude l'importance de l'Œuvre de la soupe tient au principe même qui a inspiré la mise sur pied de ce mode de distribution des denrées alimentaires: on voulait protéger les femmes et les enfants des chefs de familles ivrognes qui auraient pu employer les secours en nature pour des fins autres que celles d'aider leur famille.

Compte tenu de ces restrictions, il est quand même possible d'avoir une idée de l'envergure du travail accompli par les membres de ces conférences et de l'ampleur de l'aide distribuée soit au Dépôt des pauvres, soit par l'Œuvre de la soupe[24]. Ainsi, la clientèle de la conférence Sainte-Marie était plus étendue que celle de la conférence Saint-Pierre. De 1854 à 1871, la première ayant assisté un total de 8041 personnes, soit une moyenne annuelle de 473, comparativement à la dernière dont le total des personnes assistées s'éleva à 5368, représentant une moyenne de 316 personnes secourues annuellement. L'ensemble des services offerts tant au Dépôt des pauvres qu'à l'Œuvre de la soupe compta pour les deux conférences 13 409 bénéficiaires, soit 7899 personnes par conférence provenant de 2693 familles, pour une moyenne annuelle de 165 personnes secourues.

Rappelons que la clientèle de la Société de Saint-Vincent-de-Paul se manifestait principalement l'hiver. La visite des pauvres à domicile permettait de vérifier régulièrement l'état d'indigence des familles et d'aviser en conséquence les responsables des dépôts ou de l'Œuvre de la soupe. On peut donc parler d'un service de dépannage; le procédé empêchait les indigents de devenir des dépendants chroniques. La vigilance des visiteurs permettait de répondre au plus grand nombre de personnes possible même avec des ressources limitées.

L'expérience de ces deux conférences, pionnières pour ainsi dire quant à la distribution de soupe, fut reprise par d'autres conférences dont celles de Saint-Antoine et Saint-Joseph qui accueillirent, au total, 5049 bénéficiaires, soit une moyenne annuelle de 420, représentant 1239 familles, dont 103 secourues en moyenne chaque année[25]. L'Œuvre de la soupe durait environ trois mois, de janvier à mars inclusivement. Les usagers la fréquentaient quotidiennement, probablement à raison d'un repas substantiel par jour.

Notons en passant que ce service fut établi dans des institutions déjà existantes et faisait appel aux deux communautés religieuses de femmes vouées aux soins des indigents. L'Asile Saint-Vincent-de-Paul et l'Hospice Saint-Joseph étaient des institutions nouvellement ouvertes. Il est probable que l'Œuvre de la soupe, tout en apportant un surcroît de travail, avait l'avantage de nourrir, en partie au moins, les protégés de ces institutions. Par ailleurs, il est certain que les faibles ressources des conférences n'étaient pas suffisantes pour payer un «salaire» au personnel; les conférences bénéficiaient ainsi d'une main-d'œuvre bénévole et n'avaient pas à louer ou à acheter un local. En somme, cette forme de collaboration profitait aux deux partenaires et surtout aux indigents. Le procédé prévenait aussi certaines pertes qui étaient parfois reliées à la distribution de biens en nature. En somme, l'Œuvre de la soupe des conférences Saint-Antoine et Saint-Joseph correspondait à un besoin réel.

À Montréal, et avant 1871, le potage des pauvres offert par ces deux conférences alimenta au moins 5049 personnes pendant huit hivers consécutifs, soit une moyenne de 420 annuellement.

Les conférences Saint-Antoine et Saint-Joseph semblent avoir été, au cours des années 1860, celles qui ont détenu le leadership de l'Œuvre de la soupe; ce sont elles en tout cas qui ont fait état le plus régulièrement de ce service lors des assemblées du Conseil particulier. Faute de disposer des registres des autres conférences, nous ne pouvons leur rendre justice. Nous savons, à partir d'autres sources, que les conférences Saint-Laurent et Saint-Michel ont distribué de la soupe du mois de décembre au mois d'avril, durant les années 1866 à 1871. Cette distribution se faisait à partir de l'Asile Nazareth dont la chronique du 4 janvier 1866 rapporte le fait suivant: «Nous avons commencé à faire la soupe pour les pauvres du quartier à la demande des Messieurs de Saint-Vincent-de-Paul, Albert Lupien, président, etc. Nous leur avons prêté une place pour y déposer le bois que ces Messieurs donnent aux pauvres[26].»

L'Asile Nazareth, dirigé par les Sœurs Grises, remontait seulement à la fin de l'année 1861. C'était avant tout une salle ouverte aux enfants dont les mères travaillaient à l'extérieur. Parmi ces enfants, il s'en trouvait que la maison devait nourrir et habiller. L'Asile Nazareth fut aussi le berceau de l'œuvre d'éducation pour les aveugles. Certains d'entre eux vivaient dans la maison; plusieurs, plus ou moins abandonnés de leur famille, étaient pris complètement en charge par la communauté. La contribution de la conférence Saint-Laurent aidait à leur entretien.

À l'Asile Nazareth, la soupe a d'abord été servie ou distribuée à raison de trois jours par semaine. On rapporte que 48 familles composées de 257 personnes se sont présentées pour bénéficier de ce service[27]. Le nombre d'usagers est resté sensiblement le même de 1866 à 1871, mais à compter de 1867 la distribution fut quotidienne.

Enfin, signalons que la conférence Saint-Jean-Baptiste a offert un service du genre en 1868 et en 1871. Nous ne possédons cependant aucune indication sur le point de distribution ni sur le nombre de personnes secourues. Cette conférence, par ailleurs, se classe dernière quant au nombre de personnes assistées à tous les points de vue pendant cette période.

Aux misères amenées par la révolution industrielle de la Grande-Bretagne, le Canada français a apporté une réponse sociale originale, s'inspirant des modèles français et anglais. L'Hôpital Général des Sœurs Grises était, en effet, une réplique des institutions fondées à la demande de saint Vincent de Paul. Ce dernier est d'ailleurs à l'origine des Filles de la Charité dont les Sœurs de la Providence sont une adaptation canadienne. Les Sociétés de Saint-Vincent-de-Paul canadiennes sont des filiales des sociétés françaises du même nom. Les Sulpiciens, seigneurs de Montréal et grands combattants de la pauvreté, étaient pour la plupart d'origine française et la réforme du service des pauvres, suscitée par Mgr Bourget, trouva son inspiration dans les modèles français d'assistance. Contrairement à ce qu'on a pu laisser croire, la Conquête n'a pas mis un terme aux contacts de la population canadienne avec la France, entre 1760 et 1855.

L'influence anglaise, elle, s'est manifestée par la présence de la Maison d'industrie, calque canadien des Work Houses de l'époque élizabéthaine. Cette institution d'inspiration protestante visait à réformer et à punir les indigents dont la condition était le reflet d'un rejet de Dieu; acceptée par la clientèle anglophone, elle fut boudée par la clientèle francophone dont elle contredisait la philosophie religieuse. Elle ne joua pleinement son rôle qu'au moment de sa transformation alors que le Refuge Sainte-Brigitte fut dépouillé d'intentions punitives.

En somme, malgré les influences dont il a profité, le Canada français s'est adapté de façon originale aux bouleversements sociaux survenus au 19ᵉ siècle. Pour freiner l'émigration, il a déployé des ressources humaines et matérielles dont l'organisation est à l'origine des principales institutions d'assistance qui dépannèrent la population québécoise pendant plus d'un siècle. Ces institutions, qui comptèrent avec le temps d'énormes effectifs, ont jeté les bases d'une structure d'assistance privée que l'État a progressivement remplacé, surtout depuis les années 1960. À l'heure où on s'interroge sur la capacité de l'État d'assumer à lui seul les principaux services d'aide aux démunis, qui sait si certaines initiatives bénévoles du siècle passé ne pourraient inspirer la réflexion?

Bibliographie

A. SOURCES MANUSCRITES

A.C.A.M.   Archives de la Chancellerie de l'Archevêché de Montréal

A.C.G.I.   Archives du Conseil général international de la
S.S.V.P.   Société de Saint-Vincent-de-Paul

A.F.C.   Archives des Frères de la Charité

A.F.L.G.   Archives de la Fondation Lionel-Groulx

A.M.V.M.   Archives municipales de la Ville de Montréal

A.N.Q.M.   Archives nationales du Québec à Montréal

A.P.C.   Archives publiques du Canada

A.P.N.D.   Archives de la paroisse Notre-Dame

A.P.S.P.   Archives Providence des Sœurs de la Providence

A.P.S.P.   Archives de la paroisse Saint-Patrick

A.R.H.S.J.   Archives des Religieuses Hospitalières de Saint-Joseph.

A.S.G.M.   Archives des Sœurs Grises de Montréal

A.S.S.S.M.   Archives du Séminaire Saint-Sulpice de Montréal

A.S.S.S.P.   Archives du Séminaire Saint-Sulpice de Paris

A.U.M.   Archives de l'Université de Montréal

B. SOURCES IMPRIMÉES

1. Journaux et périodiques

L'Aurore des Canadas (1840)
Le Bazar (1886)
Mélanges religieux (1841-1848)
La Minerve (1834-1872)
The Montreal Gazette (1843)
The Montreal Transcript (1837)
Le Nouveau Monde (1872)
La Semaine religieuse (1894)

2. Publications gouvernementales

Appendice des Journaux de l'Assemblée législative de la Province du Canada, 1844-1859.

Documents du Parlement de la Province du Canada, 1861-1867.

Documents de la Puissance du Canada, 1867-1868.

Documents de la Législature de Québec, 1869.

Édits, ordonnances royaux, déclarations et arrêts du Conseil d'État du Roi concernant le Canada, revus et corrigés d'après les pièces originales déposées aux Archives provinciales, 1803-1806.

Estimate of Certain Expenses of the Civil Government of the Province of Canada for the year 1855 for which a supply is required.

État des Comptes publics de la Province de Québec, 1870 et 1871.

Journals of the Special Council of the Province of Lower Canada, 1839.

Journaux de la Chambre d'assemblée du Bas-Canada, 1835-1836.

Journaux de l'Assemblée législative de la Province du Canada, 1843.

Ordonnances faites et passées par l'Administrateur du Gouvernement et le Conseil spécial pour les affaires de la Province du Bas-Canada, 1838.

Ordonnances faites et passées par Son Excellence le Gouverneur Général et le Conseil Spécial pour les Affaires de la Province du Bas-Canada, 1840.

Public accounts for the Province of Canada, 1848, 1857 et 1862.

Statuts de la Province du Canada, 1852-1861.

Statuts de la Province du Bas-Canada, 1834, 1836, 1854-1855.

Statuts provinciaux du Bas-Canada, 1801 et 1812, 1831 à 1836.

Statuts provinciaux du Canada, 1843-1850.

3. Livres et articles

ALLAIRE, abbé J.-B., *Dictionnaire du clergé canadien-français*, 6 vol., 1910-1934.

AMES, Herbert Brown, *The City below the Hill*, Toronto, University of Toronto Press, 1972.

ATHERTON, William Henry, *Montreal (1535-1914)*, Montréal, Clarke Publishing, 1914.

AUCLAIR, abbé Élie-Joseph, *Histoire des Sœurs de la Miséricorde de Montréal: les premiers soixante-quinze ans, 1848-1923*, Montréal, Imprimerie des Sourds-Muets, 1928.

— *Vie de Mère Caron*, Montréal, Sœurs de la Charité de la Providence, 1908.

— «Le commandeur Antoine Olivier Berthelet», *La Voix nationale*, mars 1934, p. 10-11.

— «Monseigneur Ignace Bourget, l'homme et l'évêque», *Rapport de la Société canadienne d'histoire de l'Église catholique, 1941-1942*, p. 39-42.

BAILLARGEON, G.-E., *La survivance du régime seigneurial à Montréal*, Montréal, Le cercle du livre de France, 1968.

BEATTIE, Judith, Alain CELAVET, Guy TESSIER et T. Wright GLEEN (dir.), *Annuaire des dépôts d'archives canadiens*, [s.l.] Bureau canadien des archivistes, 1980.

BEAUDIN, François, «Inventaire général des dossiers des archives de la Chancellerie de l'archevêché de Montréal, 1600-1896», *Revue d'histoire de l'Amérique française*, mars 1966, p. 652-664; juin 1966, p. 146-166; septembre 1966, p. 322-341; mars 1967, p. 669-700; juin 1970, p. 111-142.

BERTRAND, Camille, *Histoire de Montréal 1535-1860*, Montréal, Beauchemin, 1935.

BLANCHARD, Raoul, *L'Ouest du Canada français, Montréal et sa région*, Montréal, Beauchemin, 2 vols., 1953-1954.

BOITEUX, Lucas Alexandre, *Richelieu, Grand maître de la naviga-tion et du commerce de France*, Paris, Ozanne, 1955.

BOSWORTH, Newton, *Hochelaga Depicta: The Early History and the Present State of the City and the Island of Montreal*, Montréal, William Creig, 1839.

BOURGET, Mgr Ignace, *Fioretti vescovili, ou Extraits des mande-ments, lettres pastorales et circulaires de monseigneur Ignace Bour-get, second évêque de Montréal, offerts à Sa Grandeur pour célébrer les noces d'or de sa prêtrise, par trois anciens camarades du régiment des Zouaves pontificaux*, Montréal, Le Franc Parleur, 1872.

CARPENTIER, Philip P., «On Some of the Causes of the Exces-sive Mortality of Young Children in the City of Montreal», *The Canadian Naturalist and Quarterly Journal of Science*, New Series, vol. 4, 1869, p. 188-206.

CHAUSSÉ, Gilles, s.j., *J.-J. Lartigue, premier évêque de Montréal*, Montréal, Fides, 1980.

COLETTE, Suzanne, s.g.m., *L'œuvre des enfants trouvés, 1754-1946*, mémoire de maîtrise, École de service social, Université de Montréal, mars 1948.

COOPER, J. Irwin, *Montreal, the Story of Three Hundred Years*, Montréal, Lamirande, 1933.

COPP, Terry, *Anatomy of Poverty, the Condition of the Working Class in Montreal, 1896-1929*, Toronto, McClelland and Stewart, 1974.

CREIGHTON, Donald, *The Empire of the Saint Lawrence*, Toronto, MacMillan, 1956.

CURRAN, Hon. John Joseph, j.s.c., *Golden Jubilee of Saint Patricks Orphan Asylum*, Montréal, Catholic Institute of Deaf Mutes, 1902.

— *Golden Jubilee of the Rev. Fathers Dowd and Toupin with Historical Sketch of the Irish Community of Montreal*, Montréal, John Lovell & Son, 1887.

DAVELUY, Marie-Claire, *L'Orphelinat catholique de Montréal, (1832-1932)*, Montréal, Le Devoir, 1919 (rééd. Montréal, Albert Lévesque, 1933).

DECHÊNE, Louise, «Inventaire des documents relatifs à l'his-toire du Canada conservés dans les archives de la Compagnie de Saint-Sulpice à Paris», *Rapport des archives du Québec*, t. 47, 1869, p. 147-288.

DESROSIERS, abbé Louis-Adélard, «Inventaire de la correspondance de Mgr Lartigue, 1819-1840», *Rapport de l'archiviste de la province de Québec*, 1941-1946.

Deux retraites ou souvenirs des retraites de 1863 à 1876, Montréal, Asile de la Providence, 1876.

Dictionnaire biographique du Canada, Québec, University of Toronto Press/Les Presses de l'Université Laval, 1966-1985.

Le diocèse de Montréal à la fin du XIXe siècle, Montréal, Eusèbe Sénécal, 1900.

DROUIN, Clémentine, s.g.m., *L'Hôpital Général des Sœurs de la Charité (Sœurs Grises), 1821 à 1853*, t. II et III, Montréal, Maison Mère, 1933 et 1943.

DU CAMP, Maxime, *La charité privée à Paris*, Paris, Hachette, 1885.

— *Paris, ses organes, ses fonctions et sa vie, dans la seconde moitié du XIXe siècle*, t. IV, Paris, Hachette, 1873.

DUMONT-JOHNSON, Micheline, «Les salles d'asile des Sœurs Grises, 1858-1928», communication présentée au congrès annuel de l'Institut d'histoire de l'Amérique française, Ottawa, 20 octobre 1979.

EASTERBROOKE, W.T. and M.H. WATKINS (ed.), *Approaches to Canadian Economic History*, The Carleton Library Series, n° 31, Toronto, McClelland and Stewart, 1967.

L'état général des archives publiques et privées du Québec, Québec, ministère des Affaires culturelles, 1968.

FAILLON, Étienne-Michel, p.s.s., *Vie de madame d'Youville, fondatrice des Sœurs de la Charité de Villemarie dans l'île de Montréal en Canada*, Villemarie, Sœurs de la Charité de l'Hôpital Général, 1852.

FAUCHER, Albert, *Québec en Amérique au XIXe siècle*, Montréal, Fides, 1973.

FAUTEUX, Albina, s.g.m., *L'Hôpital Général des Sœurs de la Charité (Sœurs Grises) depuis sa fondation jusqu'à nos jours*, t. I, Montréal, Sœurs Grises de Montréal, 1916.

FEUILLET, Alphonse, *La misère au temps de la Fronde et saint Vincent de Paul*, Paris, Didier, 1865.

FINGARD, Judith, «The Winter's Tale: the Seasonal Contours of Pre-Industrial Poverty in British North America, 1815-1860», CHA/SHE, *Historical Papers/Communications historiques 1974*, p. 65-94.

Les fonds d'emprunt municipal et les hôpitaux et institutions de charité de la Province du Canada, Québec, (s.é.), 1864.

GAUTHIER, Henri, p.s.s., *Sulpitiana*, Montréal, Bureau des Oeuvres paroissiales Saint-Jacques, 1926.

GERMANO, J., «Histoire de la charité à Montréal», *Revue canadienne*, 32 (1896), p. 423-438.

HAMELIN, Jean et Nicole GAGNON, *Histoire du catholicisme québécois*, dirigée par Nive Voisine, vol. 3, t. I, *Le XXᵉ siècle. 1898-1940*; t. II, *1940 à nos jours*, Montréal, Boréal Express, 1984.

HAMELIN, Jean et Yves ROBY, *Histoire économique du Québec, 1851-1896*, Montréal, Fides, 1971.

HARDY, René, *Aperçu du rôle social et religieux du curé de Notre-Dame de Québec 1840-1860*, mémoire de maîtrise, Université Laval, Québec.

HARVEY, Janice, *Upper Class Reaction to Poverty in Midnineteenth Century, Montreal, a Protestant Example*, mémoire de maîtrise, Université McGill, 1978.

HUGUET-LATOUR, Louis-Adolphe, *Annuaire de Ville-Marie*, Montréal, Bureau du ministère de l'Agriculture, 1863-1877.

LAMOTHE, J.-C., *Histoire de la Corporation de la Cité de Montréal depuis son origine jusqu'à nos jours*, Montréal, Montreal Printing and Publishing Co., 1903.

LANCTOT, Gustave, *Montréal sous Maisonneuve, 1642-1665*, Montréal, Beauchemin, 1966.

LANGEVIN, L., s.j., *Mgr Ignace Bourget, deuxième évêque de Montréal*, Montréal, Imprimerie du Messager, 1932.

LAVOIE, Yolande, *L'émigration des Québécois aux États-Unis, 1840 à 1930*, Québec, Éditeur officiel du Québec, 1979.

LEBLOND de BRUMATH, A., *Histoire populaire de Montréal, depuis son origine jusqu'à nos jours*, Montréal, Beauchemin, 1913.

— *Monseigneur Ignace Bourget*, Montréal, Librairie Saint-Joseph, 1885.

LINTEAU, P.-A., J. THIVIERGE, A. BEAUSÉJOUR, A. CYR, R. PARADIS et J.-C. ROBERT, *Montréal au 19ᵉ siècle, Bibliographie*, Montréal, UQAM, 1972.

LINTEAU, P.A., R. DUROCHER et J.-C. ROBERT, *Histoire du Québec contemporain. De la Confédération à la crise (1867-1929)*, Montréal, Boréal Express, 1979.

Mandements, lettres pastorales, circulaires et autres documents publiés dans le diocèse de Montréal depuis son érection jusqu'à l'année 1869, 2 t., Montréal, Typographie Le Nouveau Monde, 1869.

Manuel des sociétés de tempérance et de charité établies dans le diocèse de Montréal le 25 janvier 1842, Montréal, Bureau des Mélanges Religieux, 1842.

MARIE-ANTOINETTE (Mère), s.p., *L'Institut de la Providence: histoire des Filles de la Charité, Servantes des Pauvres dites Sœurs de la Providence*, vol. I, II et VI, Montréal, Providence (Maison Mère), 1925, 1928 et 1940.

MASSICOTTE, Édouard-Zotique, «La famille du poète Quesnel», *Bulletin des recherches historiques*, novembre 1917, p. 339-342.

MATHIEU, Lise, *Étude de la Législation Sociale du Bas-Canada de 1760 à 1840*, mémoire de maîtrise, École de service social, 1953.

«Mémorial nécrologique, M. le commandeur Olivier Berthelet», *L'Écho du Cabinet de lecture paroissial*, Montréal, janvier 1872, p. 788-789.

MITCHELL, Estelle, s.g.m., *Le vrai visage de Marguerite d'Youville*, Montréal, Beauchemin, 1973.

— *Mère Jane Slocombe, neuvième supérieure générale des Sœurs Grises de Montréal, 1812-1872*, Montréal, Fides, 1964.

NADEAU, Eugène, o.m.i., *La femme au cœur attentif*, Montréal, Providence, 1869.

Nécrologie des Filles de la Charité, Servantes des Pauvres dites Sœurs de la Providence de Montréal (1847-1891), 2ᵉ éd., Montréal, Providence (Maison Mère), 1921.

Notes historiques, 1799-1893. Livre dédié aux vénérables jubilaires de l'Institut des Filles de la Charité Servantes des Pauvres, dites Sœurs de la Providence, Montréal, Providence (Maison Mère), 1922.

«Notice biographique de M. Léon-Vincent Villeneuve, prêtre de Saint-Sulpice», *L'Écho du Cabinet de lecture paroissial*, 1873, p. 398-400.

«Notice biographique sur Mgr J.-J. Lartigue, premier évêque de Montréal», *Mélanges religieux*, vol. 1, n° 15, (30 avril 1841), p. 227-233.

Les œuvres de charité à Montréal depuis l'établissement de la colonie jusqu'à l'organisation de la Société Saint-Vincent-de-Paul. Adresse du président du conseil particulier à la clôture des noces d'or de cette société, 28 mai 1883 (s.l., s.é.).

OUELLET, Fernand, *Histoire économique et sociale du Québec, 1760-1850*, Montréal, Fides, 1966.

POULIN, Gonzalve, o.f.m., *L'Assistance sociale dans la Province de Québec, 1608-1951*, Étude spéciale présentée à l'intention de la Commission royale d'enquête sur les problèmes constitutionnels, (s.l.), (s.é.), 1955.

POULIOT, Léon, *Mgr Bourget et son temps*, t. I, II et III, Montréal, Bellarmin, 1955, 1956 et 1972.

POULIOT, Léon et François BEAUDIN, «Inventaire de la correspondance de Mgr Bourget, 1837-1850», *Rapport de l'archiviste de la province de Québec*, 1955-1969.

Procédés du Comité général de secours nommé par les citoyens de Montréal pour venir en aide aux victimes du grand incendie des 8 & 9 juillet 1852, Montréal, John Lovell, 1853.

Providence Saint-Alexis fête son centenaire, 1853-1953, Montréal, (s.é.), 1953.

Rapport du Comité spécial de l'Assemblée législative nommé pour s'enquérir des causes et de l'importance de l'émigration qui a lieu tous les ans du Bas-Canada aux États-Unis, Montréal, Louis Perrault, 1849.

Règlement de la Société de Saint-Vincent-de-Paul fondée à Québec le 12 novembre 1846, Québec, William Neilson, 1847.

Remarques historiques sur l'Église et la Paroisse de Saint-Sulpice, t. III, Paris, Nicolas Crapart, 1773.

ROBERT, Jean-Claude, «Les notables de Montréal au XIX e siècle», *Histoire sociale/Social History*, vol. V, III n° 15, mai 1975, p. 54-76.

— *Montréal 1821-1871, Aspects de l'urbanisation*, Paris, École des Hautes Études en Sciences Sociales, thèse de doctorat de 3 e cycle, 1977.

ROY, Jean-Louis, *Édouard-Raymond Fabre, libraire et patriote canadien 1799-1854*, Montréal, Hurtubise HMH, 1974.

RUMILLY, Robert, *Histoire de Montréal*, t. II, Montréal, Fides, 1970.

SATTIN, Antoine, p.s.s., *Vie de Madame d'Youville, fondatrice et première Supérieure des Sœurs de la Charité de l'Hôpital Général de Montréal, communément nommées Sœurs Grises*, Québec, (s.é.), 1930.

Second rapport du comité exécutif du Comité de secours de Montréal, présenté au Comité de secours le 18 octobre 1852, Montréal, La Minerve, 1833.

TRÉPANIER, Léon, «Un philanthrope d'autrefois: Antoine-Olivier Berthelet», *Rapport de la Société canadienne d'Histoire de l'Église catholique*, 1961, p. 19-25.

TUCKER, G.N., *The Canadian Commercial Revolution 1845-1851*, Toronto, McClelland and Stewart, 1964 (réimpression de l'édition de 1936).

TULCHINSKY, Gerald J.-J., *Studies of Business in the Development of Transportation and Industry in Montreal, 1837 to 1853*, thèse de doctorat, Toronto, University of Toronto, 1971.

VOYER, Christiane, *Étude de la législation sociale du Bas-Canada de 1841 à 1867*, mémoire de maîtrise, École de Service social, Université Laval, 1954.

Notes

1re partie: LES INTERVENANTS

1 — Le clergé

1. Lucas Alexandre Boiteux, *Richelieu, grand maître de la navigation et du commerce de France*, Paris, Ozanne, 1955.
2. Gustave Lanctôt, *Montréal sous Maisonneuve 1642-1665*, Montréal, Beauchemin, 1966; Henri Gauthier, p.s.s., *Sulpitiana*, Montréal, Bureau des Œuvres de Saint-Jacques, 1926.
3. A.S.S.S.M., Michel-Étienne Faillon, p.s.s., *Mémoire sur le Séminaire de Saint-Sulpice de Montréal*, document miméographié, 1850, p. 21, S. 24, A 4, 7.
4. *Ibid.*, p. 27.
5. Dont le titre complet est: *Ordonnance pour incorporer les Ecclésiastiques du Séminaire de Saint-Sulpice de Montréal; — pour confirmer leur titre en Fief et Seigneurie de l'Isle de Montréal, au Fief et Seigneurie du Lac des Deux Montagnes, et au Fief et Seigneurie de Saint-Sulpice en cette Province; — pour pourvoir à l'extinction graduelle des redevances et droits Seigneuriaux, dans les limites Seigneuriales des dits Fiefs et seigneuries — et pour d'autres fins.*
6. Gilles Chaussé, s.j., *J.-J. Lartigue, prêtre canadien et premier évêque de Montréal 1777-1840*. Thèse de doctorat (Histoire), Université de Montréal, 1973, p. 144-148.
7. *Ordonnances faites et passées par Son Excellence le Gouverneur Général et le Conseil Spécial pour les affaires de la Province du Bas-Canada*, Québec, John Carlton Risher et William Kemble, 1840, p. 156-157.
8. *Ibid.*
9. Gilles Chaussé, *op. cit.*, p. 139-140.
10. A.C.A.M., «Opinion du Clergé du diocèse de Montréal, 1847», Notes envoyées par Joseph Marcoux, ptre, à M. Faillon, p.s.s., fin d'avril 1850, 465.101, 850-1.

11. A.S.S.S.M., Narcisse-Amable Troie, p.s.s., *Notes sur divers sujets concernant le Séminaire de Montréal*, cahier n° 1, 1914.

12. Les informations concernant les réalisations sous le supériorat de M. D. Granet ont été recueillies dans *Assemblées depuis la Charte de 1840, confirmant le Séminaire dans ses biens, 1842-1860* et *2ᵉ volume des Assemblées (des Douze), 1880*, S 25, 1.

13. A.S.S.S.M., Narcisse-Amable Troie, p.s.s., *Notes sur divers sujets concernant le Séminaire de Montréal*, loc. cit., p. 22.

14. A.S.S.S.M., *2ᵉ Volume des Assemblées des Douze 1861-1880*, p. 169.

15. *Ibid.*, p. 122.

16. *Ibid.*, p. 180.

17. *Ibid.*, p. 172.

18. *Ibid.*, p. 194.

19. *Ibid.*, p. 204.

20. *Remarques historiques sur l'église et la paroisse de Saint-Sulpice*, tome III, Paris, Nicolas Crapart, MDCCLXXIII.

21. Voir plus loin troisième partie, chapitre II.

22. *Remarques Historiques sur l'Église et la Paroisse de Saint-Sulpice*, t. 3, p. 23.

23. A.S.S.S.M. *Livre de compte du Procureur du Séminaire 1833-1900*, voûte I, armoire 2, n° 264. Ici, comme plus loin, nous avons converti les livres en dollars en les multipliant par quatre.

24. *Ibid.*

25. Voir plus loin, troisième partie, chapitre II.

26. A.S.S.S.P., Lettre de M. Villeneuve, p.s.s., à M. Courson, p.s.s., 10 décembre 1847, dossier 101.

27. *Ibid.*, 13 juillet, 1847.

28. Par exemple, la subvention du Séminaire inscrite au registre de l'Aumônier des pauvres de Notre-Dame (A.S.S.S.M., *Aumônerie des pauvres de Notre-Dame de Montréal*, 1844-1903, p. 7-11, voûte I, armoire 2, n° 221) et les subventions inscrites au *Livre de compte du procureur du Séminaire de Montréal 1833-1900* ne correspondent pas. De même, les sommes votées annuellement par le Grand conseil (formé de douze membres élus) diffèrent si l'on compare les procès-verbaux des assemblées et la comptabilité du procureur. Cela s'explique du fait qu'une somme minimale était votée lors des assemblées et que les quatre consulteurs formant le «Petit conseil» ou exécutif avaient le pouvoir d'ajouter des suppléments au fur et à mesure des besoins. Une dernière remarque s'impose: outre les sommes dépensées pour les «pauvres honteux» et les «pauvres notoires», nous avons trouvé un autre registre contenant les «Souscriptions et bonnes œuvres», comprenant un relevé des autres contributions du Séminaire offertes aux personnes ou aux institutions qui sollicitaient son aide. Les bénéficiaires de tels dons provenaient d'autres parties du Québec, des autres provinces et parfois même de l'étranger.

29. A.S.S.S.M., *Livre de la recette et des dépenses de la procure du Séminaire de Montréal 1789-1842*, voûte I, armoire 2, n° 225; A.S.S.S.M., *Livre de compte du Procureur du Séminaire de Montréal 1833-1900*.

30. Huguette Lapointe-Roy, *Paupérisme et assistance sociale à Montréal 1832-1865*, mémoire de maîtrise en Histoire, Université McGill, 1972, p. 52 à 66.

31. A.P.N.D., *Messes collectives pour les personnes décédées du choléra*, (boîte 18, n° 11).

32. A.S.S.S.M., *Réclamation des Paroissiens qui sont prêts à contribuer à l'achèvement des Tours mais qui demandent que les pauvres aient le droit de faire dire gratis un Libera à l'Église pour les défunts*, 1840, S 35, 18.5.

33. A.S.S.S.M., *Assemblées des Quatre Consulteurs 1840-1876*, vol. A., 30 mai 1855, S 25, 1.

34. *Ibid.*, 18 juin 1865.

35. A.S.S.S.M., *Comptes rendus des Assemblées du Conseil des Assistants 1861-1880*, 28 novembre 1871, S. 25, 1.

36. A.C.A.M., Lettre de Mère Elizabeth McMullen, s.g.m., à Mgr Bourget, 22 janvier 1844, 525.103, 844-1.

37. A.S.G.M., *Hôpital Général, recettes et dépenses 1823-1854*, p. 85 à 273; A.S.S.S.M., *État de la gestion du procureur du Séminaire de Saint-Sulpice de Montréal en recettes et dépenses*, du 1er octobre 1852 au 1er octobre 1861 et du 1er octobre 1861 au 1er octobre 1871, S.1, 6.8 et S.1, 6.25b.

38. Les premières novices furent acceptées au printemps de 1843. L'érection canonique eut lieu en 1844.

39. A.S.S.S.M., *Livre de compte du Procureur du Séminaire 1833-1900*, voûte I, armoire 2, n° 264.

40. *Ibid.*

41. A.S.S.S.M., *Mémoire de Joseph Vincent Quiblier, p.s.s., ancien supérieur de Montréal*, 1846, p. 10, S 24A 49 (texte dactylographié).

42. A.S.S.S.M., *Propriétés, Revenus et Charges du Séminaire de Saint-Sulpice de Montréal (1859)*, S.25, 4, Carton 133.

43. A.S.S.S.M., *Mémoire de Joseph Vincent Quiblier*, p. 18. Au point de vue pastoral, la seigneurie de Montréal comprenait la paroisse de Notre-Dame de Montréal et neuf paroisses rurales. Les Sulpiciens retiraient la dîme uniquement de la paroisse de Montréal.

44. A.S.S.S.M., Réponse à une adresse de l'Assemblée Législative du vingt septembre 1852, demandant un état complet, clair et détaillé des biens, propriétés, revenus, dettes et dépenses de toutes les affaires pécuniaires et temporelles de la corporation des «Ecclésiastiques du Séminaire de Saint-Sulpice de Montréal» depuis la date de son incorporation jusqu'au premier octobre 1852, S.1.6.8; A.S.S.S.M. *État de la gestion du procureur du Séminaire* (1er octobre 1852 au 1er octobre 1860); A.S.S.S.M. *État de la gestion du procureur du Séminaire* (1er octobre 1861 au 1er octobre 1871.)

45. Voir à cet égard, A.S.S.S.P., Lettre de M. P.L. Billaudèle à M. L. de Courson, 25 février 1847, dossier 53, n° 28; *Ibid.*, 8 novembre 1848, n°s 50 à 56; A.S.S.S.M., *Assemblées des Douze depuis la Charte de 1840 confirmant le Séminaire dans ses biens 1842-1860*, vol. 1, 22 avril 1851, *Ibid.*, (s.d.) novembre 1851.

46. *Mandements, lettres pastorales, circulaires et autres documents publiés dans le Diocèse de Montréal depuis son érection jusqu'à l'année 1869*, Montréal, Typographie Le Nouveau Monde, 1869, t. I, p. 77.

47. Mgr Ignace Bourget, *Fioretti vescovili ou Extraits des mandements, lettres pastorales et circulaires de monseigneur Ignace Bourget, second évêque de Montréal, offerts à sa Grandeur pour célébrer les noces d'or de sa prêtrise, par trois anciens camarades du régiment des Zouaves pontificaux*, Montréal, Le Franc Parleur, 1872, p. 10.

48. *Manuel des Sociétés de tempérance et de charité établies dans le diocèse de Montréal le 25 janvier 1842*, Montréal, Bureau des *Mélanges religieux*, 1842, p. 87-88.

49. A.C.A.M., Lettre de Mgr Bourget à M. Vincent Quiblier, p.s.s., 1er mai 1843, RLB, 3:57.

50. A.C.A.M., Lettre de Mgr Bourget à M. Quiblier, p.s.s., 24 mai 1843, RLB 3: 89.

51. A.C.A.M., Lettre de Mgr Bourget à M. F.-M.-A. de Charbonnel, p.s.s., 25 septembre 1846, 901.055, 846-5.

52. A.C.A.M., «Opinion du Clergé du diocèse de Montréal 1847», Notes envoyées par Jos. Marcoux, ptre à M. Faillon, p.s.s., fin d'avril 1850, 465.101, 850-1.

53. A.C.A.M., Lettre de Mgr Bourget à M. de Charbonnel, 25 septembre 1846, 901.055, 846-5.

54. A.C.A.M., «Opinion du clergé...».

55. *Ibid.*

56. *Ibid.*

57. A.S.S.S.P., Lettre de M. Joseph Comte, p.s.s. à M. Joseph Carrière, p.s.s., 27 janvier 1846, dossier 59, nos 25-39.

58. A.S.S.S.M., *Livre de compte du procureur du Séminaire 1833-1900, loc. cit.*

59. *La Minerve*, 22 mai 1843.

60. A.C.A.M., Lettre de Mgr Lartigue à Mgr Pierre-Flavien Turgeon, coadjuteur de l'évêque de Québec, 22 janvier 1837, RLL, 8:355.

61. Mère Marie-Antoinette, s.p., *L'Institut de la Providence, Histoire des Filles de la Charité Servantes des Pauvres dites Sœurs de la Providence*, vol. VI, Montréal, Maison Mère de la Providence, 1940, p. 6.

62. A.S.S.S.M., *Assemblée des quatre consulteurs 1840-1876*, vol. A, 26 janvier 1846, *loc. cit.*

63. L.A. Huguet-Latour, *Annuaire de Ville-Marie*, Montréal, Eusèbe Sénécal, 1864, p. 106.

64. *Mandements lettres pastorales circulaires et autres documents*, t. II, p. 231.

65. A.N.Q.M., *1er Livre des Minutes de la Société de Saint-Vincent-de-Paul de Montréal de 1848 à 1863*, p. 146.

66. *Ibid.*, p. 144-145.

67. A.S.S.S.P., Lettre de M. Billaudèle à Mgr Bourget, 24 septembre 1846 (copie), dossier 53, nos 18-22.

68. A.C.A.M., Lettre de Sr Philomène, s.p., à Mgr Bourget, 10 juin 1869, 525.106, 869-9.

69. A.P.S.P., *Chronique de la Maison-Mère 1864-1876*, t. II, p. 157.

70. A.C.A.M., Lettre de Mgr Bourget à l'abbé Joseph-Octave Paré, 901.059, 869-33.

2 — Les congrégations religieuses féminines

1. Estelle Mitchell, s.g.m., *Le vrai visage de Marguerite d'Youville*, Montréal, Beauchemin, 1973, p. xxii.

2. *Idem.*, p. xxiv.

3. *Ibid.*

4. Albina Fauteux, s.g.m., *L'Hôpital Général des Sœurs de la charité*, p. 291.

5. *Ibid.*, p. 298.

6. Voir dans la troisième partie de ce travail le chapitre consacré à la visite des pauvres assistés à domicile.

7. Nous traiterons de l'Hospice Saint-Joseph dans la deuxième partie de ce travail.

8a. A.S.G.M., Statistiques des Sœurs Grises à l'Hôpital Général (1747-1850); A.S.G.M., Sœurs de la Charité de l'Hôpital Général de Montréal (Sœurs Grises). Statistiques de la communauté, totaux annuels des sœurs professes vivantes depuis 1738, document 21; A.S.G.M., Statistiques annuelles (postulat, noviciat de la communauté) 1849-1872.

8b. Clémentine Drouin, s.g.m., *L'Hôpital Général des Sœurs de la Charité, Sœurs Grises, 1853 à 1877*, Montréal, Maison Mère, 1943, t. III, p. 141.

9. La comptabilité de l'Hôpital Général, repose sur deux registres, le premier intitulé *Recettes et Dépenses 1823-1854, vol. I*, le second, *Mouvement Mensuel des Sœurs Grises de Montréal* (qui aurait dû s'appeler «Registre des recettes et dépenses de 1854 à 1898» puisque c'est la comptabilité de cette période qui y est consignée). L'analyse des données recueillies est difficile à faire en raison de l'habitude de la maison de faire les comptes deux et trois fois par année, les informations étant compilées sur deux et trois ans à la fois. Ce procédé nous empêchant de connaître avec exactitude l'état financier annuel, nous l'avons rétabli afin d'être en mesure d'en faire l'analyse. Trois types de valeurs monétaires furent employées dans la tenue de livres: la livre tournois ou française, la livre d'Halifax ou livre courante et le dollar. Quelques erreurs repérées dans les livres de comptabilité de l'Hôpital Général n'ont pas été corrigées: la révision complète de ces données débordait nos objectifs. Le second registre présente un changement dans la méthode comptable. Nous l'avons ramenée le plus près possible du format de présentation antérieure. Les comptes de ce registre sont beaucoup plus sommaires.

À ces difficultés de faire un compte rendu exact de l'état financier des Sœurs Grises, il faut ajouter que la comptabilité conservée est manifestement incomplète. Si on compare en effet les recettes et les dépenses totales de la communauté au nombre de personnes soutenues à peu près pendant la même période, il est clair que les sommes sont inférieures à la réalité. En 1838, ce nombre était de 261, en 1846 de 386, en 1854 de 632 et en 1863 de 671 (A.S.G.M., Dossier: Aliénés, Mémoire re: enfants trouvés, aliénés et propriétés de l'Hôpital Général, 20 juillet 1838; A.S.G.M., Nom des Supérieures de l'Hôpital Général de Montréal depuis le commencement de l'établissement, 24 septembre 1846, Doc. MM 412; A.S.G.M., État de la maison par notre très honorée Mère Deschamps, le 8 août 1854, suivi d'une appréciation de M. Faillon, p.s.s., Doc. MM 434; A.S.G.M., *Chapitre Général 1863*, vol. II).

L'explication la plus plausible de ce décalage entre les services rendus et les fonds dépensés réside dans le fait que les biens produits et utilisés à l'Hôpital Général et à l'Hospice Saint-Joseph (de 1854 à 1871) ne figurent pas dans la comptabilité. De ce fait les statistiques compilées ne représentent qu'une fraction des dépenses réelles. L'approvisionnement des Dépôts des pauvres de l'Hôpital Général et de l'Hospice Saint-Joseph échappe aussi à la comptabilité. Nous savons seulement que le Séminaire de Saint-Sulpice en assumait la plus grande partie.

10. A.S.G.M., *Inventaire des Hospitaliers, 1747*, N.B. Les informations précédentes proviennent de la même source.

11. A.S.G.M., *Ancien Journal (1688-1857)*, vol. I, p. 424.

12. A.S.G.M., *Cahier Pièces d'Archives Hôpital Général 1747*, (Copie dactylographiée écrite en français moderne de l'inventaire de 1747), p. 137.

13. A.S.G.M., Pointe Saint-Charles, Plans de Sœur Saint-Jean de la Croix. (Dossier comportant diverses informations sur la ferme du même nom. Non paginé.)

14. Albina Fauteux, s.g.m., *L'Hôpital Général des Sœurs de la Charité (Sœurs Grises)*, t. I, p. 194-195.

15. A.S.G.M., M. Mathurin-Clair Bonissant, p.s.s., *2ᵉ Partie du Coutumier...*, *op. cit.*, p. 286 à 292.

16. A.S.G.M., «Montant des argents reçus du Gouvernement pendant ces cent années, pour aider l'œuvre de charité de l'Hôpital Général 1811-1911».

17. Mère Marie-Antoinette, s.p., *L'Institut de la Providence*, vol. 2, p. 108.

18. À ne pas confondre avec l'Hospice Saint-Joseph des Sœurs Grises, qui leur fut donné par Olivier Berthelet, et servait principalement aux enfants trouvés, aux orphelins.

19. A.P.S.P., *Ordre des Fondations*, p. 10.

20. *Ibid.*, p. 12.

21. *Ibid.*, p. 14 à 21. Les informations générales concernant les nouvelles fondations qui suivent ont été puisées dans le même registre.

22. Cet établissement servit notamment de Dépôt des pauvres et de centre de distribution pour «l'OEuvre de la soupe».

23. *Nécrologie des Filles de la Charité, Servantes des Pauvres dites Sœurs de la Providence de Montréal (1847-1891)*, 2ᵉ édition, Montréal, Providence (Maison Mère), 1921, p. 421.

24. A.P.S.P., *Registre de Reddition des comptes de l'Institut 1843 à 1925*.

25. Voir plus loin, le deuxième chapitre de la deuxième partie.

26. A.C.A.M., Reddition des comptes de l'Asile de la Providence, 1847, 525.106, 1847, document 39; A.P.S.P., *Reddition des comptes* de la Maison Mère (1844-1888), tome I; A.P.S.P., *Journal des recettes des S.S. de l'Asile de la Providence depuis 1867 à 1871*.

27. A.C.A.M., Lettre de C. Cénas (Lyon) à Mère Caron, s.p., 18 février 1852, 525-106, 852-6.

3 — Les laïcs

1. Marie-Claire Daveluy, *L'Orphelinat catholique de Montréal*, Montréal, Imprimé au Devoir, 1919, p. 85.

2. *Ibid*, p. 89, 90.

3. *Mélanges Religieux*, 24 septembre 1841.

4. Mère Marie-Antoinette, s.p., *L'Institut de la Providence*, t. I, p. 547.

5. *Ibid.*, p. 202.

6. Voir, dans la troisième partie, le chapitre 1.

7. *Mélanges Religieux*, 31 janvier 1843.

8. A.P.S.P., *Délibérations du Conseil et Admission des sujets, 1843-1858*, t. I, p. 87.

9. A.P.S.P., *Chronique de la Maison-Mère, 1828 à 1864*, t. I, p. 263.

10. A.P.S.P., *Délibérations de la Confrérie des Dames de Charité*, t. I, 19 novembre 1863.

11. A.S.S.S.M., Extraits des Règlements d'administration pour le soulagement des pauvres de la Paroisse de Saint-Sulpice de Paris, (1846), S 35, 18.4.

12. A.S.S.S.M., Projet du mode à suivre pour soulager les pauvres de la Paroisse. Écriture de M. Billaudèle (1846), S. 35, 18.8.

13. A.S.S.S.P., Lettre de M. Villeneuve à M. Louis de Courson, 10 décembre 1846, dossier 101.

14. A.S.G.M., Dossier MM. Service à domicile (2), Mère McMullen, service des pauvres à domicile, p. 5.

15. *Ibid.*

16. Mère Marie-Antoinette, s.p., *L'Institut de la Providence*, vol. I, p. 69.

17. J. Desrosiers, «Les premiers bazars à Montréal», dans *Le Bazar*, 1886, p. 16.

18. A.P.S.P., *Registre des recettes et dépenses*, t. I et II; A.P.S.P., *Chronique de la Maison Mère*, 1828-1864 et 1864-1876; «Les premiers bazars à Montréal», *Le Bazar*, 14 août 1886.

19. A.S.G.M., Dossier historique de l'Hospice Saint-Joseph, Notice abrégée sur l'Histoire de la Fondation de l'Hospice Saint-Joseph (d'après les témoignages d'Olivier Berthelet et de Mademoiselle Laferté, recueillis en 1871), p. 7; A.S.G.M., Dossier historique de l'Hospice Saint-Joseph, Notice Historique sur la fondation et le développement de l'Hospice Saint-Joseph fondé en 1841, p. 7.

20. A.S.G.M., Hospice Saint-Joseph, *Chronique 1854-1904*, p. 19.

21. A.S.S.S.M., Asile Saint-Joseph, compte rendu des ressources, mars 1856, S. 35, 9.1.2.

22. A.S.G.M., *Actes Capitulaires de l'Institut des Sœurs de la Charité de l'Hôpital Général de Montréal dites vulgairement Sœurs Grises, 1863-1904*, t. II, p. 30.

23. A.S.S.V.P.C.G.I., Dossier Conseil Particulier de Montréal, Conférences 1847-1921, lettre de Hubert Paré à A. Baudon, 28 mars 1848.

24. *Règlement de la Société de Saint-Vincent-de-Paul fondée à Québec le 12 novembre 1846*, Québec, William Neilson, 1847, p. 10 et 11.

25. A.S.S.V.P.C.G.I., Dossier Conseil Supérieur de Québec 1849-1910, Rapport de M. Muïr, 24 décembre 1855.

26. A.N.Q.M., *1ᵉʳ Livre des Minutes du Conseil Particulier de la Société de Saint-Vincent-de-Paul de Montréal de 1848 à 1863*, p. 12, Fonds 06-P61/1.

27. *Ibid.*, p. 27.

28. A.S.S.V.P.C.G.I., Dossier Conseil Particulier de Montréal, Conférences 1847-1921, lettre d'Ovide Leblanc à A. Baudon, 14 février 1849, p. 2, 3.

29. D'après les rapports du Conseil particulier de Montréal au Conseil général international de Paris. Aucun double de ces rapports ne subsiste aux Archives nationales du Québec à Montréal, sauf pour les rapports des années 1865 ou 1871.

30. *Règlement de la Société de Saint-Vincent-de-Paul fondée à Québec le 12 novembre 1856, op. cit.,* p. 12.

31. A.N.Q.M., *1ᵉʳ Livre des Minutes du Conseil Particulier de la Société de Saint-Vincent-de-Paul de Montréal de 1848 à 1863,* vol. 1, p. 1.

32. *Ibid.*, p. 8.

33. *Ibid.*, p. 18, 19.

34. A.S.S.V.P.C.G.I., Dossier du Conseil Supérieur de Québec 1849-1910, Rapport de M. Muïr, 24 décembre 1855, p. 5, 6.

35. A.S.S.V.P.C.G.I., Dossier: Correspondance du Conseil Supérieur de Québec 1849-1910, lettre de R. Bellemare à Augustin Gauthier, 22 décembre 1863, p. 2.

36. Pour des raisons d'espace et de temps, nous avons renoncé à aborder la question des associations de prévoyance et de secours mutuels.

37. A.N.Q.M., *2ᵉ Livre des Minutes de la Société de Saint-Vincent-de-Paul de Montréal de 1863 à 1877,* vol. 2, p. 156.

38. A.S.S.V.P.C.G.I., Dossier Conseil Supérieur de Québec, 1849-1910, Lettre de R. Bellemare à George Muïr, 25 juin 1869.

39. *Ibid.*, p. 234, 235.

40. A.N.Q.M., *1ᵉʳ Livre des Minutes du Conseil de la Société de Saint-Vincent-de-Paul de 1848 à 1863, p. 90.*

41. *Ibid.*, p. 88.

42. A.N.Q.M., *2ᵉ Livre des Minutes de la Société de Saint-Vincent-de-Paul de Montréal de 1863 à 1877,* p. 75.

43. *Ibid.*, p. 73.

44. A.N.Q.M., *1ᵉʳ Livre des Minutes de la Société de Saint-Vincent-de-Paul de Montréal de 1848 à 1863,* p. 4.

45. A.C.G.I.S.S.V.P., *Rapport annuel du secrétaire du Conseil particulier de Montréal,* 1862, 1863, 1864, 1865; A.N.Q.M., *2ᵉ Livre des Minutes de la Société Saint-Vincent-de-Paul de Montréal,* p. 136, 167 et 200.

46. *Idem.*

47. A.C.G.I.S.S.V.P., *Rapport annuel du secrétaire du Conseil particulier de Montréal,* 1854-1857, 1857-1859, A.N.Q.M., *1ᵉʳ Livre des Minutes du Conseil particulier de la Société de Saint-Vincent-de-Paul,* 1848-1863; A.N.Q.M., *2ᵉ Livre des Minutes,* 1863-1877.

48. Abbé Élie-J. Auclair, «Le Commandeur Antoine-Olivier Berthelet», *La Voix nationale,* mars 1834, p. 10.

49. *Le Nouveau Monde,* 27 septembre 1872.

50. A.S.G.M., Dossier Berthelet, Conférence donnée par l'abbé Lacroix à la Bibliothèque Saint-Sulpice, devant les membres de la Société Historique de Montréal, 18 décembre 1929, p. 2.

51. Léon Trépanier, *Un philanthrope d'autrefois, Antoine-Olivier Berthelet,* Rapport 1961, La Société canadienne d'histoire de l'Église catholique, Lévis (s.e.), p. 20.

52. A.P.C., Dossier Famille Larocque, O. Berthelet, lettres reçues 1844-1872, de Louis-Joseph Papineau à Olivier Berthelet, 22 septembre 1849, MG 25-C89.

53. Mère Marie-Antoinette, s.p., *L'Institut de la Providence,* vol. I, p. 517.

54. Léon Trépanier, *Un philanthrope d'autrefois, op. cit.,* p. 24.

55. *La Minerve,* 9 avril 1872.

56. «Mémorial nécrologique, M. le commandeur Olivier Berthelet», dans *L'Écho du Cabinet de lecture paroissial de Montréal*, Montréal, janvier 1872, p. 789.

57. A.S.G.M., Dossier Berthelet, Chronique de l'Hospice Saint-Joseph, extrait, Notice biographique de M. Antoine O. Berthelet fondateur et bienfaiteur insigne de l'Hospice St-Joseph de Montréal, p. 8.

58. *Le Nouveau Monde*, 27 septembre 1872.

59. A.S.G.M., Dossier Berthelet, conférence donnée par M. l'abbé Lacroix à la Bibliothèque Saint-Sulpice, p. 2.

60. L.A. Huguet-Latour, *Annuaire Ville-Marie 1863-1877*, p. 82.

61. A.S.G.M., *Chroniques de l'Hospice Saint-Joseph 1854-1904*, p. 6.

62. *Ibid.*

63. *Ibid.*, p. 42.

64. L.A. Huguet-Latour, *Annuaire Ville-Marie 1863-1877*, p. 65.

65. A.S.G.M., *Chroniques de l'Hospice Saint-Joseph, 1854-1892*, p. 183.

66. A.P.C., Fonds Alfred LaRocque, Correspondance 1815-1866, lettre de l'archiviste provincial des Oblats, Jean-Louis Bergevin, o.m.i., datée du 18 mai 1850 et adressée à Alfred LaRocque, M.G. 29-C 89.

67. *Idem.*

68. A.C.A.M., Registre de la Chancellerie, 25 juillet 1844, (R.C.), 5: 105.

69. A.S.G.M., Dossier Berthelet, conférence donnée par l'abbé Lacroix à la Bibliothèque Saint-Sulpice, 18 décembre 1929, p. 2.

70. A.S.G.M., Dossier Berthelet, Chronique de l'Hospice Saint-Joseph, extrait de la Notice biographique de M. Antoine O. Berthelet, fondateur et bienfaiteur insigne de l'Hospice Saint-Joseph de Montréal, p. 5.

71. A.N.Q.M., *1ᵉʳ Livre des Minutes du Conseil particulier de la Société de Saint-Vincent-de-Paul*, p. 74.

72. Abbé Élie-J. Auclair, *Histoire des Sœurs de la Miséricorde de Montréal, Les premiers soixante-quinze ans de 1848-1923*, Montréal, Imprimerie des Sourds-Muets, 1928, p. 84.

73. L.A. Huguet-Latour, *Annuaire Ville-Marie 1863-1877*, p. 150.

74. A.R.H.S.J., sœur Césarine Raymond, Annales 1756-1861, p. 458.

75. L.A. Huguet-Latour, *Annuaire Ville-Marie 1863-1877*, p. 89.

76. *Notes historiques, 1799-1893*, Livre dédié aux vénérables jubilaires de l'Institut des filles de la Charité Servantes des Pauvres dites Sœurs de la Providence, Montréal, Providence (Maison mère), 1922, p. 83.

77. Archives des Frères de la Charité, lettre du Frère Euclide, archiviste, Sorel, 25 mars 1955 à M. A. LaRocque, Montréal, p. 1.

78. *Ibid.*

79. *Ibid.*

80. A.P.C., Famille LaRocque, Correspondance 1915-1966, vol. II, lettre de sœur Marie de Sainte-Thérèse d'Avila, supérieure provinciale des Sœurs du Bon-Pasteur à M. Alfred LaRocque, 13 décembre 1854, M.G. 29-C 89.

81. A.P.C., Famille LaRocque, Papiers personnels 1811-1872, lettre de F. Martin, s.j., à O. Berthelet, 24 avril 1847.

82. L.A. Huguet-Latour, *Annuaire Ville-Marie 1863-1877*, p. 134.

83. *Ibid.*, p. 156.

4 — Les pouvoirs publics

1. *Journaux de la Chambre d'Assemblée du Bas-Canada*, Québec, W. Neilson, 1835-1836, p. 198.

2. *Statuts provinciaux du Bas-Canada*, vol. 3, Québec, P.-E. Desbarats, 1801, p. 31-32.

3. Voir ci-après le premier chapitre de la deuxième partie.

4. *Statuts provinciaux du Bas-Canada*, Québec, P.-E. Desbarats, 1812, p. 137.

5. *Ibid.*

6. Lise Mathieu, *Étude de la Législation Sociale du Bas-Canada 1760-1840*, mémoire de maîtrise en Service social, Université Laval, 1953, p. 75. (Nous avons essayé de vérifier cette référence, sans succès...)

7. Christiane Voyer, *Étude de la Législation Sociale du Bas-Canada 1841-1867*, mémoire de maîtrise en Service social, Université Laval, 1954, p. 80. (Nous avons essayé en vain de vérifier cette référence demeurée introuvable.)

8. *Statut de la Province du Canada*, Toronto, Stewart, Derbishire & George Desbarats, 1859, p. 61.

9. *Ibid.*, 1861, p. 69.

10. Voir dans la bibliographie les Statuts du Canada.

11. Nous reviendrons sur l'Orphelinat Catholique, l'Orphelinat Saint-Patrice et l'Hospice Saint-Joseph dans le premier chapitre de la deuxième partie.

12. *Statuts Provinciaux du Canada*, vol. III, Kingston, Stewart Derbishire & George Desbarats, 1843, p. 292.

13. Bosworth Newton, *Hochelaga Depicta: the Early History and the Present State of the City and Island of Montreal*, Montreal, William Greig, 1839, p. 183.

14. *Statuts Provinciaux du Canada*, vol. I, Kingston, Stewart, Derbishire & George Desbarats, 1841, p. 348 et 349.

15. A.M.V.M., *Juges de Paix, septembre 1821 à décembre 1825*, vol. 5, p. 95.

16. A.M.V.M., *Juges de Paix, janvier 1835 à avril 1836*, volume 9, Petition of Diverse Inhabitants of This City, Praying for the Suppression of Poor People Begging in the Streets, 19th November 1835.

17. A.M.V.M., *Minutes du Conseil, mai à octobre 1849*, vol. 42, p. 44.

18. A.M.V.M., *Minutes du Conseil, juin à novembre 1854*, vol. 55, p. 81.

19. A.N.Q.M., *1er Livre des Minutes du Conseil Particulier de la Société de Saint-Vincent-de-Paul de Montréal de 1848 à 1863*, vol. I, *op. cit.*, p. 214.

20. A.M.V.M., *Minutes du Conseil, avril à octobre 1855*, vol. 57, p. 77 à 79.

21. A.M.V.M., *Minutes du Conseil, novembre 1862 à avril 1863*, vol. 75, p. 40.

22. A.M.V.M., *Minutes du Conseil, avril à août 1863*, vol. 76, p. 78.

23. A.M.V.M., Dossier Impôt Municipal, Exemptions, extrait des *Statuts Provinciaux du Bas-Canada*, Geo III, chap. 9, sanctionné le 7 mai 1796, Finance Commission, Rapports, 30 section: B-1.

24. *Statuts Provinciaux du Bas-Canada*, (s.l.) (s.e.), 1799.

25. A.M.V.M., Opinion de messieurs Stuart et Roy, Commission des finances, dossiers no 30, 1-1.

26. A.M.V.M., *Minutes du Conseil, décembre 1842 à mars 1843*, vol. 5, p. 105 et 106.

27. A.M.V.M., Rapports de la commission des finances, section 30, C-1.

28. A.M.V.M., *Minutes du Conseil, novembre 1849 à mai 1850*, vol. 43, p. 24.

29. A.M.V.M., *Minutes du Conseil, octobre 1848 à janvier 1849*, vol. 39, p. 85.

30. A.M.V.M., *Minutes du Conseil, novembre 1849 à mai 1850*, vol. 43, p. 23.

31. A.M.V.M., *Finance Commission, procès-verbaux, avril 1848 à juin 1851*, p. 191.

32. A.M.V.M., Question: Les Communautés religieuses de la Cité de Montréal sont-elles sujettes aux taxes et cotisations municipales ou bien ont-elles droit de réclamer exemption [sic]?, Commission des finances (doubles) dossier 30, p. 2.

33. A.M.V.M., Rapports de la Commission des finances, section 30, C-1.

34. A.M.V.M., Commission des finances (doubles) dossier 30, 1-1.

35. A.M.V.M., Commission des finances, rapport no 86.

36. *Ibid.*

37. Voir A.M.V.M., *Minutes of the Water Committee 1851-1857*, p. 18, p. 36, 37, p. 41, p. 77, p. 87, p. 160, p. 175.

38. *Ibid.*, p. 375.

39. A.M.V.M., *Commission des finances, rapports, extrait de Volume, Contentieux, Opinions légales, Années 1855 à 1880*, fol. no 265.

40. *Procédés du Comité Général de secours* nommé par les Citoyens de Montréal, pour venir en aide aux victimes du Grand Incendie des 8 et 9 juillet 1852, Rapports du Comité Exécutif de ce corps et compte rendu du Trésorier du Fonds de Secours, Montréal, John Lovell, 1853.

41. *Procédés du Comité de secours, op. cit.*, p. 13; *Second Rapport du Comité Exécutif du Comité de secours de Montréal..., op. cit.*, p. 3.

42. *Ibid.*, p. 6.

43. A.M.V.M., *Minutes du Conseil, octobre 1852 à février 1853*, vol. 50, p. 50, 95 et 96.

44. A.M.V.M., *Minutes du Conseil, décembre 1854 à avril 1855*, vol. 56, p. 28.

45. A.N.Q.M., *2e Livres des Minutes de la Société de Saint-Vincent-de-Paul de Montréal, de 1863 à 1877*, p. 75.

46. A.M.V.M., Santé Commission, Extrait du Rapport de Regnaud & Tate, 22 mars 1856, rapports et dossiers 37.

47. A.M.V.M., Santé Commission, rapports et dossiers 37, Petition to the Mayor, Aldermen and Concillors of the City of Montreal for a grant towards the construction of Public Baths & Wash Homes, January 27, 1869.

48. A.M.V.M., *Minutes du Conseil*, vol. 87, juin 1869 à avril 1870, p. 23 et 40.

49. A.M.V.M., Santé Commission, rapports et dossiers 37, lettre de E. Flynn à C. Alexander (Chairman Health Committee), septembre 1870.

IIe partie: **LES PAUVRES EN INSTITUTION**

5 — Services aux pauvres inaptes au travail

1. A.S.G.M., Dossier Crèche d'Youville: Historique 1754-1924, I.
2. A.S.G.M., Étienne Montgolfier, p.s.s., Mémoire au sujet des enfants trouvés, dont il faut confier le soin à l'Hôpital Général: arrêté par ordre de son excellence Monseigneur Gage gouverneur pour Sa Majesté britannique à Montréal le 28 octobre 1760, p. 4; dossier Crèche d'Youville: historique 1754-1824, I, doc. 2.2.
3. A.S.G.M., Étienne-Michel Faillon, p.s.s., *2e Partie du Coutumier, Petites règles*, p. 164.
4. *Ibid.*, p. 166.
5. Micheline Dumont-Johnson, «Les salles d'asile des Sœurs Grises: 1858, 1928», Communication présentée au congrès annuel de l'Institut d'histoire d'Amérique française, Ottawa, 20 octobre 1979, 42 pages.
6. *La Minerve*, 5 juin 1843.
7. A.S.G.M., *Statistiques de notre Institut 1747-1935*, p. 72 à 76, voûte: rayon Reg. S.G.M.
8. A.S.G.M., Dossier Crèche d'Youville: Historique 1841-1900, 2, doc. 5, p. 2.
9. Sœur Suzanne Colette, s.g.m., *L'Œuvre des enfants trouvés, 1754-1946*, dissertation soumise à l'École de service social de l'Université de Montréal, mars 1948, p. 22; l'information est tirée des Archives de la Crèche d'Youville, Extrait du Registre I, document inaccessible aujourd'hui.
10. A.S.G.M., Dossier Crèche d'Youville: Historique 1841-1900, 2, doc. n° 5, p. 4.
11. A.S.S.S.P., Étienne-Michel Faillon, p.s.s., *Mémoire sur le Séminaire de Saint-Sulpice de Montréal en Canada*, 1850, p. 51.
12. A.S.G.M., *Statistiques de notre Institut, 1747-1935*, p. 42 à 55 et p. 57 à 64.
13. A.S.G.M., Mathurin-Clair Bonnissant, p.s.s., *2e Partie du Coutumier, Petites règles*, p. 172.
14. A.S.G.M., État de la maison par notre très honorée Mère Deschamps le 8 août 1854, suivi d'une appréciation de M. Faillon, doc. MM 443.
15. A.S.G.M., Dossier Michel Faillon, p.s.s., lettre de M.E.M. Faillon, p.s.s., à la supérieure générale des Sœurs Grises de Montréal, janvier 1859, doc. 98.
16. A.S.G.M., Mathurin-Clair Bonnissant, p.s.s., *2e Partie du Coutumier, Petites règles*, p. 160.
17. A.S.G.M., *Administration temporelle, 1833-1853*, vol. I, p. 10.
18. A.S.G.M., Mathurin-Clair Bonnissant, *op. cit.*, p. 158.
19. A.S.G.M., *Ancien Journal, 1688 à 1857*, vol. I, p. 259.
20. A.S.G.M., Extrait de l'État de la maison par notre très honorée Mère Julie Deschamps le 8 août 1854, suivi d'une appréciation de M. Michel Faillon, p.s.s., doc. MM 443.
21. A.S.G.M., *Administration temporelle 1853-1899*, vol. II, p. 15.
22. A.S.G.M., *Ancien Journal 1688-1857*, vol. I, p. 363.
23. *Ibid.*, p. 6.

24. A.S.G.M., Dossier Orphelinat Saint-Patrice 1851-1944, service des pauvres, commencement de Saint-Patrice, p. 5.

25. *Ibid.*, p. 12.

26. A.S.G.M., Dossier Father Dowd's Historique (Saint Brigitte Refuge), Contrat de M. Dowd avec les Sœurs Grises, mars 1852, doc. 7.

27. A.S.S.S.M., Lettre de M. Patrick Dowd à la supérieure des Sœurs Grises, 19 février 1855, tiroir 114, dossier n° 33.

28. A.S.S.S.M., *Assemblée des Consulteurs 1840-1876*, vol. A, 23, février 1855.

29. *Le Diocèse de Montréal à la fin du XIXe siècle*, Montréal, Eusèbe Senécal, 1900, p. 206.

30. A.S.G.M., Dossier Saint-Patrice, Orphelinat Saint-Patrice de Montréal 1847-1876.

31. A.S.G.M., Dossier Saint-Patrice: Orphelinat: bibliographie et autres, Indemnités des sœurs de l'Asile Saint-Patrice, p. 1, 2.

32. A.S.G.M., Dossier Hospice Saint-Joseph, Montréal: Historique, notes générales. Notice historique sur la fondation et le commencement (entrevues d'Olivier Berthelet et de mademoiselle Laferté accordées à sœur Baby à la fin des années 1860), p. 2.

33. A.S.G.M., *ibid.*; Notices abrégées sur l'histoire de la fondation de l'Hospice Saint-Joseph, p. 5.

34. A.S.G.M., *ibid.*; Acceptation de l'Asile Saint-Joseph (extrait du cahier des délibérations), p. 6.

35. A.S.G.M., *ibid.*; Remarques de Sœur Julie Gaudry, p. 1.

36. A.S.G.M., *ibid.*; Acceptation de l'Asile Saint-Joseph (extrait du cahier des délibérations), p. 4.

37. A.S.G.M., Dossier Hospice Saint-Joseph de Montréal, Rapports personnels et œuvres, État du personnel dudit hospice (Saint-Joseph).

38. A.S.G.M., Dossier Hospice Saint-Joseph: Historique, notes générales, notices abrégés sur l'histoire de la fondation de l'Hospice Saint-Joseph (témoignage de O. Berthelet et Mlle Laferté en 1871).

39. A.S.G.M., *Hospice Saint-Joseph, Chronique 1854-1904*, p. 73.

40. *Id.*, p. 136.

41. *Id.*, p. 16.

42. Marie-Claire Daveluy, *L'Orphelinat catholique de Montréal (1832-1932)*, Montréal, Albert Lévesque, 1933, p. 84-85.

43. *Ibid.*, p. 76.

44. *Ibid.*, p. 81.

45. *Ibid.*, p. 270 à 275.

46. E.-Z. Massicotte, «La famille du poète Quesnel», dans le *Bulletin des Recherches historiques*, novembre 1917, p. 342.

47. *Providence Saint-Alexis fête son centenaire 1853-1953*, Montréal, (s.e.), 1953, p. 9.

48. *Ibid.*, p. 17.

49. A.P.S.P., *Reddition des comptes de l'Institut suivi du personnel et des œuvres des maisons des Sœurs de la Charité de l'Asile de la Providence de 1843 à 1925.*

50. A.P.S.P., *Coutumier des Sœurs de la Charité de l'Asile de la Providence de Montréal*, 1er cahier (1844), p. 101.

51. A.P.S.P., *Délibérations du Conseil et admission des sujets, 1843-1858*, t. I, p. 21.

52. A.P.S.P., *Coutumier des Sœurs de la Charité de l'Asile de la Providence de Mont-réal*, 1er cahier, p. 102.

53. *Providence Saint-Alexis fête son centenaire 1853-1953*, p. 46.

54. A.P.S.P., Maison de Saint-Jérôme-Émilien, Asile pour les orphelins irlandais dont les parents sont morts de la terrible maladie du typhus, 1847, p. 17.

55. A.C.A.M., Lettre de D. Daly, secrétaire du gouverneur général à Mgr Bourget, 10 juillet 1847, 901.103, 847-6.

56. A.P.S.P., Maison de Saint-Jérôme-Émilien, Asile pour les orphelins irlandais, p. 18.

57. [Mère Marie-Antoinette], *L'Institut de la Providence*, t. IV, p. 153.

58. A.C.A.M., Lettre de M. D. Daly à Mgr Bourget, 8 octobre 1847, doc. 901-103, 847-1; Lettre de E. Parent à Mgr Bourget, 6 novembre 1847, doc. 901-103, 847-8.

59. A.C.A.M., Lettre de M. Sullivan à Mgr Bourget, 22 avril 1848, doc. 901-103, 848-1.

60. [Mère Marie-Antoinette], *L'Institut de la Providence*, t. IV, p. 156.

61. *Ibid.*, p. 159 et 163.

62. A.P.S.P., Maison de Saint-Jérôme-Émilien, Asile pour les orphelins irlandais, p. 19.

63. A.N.Q.M., *1er Livre des Minutes du Conseil particulier de la Société de Saint-Vincent-de-Paul de Montréal de 1848 à 1863*, p. 96.

64. A.S.G.M., Extrait d'un petit recueil de lettres conservé au dossier de T.H. Mère Marguerite Beaubien, sup. générale, lettre adressée à Messieurs le Maire, Échevins & Conseillers de la Corporation de la Cité de Montréal, 1841, p. 1, doc. M-M. 392.

65. A.S.G.M., *Administration temporelle*, vol. I, p. 8.

66. *Ibid.*, p. 28.

67. A.S.G.M., *Ancien Journal*, t. I, p. 180-181.

68. A.S.G.M., *Statistiques de notre Institut de 1747 à 1935*, p. 42 à 55.

69. A.S.G.M., *Hospice Saint-Joseph, Chronique 1854-1904*, p. 58.

70. A.S.G.M., Dossier Hospice Saint-Joseph de Montréal, Rapports personnels.

71. A.S.G.M., Dossier Nazareth, Rapports personnels et œuvres, état du personnel dudit Asile.

72. A.S.G.M., Mathurin-Clair Bonissant, p.s.s., *2e Partie du Coutumier*.

73. A.S.G.M., Nos cimetières, S. Jean de la Croix, s.g.m., p. 1 et 2.

74. A.S.G.M., *2e Partie du Coutumier et Petites règles*, p. 152.

75. *Ibid.*

76. *Ibid.*, p. 153 et 155.

77. Eugène Nadeau, o.m.i., *La femme au cœur attentif*, Montréal, Providence, 1969, p. 105-106.

78. [Mère Marie-Antoinette], *L'Institut de la Providence*, vol. I, p. 75-76.

79. *Mélanges Religieux*, 13 juin 1843.

80. A.P.S.P., *Reddition des comptes suivie du personnel et des œuvres des maisons des Sœurs de la Charité de l'Asile de la Providence de 1843 à 1925*; *Mélanges Religieux*, 24 septembre 1841; A.C.A.M. Dossiers Sœurs de la Providence, lettre des Sœurs de la Providence à Mgr Prince; A.P.S.P., Ordre des fondations, Recettes et Dépenses, administration générale, t. I, p. 89, VO.

81. A.P.S.P., *Coutumier*, p. 80.
82. [Mère Marie-Antoinette], *L'Institut de la Providence*, vol. I, p. 279 et 280.
83. A.P.S.P., *Chronique de la Maison-Mère 1828-1864*, p. 69.

6 — Services aux pauvres aptes au travail

1. A.M.V.M., *Juges de Paix, 1802-1812*, vol. 2, p. 150.
2. *Ibid.*, p. 177.
3. *Statuts Provinciaux du Bas-Canada*, Québec, John Carlton Fisher & William Kemke, 1830, p. 67.
4. A.U.M., (Collection Baby) Ordres, Règles et Règlements de la Maison d'Industrie de la Cité de Montréal, 22 septembre 1819, p. 1.
5. *La Minerve*, 28 juillet 1836.
6. *La Minerve*, 16 janvier 1837.
7. *La Minerve*, 13 mars 1837; *The Montreal Gazette*, 12 mai 1843; *La Minerve*, 19 février 1846.
8. A.S.S.M., Acte de concession par M.J.V. Quiblier à Paul-Joseph Lacroix, François-Antoine Larocque et John Redpath d'un terrain situé à Montréal dans le quartier Sainte-Anne, pour l'établissement d'une Maison d'industrie, 2 juillet 1836. Ce document comprend également une note datée du 16 décembre 1839 concernant l'annulation du contrat précédent.
9. *The Montreal Transcript*, 3 octobre 1837.
10. A.M.V.M., Finance Committee, lettre de J. H. Maitland, Montréal, 28 janvier 1843.
11. A.M.V.M., Voirie, Commission, rapports adoptés, 30 octobre 1840.
12. A.P.N.D., Boîte n° 34, document n° 3.
13. *La Minerve*, 30 janvier 1843.
14. *La Minerve*, 18 mars 1847.
15. A.M.V.M., *Minutes du Conseil*, vol. 40, p. 10. Nous n'avons rien trouvé dans les manuscrits concernant le Comité des chemins à cette date.
16. A.N.Q.M., *1er livre des Minutes du Conseil particulier de la Société de Saint-Vincent-de-Paul de 1848 à 1863*, p. 33.
17. *Ibid.*, p. 96 et p. 99.
18. *Ibid.*, p. 139.
19. A.M.V.M., *Minutes du Conseil*, vol. 56, p. 38.
20. *Statuts de la Province du Canada*, Québec, Stewart Derbishire & George Desbarats, 1854, p. 582.
21. A.M.V.M., *Minutes du Conseil*, vol. 59, p. 93.
22. *Ibid.*, vol. 61, p. 92.
23. *Ibid.*, vol. 64, p. 96.
24. *Ibid.*, vol. 66, p. 125.
25. *Ibid.*, vol. 68, p. 71, 79, 80, 93, 94, 95, 96, 104 et 127.
26. *Ibid.*, vol. 68, p. 139 et 140.
27. *Ibid.*, vol. 71, p. 128.
28. A.M.V.M., Commissions spéciales 1815-1884, *Report from the Special Committee on the House of Industry*, 18 décembre 1862.
29. A.M.V.M., *Minutes du Conseil*, vol. 75, p. 50 et 88.

30. *Ibid.*, vol. 77, p. 94.

31. A.M.V.M., *Minutes of the Finance Committee*, p. 55.

32. J.J. Curran, *Golden Jubilee of the Rev. Fathers Dowd and Toupin with Historical Sketch of Irish Community of Montreal*, Montreal, Printed by John Lowell & Son, 1887, p. 19.

33. A.M.V.M., *Minutes du Conseil*, vol. 47, p. 42.

34. A.M.V.M., *Commissions spéciales 1815-1884, Second Report of the Special Committee on House of Correction and Industry*, 27 janvier 1868.

35. A.M.V.M., *Minutes du Conseil*, vol. 86, p. 86.

36. *Le Diocèse de Montréal à la fin du XIXe siècle*, Montréal, Eusèbe Senécal & Cie Impr. Éditeur, 1900, p. 176.

37. *La Minerve*, 8 septembre 1836, 7 février 1848 et 21 janvier 1850.

38. *Ibid.*, 13 mars 1837.

39. *The Montreal Transcript*, 3 octobre 1837.

40. Thomas McCord, *Ordres, Règles et Règlements de la Maison de l'Industrie de la Cité de Montréal*, Montréal, (s.é.), 1819.

41. A.S.S.S.M., *Poor Register 1831-1841*, tiroir 173.

42. Fernand Ouellet, *Histoire économique et sociale du Québec 1760-1850*, Montréal, Fides, 1966.

43. [Mère Marie-Antoinette, s.p.] *L'Institut de la Providence*, vol. I, p. 71.

44. A.S.S.S.M., *Assemblée des Quatre Consulteurs 1840-1876*, vol. A, p. 25.

45. A.S.S.S.P., Dossier M. Billaudèle, lettre de M. Billaudèle à M. de Courson, 13 mai 1846, dossier 53, 18-22.

46. A.S.S.S.M., Projet du mode à suivre pour soulager les pauvres de la paroisse, vers 1846, plus ou moins, p. 1.

47. A.C.A.M., Lettre de M. E. Picard à Mgr Bourget, 27 août 1866, 465-101, 866, 12.

48. A.P.S.P., Cahier de Sainte-Blandine, p. 2, R 7.7.

49. A.P.S.P., Mandements de Mgr Bourget, 19 mai 1846, (A 3.2-6), p. 7.

50. A.P.S.P., Cahier de Sainte-Blandine contenant les noms des filles et femmes veuves appartenant à la dite Association de Sainte-Blandine établie le 9 juin de l'année 1848; A.P.S.P., *Registre des Filles de Sainte-Blandine à l'Asile de la Providence*, R 7.7; L.-A. Huguet-Latour, *Annuaire de Ville-Marie*, p. 72.

51. A.S.G.M., Louis Mussart, p.s.s., *Règle des Sœurs visitatrices des pauvres de l'Hôpital-Général de Ville-Marie*, 1846, p. 14 et 15.

52. A.S.G.M., *Rapport sur le personnel et les œuvres des Sœurs Grises de Montréal*; Dossier Paroisse Saint-Patrice de Montréal, état du personnel 1860-1876.

53. A.S.G.M., Dossier Orphelinat Saint-Patrice, 1-25, p. 3.

54. A.N.Q.M., *1er Livre des Minutes du Conseil particulier de la Société de Saint-Vincent-de-Paul, 1848 à 1863*, vol. I, p. 181.

Troisième partie: LES SERVICES OFFERTS AUX PAUVRES À DOMICILE

7 — La visite des pauvres à domicile

1. A.S.S.S.M., Plan proposé par M. de Charbonnel pour un Bureau pour les pauvres, 1840, p. 1, S 35, 18.5.

2. *Ibid.*, p. 5.

3. *Ibid.*, p. 6.

4. A.S.S.S.M., *Assemblée des 4 Consulteurs 1840-1876*, Cahier A, p. 23, S 25, carton 126.

5. *Ibid.*, p. 24.

6. A.C.A.M., Lettre de Mgr Bourget à M. Quiblier, 12 novembre 1843, R.L.B., t. 3, 240.

7. A.S.S.S.M., Extrait des règlements d'administration pour le soulagement des pauvres de la paroisse de Saint-Sulpice de Paris, p. 2, S 35, 18.4.

8. A.S.S.S.P., Lettre de M. L.-V. Villeneuve à M. Louis de Courson, 10 décembre 1846, dossier 101.

9. A.S.S.S.M., *Règlement pour Messieurs les Prêtres préposés aux quartiers et aux côtes de la Paroisse*, 1855, p. 7, S 25, 1.56.

10. *Ibid.*, p. 6.

11. [Mère Marie-Antoinette s.p.], *L'Institut de la Providence*, vol. I, p. 220.

12. A.P.S.P., Délibérations du Conseil et Admission des sujets, 1843-1858, feuillet 22.

13. *Ibid.*, p. 36.

14. A.P.S.P., Résumé annuel 1843-1895, document 3.

15. A.S.G.M., *Ancien Journal, 1688-1858*, vol. I, p. 161.

16. *Ibid.*, p. 128.

17. A.S.G.M., Dossier, Service à domicile (1) «Du service des pauvres», p. 13.

18. A.S.G.M., Service à domicile, 3, Lettre de Mère McMullen à Mère Bruyère, Ottawa, 11 octobre 1846.

19. A.S.G.M., Dossier Service à domicile I, lettre de [Mère Elizabeth McMullen] à Sœur Valade à la Rivière Rouge, 15 décembre 1846.

20. A.C.A.M., Lettre de Sœur Catherine Forbes à Mgr Bourget, 6 août 1849, 525.103, 849-9.

21. A.C.A.M., Lettre de sœur Catherine Forbes à Mgr Bourget, [s.d.] 1849, 525.103, 849-4.

22. A.C.A.M., Lettre de sœur Caron à Mgr Bourget, 9 novembre 1849, 525-103, 849-17.

23. A.C.A.M., Lettre de sœur McMullen à Mgr Bourget, 12 novembre 1849.

24. A.S.G.M., *Rapports sur le Personnel et les Œuvres de l'Institut des Sœurs Grises de Montréal, 1855-1892*, p. 5.

25. *Ibid.*, p. 25, 33, 43 et 53.

26. A.C.A.M., *Sœurs Grises*, Copie du compte rendu au Gouvernement de l'Hôpital-Général de Montréal pour l'année 1861, 525-103, 862-3.

27. A.S.G.M., *Pauvres assistés 1849-1904, Registre des pauvres Canadiens assistés à l'Hôpital Général de Montréal chaque année, première année 1849*, p. I-III; A.S.G.M., *Actes capitulaires de l'Institut des Sœurs de la Charité de l'Hôpital Général de Montréal dites vulgairement Sœurs Grises*, 1863-1904, vol. II, p. 8 (verso), 42 (verso) et 46.

28. *Règlement de la Société de Saint-Vincent-de-Paul*, Québec, chez William Neilson, 1847, p. 10.

29. D'après les rapports annuels officiels retrouvés dans les Archives de la Société de Saint-Vincent-de-Paul du Conseil général international à Paris

et les *Livres des Minutes du Conseil particulier de la Société de Saint-Vincent-de-Paul de Montréal,* conservés aux Archives nationales du Québec à Montréal.

30. A.S.S.V.P.C.G.I., Lettre de O. Leblanc à A. Baudon, 8 décembre 1857.

31. A.S.G.M., *Ancien Journal,* t. II, p. 159.

32. A.S.G.M., Service à domicile I, Notices sur Saint-Patrice et la visite des pauvres, p. 18.

33. *Ibid.*

34. *Ibid.,* p. 13.

8 — Les Dépôts des pauvres

1. A.S.S.S.M., *Dépenses diverses 1829 à 1847,* p. 30.

2. A.S.S.S.M., *Assemblée des quatre Consulteurs 1840-1876,* Cahier A, p. 10, S 25, 1.

3. A.S.S.S.M., Plan proposé par M. de Charbonnel pour un Bureau pour les pauvres, 1840, tiroir 114.

4. L.A. Huguet-Latour, *Annuaire Ville-marie, 1863-1867,* p. 417.

5. A.S.S.S.M., *Assemblée des quatre Consulteurs, loc. cit.,* p. 14.

6. *Ibid.,* p. 35.

7. A.S.S.S.M., *Aumôniers des pauvres de Notre-Dame, Montréal, 1844-1903,* registre n° 221, p. 26, 28, 29, 30.

8. *La Minerve,* 4 décembre 1845.

9. A.S.S.S.M., *Assemblée des quatre Consulteurs 1840-1876,* p. 25.

10. A.S.S.S.M., [Pierre-Louis Billaudèle, p.s.s.] Projet du mode à suivre pour soulager les pauvres de la paroisse, 1846, p. 2, S 35, 18.8.

11. A.S.S.S.M., Extrait des règlements d'administration pour le soulagement des pauvres de la paroisse de Saint-Sulpice de Paris, 1846, p. 2 et 3.

12. A.S.G.M., Dossier M. L. V. Villeneuve, p.s.s., lettre de sœur Dupuis à monsieur Baile, p.s.s., 26 avril 1873.

13. A.P.S.P., *Chronique de la Maison Mère (1828-1864),* vol. I, p. 6.

14. Voir, par exemple, les *Mélanges Religieux,* 25 avril 1843.

15. [Mère Marie-Antoinette, s.p.], *L'Institut de la Providence,* t. I, p. 380.

16. A.S.S.S.M., *Assemblée des quatre Consulteurs 1840-1876,* vol. A, 5 décembre 1843.

17. [Mère Marie-Antoinette, s.p.], *L'Institut de la Providence,* vol. I, p. 429.

18. A.P.S.P., *Résumé annuel 1843-1925,* document 3.

19. *Ibid.*

20. A.S.S.S.M., *Comptes rendus des Assemblées 1861-1880,* vol. II, 11 novembre 1863.

21. L.A. Huguet Latour, *Annuaire Ville-Marie, Montréal,* 1864, p. 77.

22. A.S.S.S.M., *Comptes rendus des Assemblées 1861-1880,* vol. II, 11 novembre 1863.

23. A.C.A.M., Lettre de Sœur Philomène à Mgr Bourget à Rome, 30 octobre 1864, 525.106, 864-77.

24. A.C.A.M., Rapport de l'année 1868, état des œuvres, 7 janvier 1869, 525.106, 869-1.

25. L'entrée des pauvres se trouvait sur le plan de 1871 au 1er étage de l'Hôpital Général, désigné par le chiffre 29.

26. A.S.G.M., *Hospice Saint-Joseph, 1854-1904*, p. 13.
27. A.S.G.M., *Pauvres assistés 1849-1904, Registre des pauvres canadiens assistés à l'Hôpital Général de Montréal*, p. I-III.
28. [Sœur Clémentine Drouin, s.g.m.], *L'Hôpital Général de Montréal (Sœurs Grises), 1821-1853*, p. 267; A.S.G.M., *Actes Capitulaires de l'Institut des Sœurs de la Charité, administratrices de l'Hôpital Général de Montréal dites vulgairement Sœurs Grises, 1863-1904*, vol. 2; A.S.G.M., *Pauvres assistés 1849-1904; Registre des pauvres Canadiens assistés à l'Hôpital Général de Montréal, chaque année, première année, 1849;* A.C.A.M., État des œuvres faites annuellement dans la maison de l'Institut des Sœurs de la Charité de Montréal [1868]; A.S.G.M., *Rapports sur le personnel et les œuvres.*
29. Ces rapports sont conservés dans les A.S.S.V.P.G.I. et aux A.N.Q.M.

9 — L'OEuvre de la soupe

1. Marie-Claire Daveluy, *L'orphelinat catholique de Montréal*, (2ᵉ édition), p. 94.
2. *Ibid.*, p. 96.
3. *Ibid.*, p. 94.
4. *Mélanges religieux*, 24 septembre 1841.
5. *La Minerve*, 29 octobre 1832.
6. *Résumé annuel 1843-1925.*
7. *La Minerve*, 29 janvier 1844.
8. A.S.S.V.P.C.G.I., *Correspondance du Conseil Supérieur de Québec 1849-1910*, lettre de R. Bellemare du Conseil particulier de Montréal à Augustin Gauthier, président du Conseil supérieur du Canada, 25 juillet 1863.
9. A.S.G.M., *Statistiques de notre Institut, 1747-1935*, p. 6.
10. A.S.G.M., Dossier Saint-Patrice: Orphelinat, bibliographie et autres, Service des pauvres, commencement de Saint-Patrice, p. 6.
11. *Ibid.*, p. 7.
12. A.S.G.M., *Ancien Journal 1688-1857*, vol. I, p. 167.
13. A.C.A.M., Lettre de Sœur Martine Reid à Mgr Bourget, 9 novembre 1849, 525.103, 849-15.
14. A.S.G.M., Incendie du 8 et 9 juillet 1852, MM-438.
15. A.S.G.M., *Ancien Journal, 1688-1857*, vol. I, p. 533.
16. A.S.G.M., *Actes Capitulaires de l'Institut des Sœurs de la Charité administratrices de l'Hôpital Général de Montréal dites vulgairement Sœurs Grises*, vol. II.
17. A.N.Q.M., *2ᵉ Livre des Minutes de la Société de Saint-Vincent-de-Paul de Montréal, 1863 à 1877*, p. 289.
18. A.S.G.M., *Actes Capitulaires*, t. II, p. 10, 23.
19. A.S.G.M., Dossier Father Dowd's: Historique (Ste-Brigitte), doc. 2.1.
20. A.S.G.M., *Actes Capitulaires*, t. II, p. 46.
21. Un rapprochement entre les ingrédients entrant dans la composition de la soupe offerte aux indigents de Montréal et la soupe du temps de saint Vincent de Paul, deux siècles plus tôt, permet de voir que les ingrédients de base sont les mêmes, à ceci près que la version du XVIIᵉ siècle, en France, pouvait se faire à la base de légumes seulement. Nous avons trouvé (A.N.Q.M., *2ᵉ Livre des Minutes de la Société de Saint-Vincent-de-Paul*, p. 78) le

détail des ingrédients qui ont composé la soupe servie en 1865 à sept cents personnes indigentes, de même que leurs coûts. Les voici:

2	quarts de lard	37,00 $
70	minots de pois	61,70
4	minots de blé d'Inde	4,00
1 080	lbs de bœuf	36,00
1	poche de sel	,80
20	lbs de poivre	2,50
450	lbs de pain	10,00
	Total	152,10 $

Il est intéressant d'évoquer ici une très ancienne recette de soupe composée à l'intention des pauvres de la France au temps de la Fronde, c'est-à-dire à l'époque de saint Vincent de Paul. Voici cette recette, bien détaillée du reste.

> Il faudra remplir d'eau une marmite ou chaudron contenant, bord à bord, 5 seaux, dans laquelle on mettra par morceaux environ 25 livres de pain, 7 quarterons de graisse ou de beurre, selon les jours gras ou maigres, 4 litrons de pois ou fèves avec des herbes, ou demi-boisseau de navets ou de choux, poireaux ou oignons, ou herbes potagères, et du sel pour 14 sous environ. Le tout, cuit ensemble, revenant à 4 seaux, suffira pour cent personnes, et leur sera distribué avec une cuillère contenant une écuellée, ce qui est une portion, et toute cette nourriture ne reviendra qu'à cent sous pour cent personnes ou au plus 18 deniers [1 sous 1/2] pour chacune. On peut aussi mettre dans les marmites quelques viandes, comme des entrailles de bœuf, mouton ou veau, lesquelles suppléeront à la graisse, pois et navets, et ne coûteront pas davantage (Alphonse Feuillet, *La Misère au temps de la Fronde et saint Vincent de Paul*, 233).

22. A.N.Q.M., *1er Livres des Minutes de la Société de Saint-Vincent-de-Paul de Montréal de 1848 à 1863*, p. 223.

23. A.P.S.P., *Salle d'Asile Saint-Vincent-de-Paul 1854-1922*, vol. I, p. 1.

24. D'après les extraits des Rapports annuels conservés aux A.C. G.I.S.S.V.P. et des A.N.Q.M.

25. D'après les Livres des Minutes du Conseil particulier de la Société de Saint-Vincent-de-Paul de Montréal.

26. A.S.G.M., *Chroniques de Nazareth 1861-1892*, p. 28.

27. A.N.Q.M., *2e Livre des Minutes de la Société Saint-Vincent-de-Paul de Montréal de 1863 à 1877*, p. 95.

Index

— A —

Arraud, Jacques-Victor, 169, 203, 252, 259.

Asile Bethléem, 63, 188, 266-267.

Asile de mademoiselle Bissonnette; Asile de la Magdelaine, voir Asile de Sainte-Thaïs.

Asile des filles repenties, 136.

Asile des orphelins catholiques romains, voir Orphelinat catholique.

Asile de la Providence (Refuge de la Providence), 35-36, 39, 44, 45, 48, 70, 71, 87, 89, 93, 94, 117, 130, 176-181, 183, 192-198, 221-223, 234-237, 259-263, 275-278.

Asile de Montréal pour les femmes âgées et infirmes, voir Asile de la Providence.

Asile de Nazareth, 63, 94, 188, 243, 283, 288.

Asile Saint-Antoine, 106.

Asile Saint-Joseph (des Sœurs Grises), 30.

Asile Saint-Vincent-de-Paul, 101, 109, 140, 284, 286, 287.

Asile de Sainte Thaïs, 28, 54, 109.

Association anonyme, 43, 77, 83, 87, 93, 96, 234.

Association de Charité de l'Asile de la Providence, voir Dames de la Corporation.

Association de charité des Dames de la Corporation, voir Dames de la Corporation.

Association de charité pour les filles appartenant à l'École Saint-Jacques, 83, 274.

Association de charité diocésaine, 43, 44, 84.

Association de la Sainte-Enfance, 44, 178.

Associées de Notre-Dame de la Providence, 77.

Association de Sainte-Blandine, 77, 222, 223.

Association des Dames de la Charité, Association de Charité, voir Dames de la Charité.

Association des Petites Servantes des pauvres, 220.

Aumôniers des pauvres, 32, 91, 231, 232, 258.

— B —

Baile, Joseph-Alexandre, 27-30.
Bains et lavoirs publics, 140-142.
Banque d'Épargne, 43, 49, 51-52, 79, 119, 222.
Bazars de charité, 92-96, 110, 111, 194.
Bellemare, Raphaël, 103-104, 108, 277.
Berthelet, Amélie-Angélique, voir LaRocque, madame Alfred.
Berthelet, Olivier, 52, 55, 75, 94, 101, 112-123, 136, 162, 168, 170, 193, 274.
Berthelet, madame Olivier (Marie-Angélique-Amélie Chaboillez), 86, 91, 118, 234.
Berthelet, Thérèse, 88, 91, 94, 114, 117, 118, 119, 169.
Bibliothèque de Saint-Sulpice, 25.
Billaudèle, Pierre-Louis, 21, 25-27, 32, 48, 84, 90, 170, 220, 231, 237-238, 254-256.
Bonnissant, Mathurin-Clair, 161, 188.
Bourget, Ignace, 22, 24, 28, 36, 70-71, 76-77, 84, 88-90, 94, 96, 108, 111, 116, 119-120, 122, 127, 137, 178, 181-182, 205, 208, 221-222, 224-225, 231, 237-238, 241-242, 245, 254, 258, 260, 262, 281.
Bourret, Joseph; madame Joseph Bourret, 52, 173.
Bouthillier, madame Louis-Tancrède, 176.
Brault dite Thibodeau, Elmire, 149, 280.
Bureau de Charité, 47, 218, 229, 230, 251-256, 263, 279.
Bureau d'enregistrement pour les filles qui vont en service, 86.
Bureau de placement à l'intention des chômeurs, 219.

Bureau des pauvres, 31, 32, 33.

— C —

Cabinet de lecture paroissial, voir Oeuvre des bons livres.
Caron, Émmélie, 72-73, 236.
Catholic House of Reformation, 136.
Chaboillez, Marie-Angélique-Amélie, voir Berthelet, madame Olivier.
Charon, François de la Barre, 57.
Cherrier, Côme-Séraphin, 55, 102, 114.
Cherrier, madame Côme-Séraphin, 91, 175-176.
Clercs de Saint-Viateur, 121.
Comité spécial de la Maison d'industrie, 206.
Comité spécial pour l'établissement d'une maison de correction et d'industrie, 203.
Compagnie de Saint-Sulpice, voir Séminaire de Saint-Sulpice.
Compagnie du Nord-Ouest, 67.
Conférences de la Société de Saint-Vincent-de-Paul, 98-99, 100-101, 106, 267-271, 282, 284-289.
Confrérie de la Sainte-Famille, 70.
Confrérie du Bien public, 70, 216-218, 219, 251.
Congrégation de Notre-Dame, 25, 29, 69, 106, 183.
Connelly, M., 107.
Conseil général international de la Société de Saint-Vincent-de-Paul, 42, 96.
Conseil particulier de la Société de Saint-Vincent-de-Paul, voir Société de Saint-Vincent-de-Paul.
Conseil municipal de Montréal, voir Municipalité de Montréal; Ville de Montréal.

Corporation de l'Asile de Montréal pour les femmes âgées et infirmes, 83, 261.

Corporation de la ville de Montréal, 128-129. Voir aussi Municipalité de Montréal; Ville de Montréal.

Cotté, Angélique (madame Gabriel), 83-86, 172, 174.

Coutlée, Rose, 62, 137, 167, 172, 187, 281.

Cuvillier, Marie-Claire Perrault-, 87, 234.

— D —

Dames de la Charité, 39-40, 44, 52, 69-70, 81-96, 172-181, 192, 219, 231, 233, 234, 255, 257, 273-274, 280. Voir aussi Dames de la Corporation.

Dames de la Charité (Sœurs de la Providence), 44, 91, 176, 231, 236, 237.

Dames de la Charité (Sœurs Grises), 25, 91, 94, 119, 156, 223, 231, 240.

Dames de la Corporation (Sœurs de la Providence), 77, 88, 90, 234, 260.

Dames de l'Asile des orphelins catholiques romains, 83, 87, 173.

Dames du Sacré-Cœur, 72, 122.

de Bossano, Clara (Symes), 179.

de Charbonnel, Armand, 31, 32, 48, 50, 218, 229, 251, 252, 256, 260.

Delisle, M.-Angélique Cuvillier-, 88.

Delorme, Marguerite Dufresne-, 88.

Dépôt de mendicité; Dépôt des pauvres, 31, 134, 249-271.

Dépôt des pauvres (Sœurs de la Providence), 35-36, 48, 87, 258-263.

Dépôt des pauvres (Sœurs Grises), 35, 258.

Deschamps, Julie Hainault, 62-63, 118, 156, 162, 172, 242.

Despins, Thérèse Le Moyne, 65.

Distributeurs d'aumônes, 33.

Dowd, Patrick, 107, 165, 167-168, 210, 224.

Durand, Madeleine (sœur Vincent), 74, 88-89, 193.

Duvernay, Ludger, 73, 110, 194.

d'Youville, Marguerite de la Jemmerais, 58, 64, 66-67, 145, 147, 185.

— E —

École Saint-Jacques, 29, 72, 74, 79, 80, 83-84, 176, 178.

Église des Récollets; Maison des Récollets, 32, 87, 110, 173, 218.

Église Notre-Dame, 23, 34. Voir aussi Paroisse.

Église Saint-Jacques, 26, 40, 74, 79, 80, 94.

Emigrant Society, 218.

Enfants abandonnés, voir Œuvre des enfants abandonnés.

Évêché de Montréal, 39-55.

— F —

Fabre, Édouard-Raymond; Mme Luce Perrault-Fabre, 52, 88, 114, 136.

Faillon, Étienne-Michel, 50, 154, 156, 231.

Fay, Claude, 21, 34, 91, 192.

Ferme Saint-Isidore, 78.

Filles de la Charité et Servantes des Pauvres, voir Sœurs de la Providence.

Filles de la Charité (de saint Vincent-de-Paul), 42, 45-46, 70, 72, 89, 234, 256.

Forbes, Catherine, 168.

Forbes-McMullen, Elizabeth, voir McMullen, Elizabeth.

Forretier-Viger, madame Marie-Amable, voir Viger, madame Denis-Benjamin.

Frères Charon, Frères hospitaliers, voir Charon, François de La Barre.

Frères de la Charité de la Miséricorde, 30, 109, 121, 211.

Frères des écoles chrétiennes, 25, 26, 29, 149, 183, 184.

Frères Hospitaliers de la Croix et de Saint-Joseph, 57, 64-66.

— G —

Gamelin, Émilie, 43, 45-46, 69, 79, 83, 84, 87, 88, 92, 93, 94, 117, 136, 137, 192-198, 221, 237, 259, 262, 275.

Gamelin, Jean-Baptiste, 69.

Gouvernement, 126-133.

Grand séminaire de Montréal, 26, 38.

Granet, Dominique, 26, 28.

— H —

Home and School of Industry, 132.

Hôpital de Maternité, 136.

Hôpital Général, 20, 33-35, 57-68, 91, 129-130, 132, 136, 153-163, 167-170, 184-192, 223-224, 238, 241, 243, 263-267, 274, 278-283, 307.

Hospice Saint-Antoine, 75, 121.

Hospice Saint-Jérôme-Émilien; Orphelinat Saint-Jérôme-Émilien, 181-184, 237.

Hospice Saint-Joseph (Sœurs de la Providence), 71-72, 79.

Hospice Saint-Joseph (Sœurs Grises), 63, 84, 94-95, 117-118, 130, 136, 140, 149, 157, 168-172, 187, 242-243, 264, 266, 282, 287.

Hospice Saint-Vincent-de-Paul, 121.

Hôtel-Dieu de Montréal, 20, 40, 120, 178, 241, 253, 273.

House of Refuge to Train Children and to receive Destitute Females, 132.

Hudon, Hyacinthe, 181.

Hughes, Elizabeth, 165.

Huguet-Latour, Louis-A.; madame, 86.

Hurley, Catherine, 164, 168.

J — L

Jésuites, Pères, 104, 122.

Lacroix, Charlotte, 87.

Lacroix, Louise, 86-87.

Lacroix, P.-J.; madame P.-J. Lacroix, 52, 86, 101, 274.

Ladies Benevolent Society, 131-132.

LaFontaine, Louis-Hippolyte, 54.

Laframboise, Alexis; madame Alexis Laframboise, 52, 86, 172.

LaRocque, Alfred, 52, 91, 101, 123, 139, 141, 174.

LaRocque, madame Alfred, 118.

Lartigue, Jean-Jacques, 19, 39-41, 49, 81, 83-84, 122.

Lazaristes, Pères, 45.

Leblanc, Ovide, 99-100, 102, 245.

Lemaire, Marguerite Saint-Germain, 59, 187.

Le Moyne de Longueuil, baron Charles, 65.

Le Moyne de Longueuil, baronne Marie-Charles, 86, 174.

— M —

Maison de correction et d'industrie, 202, 210.

Maison de la Providence, voir Asile de la Providence.

Maison d'industrie, 134, 199-216, 217, 291.

Maison Saint-Patrice, 223-224.
Marsteller, John Conrad, 199, 206, 208-210, 214.
Maternité Sainte-Pélagie, 54, 109.
McGrath, Thomas; madame; Maison, 163.
McMullen, Elizabeth, 35, 61, 62, 161, 164, 185, 187, 240, 241, 242, 246, 281.
Mission Notre-Dame-des-Neiges, 188, 243.
Mission Saint-Henri, 243, 266-267, 283.
Mission Saint-Patrice, 243, 266.
Missionnaire des faubourgs, voir Visite des pauvres.
Montgolfier, Étienne, 60, 146, 149, 153.
Montreal General Hospital, 131.
Municipalité de Montréal; Ville de Montréal, 34, 38, 133-142, 205-209, 211.
Mussart, Louis, 25, 91, 94-95, 169, 171, 238, 252.

N — O

Nowlan, madame Agathe Perrault-, 87, 93, 182.
Oblats de Marie-Immaculée, 119, 284.
Œuvre de la Soupe, 110, 273-289, 321-322.
Œuvre des bons livres, 25, 29.
Œuvre des enfants abandonnés, 115-153.
Œuvre des orphelins, 153-178.
Olier, Jean-Jacques, 20, 50, 81, 90, 220, 254, 256.
Orphelinat catholique, 130-131, 172-176, 234, 274.
Orphelinat Saint-Alexis, 74, 176-181.
Orphelinat Saint-Jérôme-Émilien, voir Hospice Saint-Jérôme-Émilien.

Orphelinat Saint-Patrice, 84, 94, 130, 136-137, 163-168, 184.
Ozanam, Frédéric, 49, 96-97, 99, 106.

— P —

Papineau, Louis-Joseph, 41, 114.
Paré, Hubert, 96, 205, 244, 271.
Paroisse, Paroisse Notre-Dame, Fabrique de la paroisse, 28, 34, 38, 67, 80, 91, 115, 212, 259.
Perrault, Augustin; Maison, 52, 163, 166.
Perrault, Euphrosine Lamontagne-, 88.
Perrault, madame Joseph, 68.
Perrault, madame Julien, 86, 219.
Perrault, Louis, 110.
Perrault, Ovide, 101.
Personnes âgées et infirmes, 184-192.
Philomène, mère (Victoire Bourbonnière), 75-76, 262.
Picard, Eustache, 220-221.
Prince, Jean-Charles, 51, 73, 91, 176.
Protestant House of Industry and Refuge, 29, 131, 209.

— Q —

Quesnel, madame Jules-Maurice, 86, 91, 172-174, 176.
Quesnel, Mélanie, voir Cherrier, madame Côme-Séraphin.
Quiblier, Joseph-Vincent, 24, 27, 32, 47-49, 231, 259.

— R —

Refuge Sainte-Brigitte, 29, 209, 266, 283, 291; voir aussi Saint Bridget's Refuge.
Registry Office for Servants, 221.
Reid, Martine, 164-165, 281.
Religieuses Hospitalières de Saint-Joseph, 28, 40, 178.

Rousselot, Victor, 149, 171, 264.

— S —

Saint Bridget's Refuge, 210, 215, 224.
Saint-Patrice, paroisse, église; Saint Patrick, 25, 29, 167, 212.
Saint-Sulpice de Paris (Séminaire, Paroisse), 28, 30, 220, 254, 258.
Salle d'asile, Méthode des, 159.
Salle d'asile Saint-Joseph (Sœurs Grises), 149.
Séminaire de Saint-Sulpice (Montréal), 19-38, 42, 49, 67, 87, 94, 108, 110, 114, 145, 154, 167, 183, 202-203, 210, 216-221, 223-224, 229-234, 236, 238, 249-260, 262-263, 267.
Services de placement, 219-225.
Slocombe, Jane, 63-64, 187.
Société de Saint-Vincent-de-Paul, 43, 47-48, 53, 96-112, 116, 120, 127, 135, 139-140, 170, 184, 205, 209, 223-225, 244-246, 258, 267-271, 277, 283-289, 291.
Société de tempérance, Association de tempérance, 44, 109.
Sœurs de la Miséricorde, 109, 120, 222.
Sœurs de la Providence, 32, 47-48, 68-80, 83, 107, 121, 176-184, 192-198, 221-223, 234-237, 259-263, 275-278, 279, 284.
Société Saint-Jean-Baptiste, 111.

Sœurs du Bon-Pasteur d'Angers, 28, 30, 109, 122, 175, 182-183, 222.
Sœurs Grises, 28-30, 32, 35-36, 47, 57-68, 77-78, 80, 84, 90, 92, 107, 130, 145-163, 168-172, 178, 180, 183-192, 223-224, 237-244, 246, 250, 263-267, 278-283, 291.
Sulpiciens, voir Séminaire de Saint-Sulpice.

T — U

Tavernier, Émilie, voir Gamelin, Émilie.
Tavernier, Sophie Cadieux-, 88.
Troie, Narcisse-Amable, 23, 28.
Trottier de Beaubien, Marguerite, 60, 186.
Truteau, Alexis, 74, 176.
Union catholique, 104.

V — W

Valois, Narcisse; madame Narcisse Valois, 94, 101, 139, 140, 205.
Viger, Denis-Benjamin; madame Denis-Benjamin Viger, 44, 88, 91, 101, 174-175.
Viger, Jacques; madame Jacques Viger, 54, 83, 86, 102.
Villeneuve, Léon-Vincent, 21, 26, 32, 90, 106, 110, 118, 140, 169, 205, 231, 257, 258, 262.
Vincent de Paul (saint), 42, 81-82, 145.
Visite des pauvres, 229-248.
Workman, William, 52.

Table des matières

Première partie
LES INTERVENANTS

1. **Le clergé** 19
   Le Séminaire de Saint-Sulpice de Montréal 19
   L'évêché de Montréal 39

2. **Les congrégations religieuses féminines** 57
   Les Sœurs Grises 57
   Les Sœurs de la Providence 68

3. **Les laïcs** 81
   Les Dames de la Charité 81
   La Société de Saint-Vincent-de-Paul 96
   Un philanthrope exemplaire: Olivier Berthelet ... 112

4. **Les pouvoirs publics** 125
   L'administration municipale 133

Deuxième partie
LES PAUVRES EN INSTITUTION

5. **Services aux pauvres inaptes au travail** 145
   L'œuvre des enfants abandonnés à l'Hôpital
   Général 145

L'œuvre des orphelins 153
L'œuvre des personnes âgées et infirmes 184

6.   **Services aux pauvres aptes au travail** 199
    La Maison d'industrie 199
    La Confrérie du bien-public 216
    Les services de placement 219

Troisième partie
LES SERVICES OFFERTS
AUX PAUVRES À DOMICILE

7.   **La visite des pauvres à domicile** 229
    Le Séminaire de Saint-Sulpice 229
    Les Sœurs de la Providence 234
    Les Sœurs Grises 237
    La Société de Saint-Vincent-de-Paul 244
    Quelques cas d'indigence 246

8.   **Les Dépôts des pauvres** 249
    Chez les Sulpiciens 249
    Chez les Sœurs de la Providence 259
    Chez les Sœurs Grises 263
    À la Société de Saint-Vincent-de-Paul 267

9.   **L'Œuvre de la soupe** 273
    L'initiative des Dames de la Charité 273
    Chez les Sœurs de la Providence 275
    Chez les Sœurs Grises 278
    À la Société de Saint-Vincent-de-Paul 283

Bibliographie 293

Notes 303

Index 323

Photocomposition et mise en page: Helvetigraf Inc.

Achevé d'imprimer en janvier 1987
par les travailleurs des Éditions Marquis,
à Montmagny, Québec,
pour le compte du Boréal